명상과학 입문

명상과학 입문

Introduction to the Science of Meditation

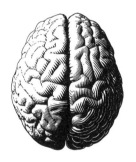

**명상 연구의 역사에서 과학적 효과·적용에 이르기까지
명상과학의 체계적 총정리**

김권수 김완석 김종우 김지연 박도현 박성현 박지영 심교린
윤병수 이봉건 이성준 정선용 정애자 조옥경 최윤정

담앤북스

발간에 즈음하여

"명상이 좋다"라는 말은 어느덧 당연한 말이 되었다. 상담 현장에서, 의료 현장에서, 그리고 학교 현장에서 명상은 명확한 위치를 잡아가고 있다. 불과 몇 년 사이에 이렇게 명상이 당연하게 좋은 것으로 인식되는 과정에서 명상에 대한 과학적 이해가 큰 공헌을 하였다.

과학적인 이해는 많은 강점들을 가져다준다. 특수성이 아닌 일반화를 통해 누구나 접근할 수 있게 해준다. 제시된 방법으로 한 단계씩 익혀가며 학습을 한다면 목적을 달성할 수 있도록 도와준다. 이해가 되기에 시도할 생각을 가지게 해준다.

2018년. 명상에 대한 과학적 이해를 위해 『명상과학의 입문』을 출간한 것은 사회에서 명상이 받아들여지게 하기 위한, 그리고 명상을 체계적으로 기초부터 학습하기 위한 목적이었다. 명상학회 회원들은 이 교재로 명상 공부를 하였다. 2021년. 당시의 서두른 마음을 돌아보면서 명상과학을 체계적으로 정리하고자 증보판을 만들게 되었다. 이제는 이 교재를 통하여 학회 회원뿐 아니라 누구나 명상을 접하고, 이해하고, 발전시킬 수 있을 것이다.

다행스럽게도 명상학회에는 여러 학문 분야의 전문가들이 모여 있다. 심리학자가 있고, 의학자 및 한의학자도 있다. 요가를 전공으로 하는 이가 있고, 교육 분야의 전문가들도 있다. 이들이 각 분야의 전문성을 살려 명상에 과학적 접근을 함께 정리하였다. 여러 분야의 전문가가 모이다 보니 집필 작업이 때로는 어려움을 겪기도 하였지만, 이런 작업을 진행하면서 명상이 더욱 풍성해지고 또 깊어지게 되었다. 그러다 보니 명상을 처음 만나는 사람부터, 명상하면서 어려움을 겪는 사람, 명상을 통해 자신의 분야에 전문성을 더하고자 하는 사람, 그리고 명상을 일상에서 활용하고자 하는 사람들에게 각각 조금씩의 만족을 드릴 수 있게 되었다.

- "명상이 좋다"는 것에는 동의하지만, "명상은 어렵다" 혹은 "명상은 신비하다"와 같은 생각이 있는 사람이라면 이 책의 도움을 받아서 명상에 입문할 수 있다.
- 명상 공부를 하면서 자신이 어떤 단계에 있는지 궁금하다면 명상의 역사로부터 지금의 상황을 읽어가면서 자신의 정체성을 확인할 수 있다.
- 명상을 자신의 분야에서 어떻게 적용할지를 알고 싶다면 다

양한 전문가가 집필한 각 분야의 명상을 보면서 확인할 수
있다.
• 명상을 일상에서 함께 하면서 부족한 점이 있다면 삶 속에 녹
아 있는 명상의 적용을 알아볼 수 있다.

　『명상과학 입문』을 출간하면서 한 단계 더 올라가야 하는 과제
는 여전히 남아 있다. 명상의 과학화 뒤편에 있는 정통 명상에 대한
탐구가 그 하나이고, 여전히 명상의 과학화와 전문 분야의 적용은 시
간이 걸릴 수 있음이다.

　그러나 명상과학이 이제 궤도에 올랐으니 더욱더 많은 연구의
결과가 앞으로 펼쳐질 것이다. 이 책을 기본으로 하여 연구뿐 아니라
수행, 그리고 일상에서의 활용에서도 도움을 받을 수 있을 것이다. 연
구와 수행, 그리고 활용은 명상이 나가야 할 길이기도 하다. 명상학회
의 미션인 명상의 과학화와 대중화가 열매를 맺어 나아갈 것이다. 이
책이 명상을 연구하고 수행하고 또 활용하는 독자에게 한 계단의 도
움이 되길 바란다.

2021년 11월
(사) 한국명상학회장 **김종우**

대표저자의 인사말

　빠르게 변화하는 사회 문화의 흐름 속에서 살아가는 현대인들은 역설적으로 고요함과 정적인 특성을 지닌 명상에 관심을 두면서 삶의 균형과 행복, 심신의 건강을 추구하고 있습니다. 한편 단순히 옛것으로서 전통적인 명상으로 되돌아가려는 흐름이기보다는 시대적 변화에 발맞추어 '마음챙김(Mindfulness)'을 비롯하여 과학적 검증을 통한 다양한 명상 수련법들을 심신건강, 기업, 교육, 일반인의 웰빙을 위한 도구로 활용하고 있습니다. 미국의 국립보건통계센터(2017)에 의하면, 미국에서 명상 수련을 한다고 응답한 사람은 6천만 명으로 전체 인구의 18%에 다다르고, 나아가 전 세계적으로 명상의 유익함을 경험하고 적극적으로 수련하려는 사람들이 증가하는 추세입니다. 또한 여러 명상에 대한 연구들 중에서 '마음챙김'을 주제로 학술 논문을 검색한 결과, 1980년대를 통틀어 11편에 불과하던 출간논문 수가 2019년에는 일 년에만 1200여 편에 이를 정도로 증가하고 있습니다.

　이에 오늘날 명상과 관련한 도서가 많이 출간되고 있습니다. 명상을 심리치료 등의 전문 분야에서 적용하기 위한 전문 서적이나 명상의 유익함을 소개하는 대중 서적들이 다수 출판되어왔으며 이를 통해 많은 분들이 힐링을 경험하고 명상을 더 깊이 공부해나가기를 바라며 응원합니다.

한편 이 책은 아래와 같이 의도를 담고 명상을 공부하고자 하는 분을 대상으로 저술하였습니다.

- 명상을 종교적 혹은 철학적 관점이 아닌 과학적으로 공부하고 수련하기를 원하는 자
- 명상의 과학적 효과에 대한 이해에 기초하여 다양한 현장에서 명상을 지도하려는 자
- 대학 또는 평생교육원 등 여러 교육 현장에서 명상 강의를 위한 주요 참고도서
- (사)한국명상학회 주관 명상지도전문가 자격 과정을 위한 이론 교재

이 책은 6장으로 구성되어 있습니다.

1장은 명상을 과학적 방법론에 기초하여 연구해야 하는 필요성과 의미에 대해 기술하고, 시대적 흐름에 따라 명상에 관한 연구의 주제 변화를 정리한 것으로 박도현이 정리하였습니다.

2장은 명상을 어떻게 개념적으로 이해할 것인지, 또한 '마음챙김'으로 명명하는 과학적 연구의 대상으로서 명상의 조작적 정의와 명상을 어떻게 범주화하고 구분하는지를 김완석·심교린이 정리하였습니다.

3장에서는 명상의 효과를 여러 영역으로 구분하여 정리하였는데, 1·2절의 명상의 뇌과학적 생리적 효과에 대한 내용을 윤병수·김지연이 정리하였고, 3·4절의 명상의 인지적 정서적 효과에 대한 내용을 이성준이 정리하였습니다.

4장은 명상을 적용하는 여러 분야에 대해 소개하는 장으로서 1절은 스트레스의 증상 및 대처를 위한 명상의 적용에 대한 내용, 2절은 의료장면에서 명상의 적용에 대한 내용으로 정선용·김종우가 정리하였습니다. 3절은 명상을 심리치료 분야에 적용한 대표적 사례로서 마음챙김에 기반한 인지치료 프로그램(MBCT)과 수용전념치료(ACT)를 중심으로 박성현이 정리하였고, 4절은 기업과 조직, 대중을 대상으로 명상이 어떻게 적용되어오고 있는지 김권수가 정리하였습니다. 마지막으로 5절은 교육 현장, 특히 학교 교육을 중심으로 명상이 어떻게 적용되고 있는지에 대한 내용으로 최윤정이 정리하였습니다.

5장에서는 조옥경·박지영이 마음챙김 요가에 대한 과학적 효과와 이론적 배경을 비롯하여 실제적으로 마음챙김 요가를 수련하기 위한 상세한 지침과 각 동작에 대한 소개를 정리하였습니다.

6장에서는 한국의 명상, 그리고 명상지도의 실제와 윤리를 다루면서 1절은 MBSR과 K-MBSR에 대한 내용으로 정애자·김완석·심교린이 정리하였고, 2절은 한국의 전통적 명상을 간략히 소개하는 내용으로 간화선은 정애자가, 국선도는 이봉건이 정리하였습니다. 마지막으로 3절은 명상 수련 및 지도의 실제 현장에서 자주 보고되는 여러 사례와 지도방안, 그리고 윤리적 이슈에 대한 내용으로 이봉건이 정리하였습니다.

명상이 심신건강과 삶의 질 향상에 긍정적인 영향을 준다는 명제는 이제 검증할 대상을 넘어선 것 같습니다. 앞으로는 다양한 장면에서 어떠한 명상을 어떤 사람이 어떻게 수련했더니 어떠한 효과가 나타났는지에 대한 보다 정교한 연구로 이어져서 증거에 기반한 과학적 연구 성과들이 누적될 필요가 있다고 생각합니다. 어느 정도 명상에 대한 과학적 연구 성과가 인정받고 체계적으로 정돈되어가고 있지만 여전히 진행 중이며 어쩌면 이제부터 본격적으로 시작되어야 할 과제일 것입니다.

명상을 체계적으로 접근하기 위해서 역사, 개념과 분류, 다양한 영역별 효과, 다양한 학문 분야에서의 적용으로 각 장의 내용을 재구성하면서, 과학적 명상의 입문서로서 각 장의 내용 및 각 분야별 다루는 수준에서 균형을 이루기 위해서는 더 많은 학계의 노력이 필요하겠다는 지금의 명상 연구 현주소를 있는 그대로 바라볼 수 있었습니다.

이제 두 번째 걸음을 내디뎠습니다. 이렇게 한 걸음 한 걸음 꾸준히 걸어가다 보면 머지않아 더욱 균형 잡힌 명상 연구의 내일을 마주할 수 있을 것이라 기약하면서 지금의 불완전함을 기꺼이 수용해보려고 합니다. 명상을 과학적으로 접근하고 수련하려는 도반(道伴)이 많아져서 꾸준히 걸음을 내디딜 수 있기를 기대해봅니다.

이 책이 나오기까지 노고를 아끼지 않으시고 기꺼이 마음을 모아 작업에 동참해주신 한국명상학회의 저자분들, 이사님들과 학회원분들에게 감사를 드리며, 집필진에게 다시 한 번 더 감사의 인사를 드립니다.

대표저자 **심교린**

목차

1장
과학적 명상 연구의
역사

6장
한국의 명상,
명상지도의
실제와 윤리

과학적
명상 연구의
역사

박도현 (와이 트라우마 연구소 소장/ passamind@naver.com)

1장

그림 1-1: 기원전 2500~1500년 전으로 추정되는 명상 수련자를 묘사한 벽화 그림

명상은 인류 문명의 오랜 자산이며, 그 역사가 어디까지 거슬러 올라갈지 짐작하기 어렵다. 명상에 관한 인류 최초의 기록은 기원전 고대 문명까지 거슬러 올라간다. 인더스 계곡에서 발견된 고대 벽화에는 명상하는 것 같은 자세로 앉아 있는 사람의 벽화가 발견되기도 했다(그림 1-1).

기원전 1500년경 인도 베다(우파니샤드) 전통의 문헌에서 명상에 관한 내용이 언급되어 있으며, 기원전 5세기경에는 불교 문헌과 중국의 도교 전통에서도 명상에 관한 내용을 찾아볼 수 있다.

이처럼 명상의 역사는 매우 깊고 방대하여 이를 서술하기 위해서는 인류 역사 전체를 들여다봐야 할지도 모른다. 우리가 흔히 명상하면 떠올리는 불교나 힌두교의 전통적인 수련 외에도 종교마다 명상 수련법이 있다. 유대교에는 카발라(Kabbalah)라는 신비주의 전통이 있으며, 기독교의 관상기도와 묵상기도, 이슬람교의 수피즘, 도교의 선도수련법 등은 모두 명상적 요소를 지닌 수련법으로 볼 수 있다(박석, 2006).

1장에서는 효율적으로 명상의 역사를 개관하기 위해, 현대적 의미의 명상과 그 역사를 살펴보려고 한다. 현대적 의미의 명상은 사실상 서구에 명상이 도입되고 이에 대한 과학적 검증이 이루어지면서 만들어졌다고 해도 과언이 아니다. 동양의 일부 수도자와 종교인들이 하던 명상이 지금처럼 서양 대중들에게까지 널리 보급될 수 있었던 것은 서구의 명상가와 학자들이 기여한 바가 크다.

서구의 명상은 전통적인 명상에 비해 종교성이 배제되고 과학적인 방법을 통해 연구되었다는 특징이 있다. 명상이 서구 사회에 유행하기 시작한 1960년대 초창기에는 동양의 신비주의나 LSD[1]로 대표되는 젊은이들의 대항문화(counterculture)의 한 형태로 사용됨으로써 다소 왜곡된 형태를 띠었다. 그래도 당시 대중문화의 상징인 밴드 비틀스의 사례에서 보듯이, 이러한 오리엔탈리즘적인 명상의 이미지는 서구 사회에 명상에 대한 큰 호기심을 불러일으키는 데 성공했다.

한때 비틀스의 명상 스승이었던 마하리시 마헤시(Maharishi Mahesh)가 개발한 초월명상(transcendental meditation, TM)의 경우, 1966년까지의 수련자는 1000여 명에 불과했으나, 비틀스를 통해 유명세를 탄 이후에는 수련 인원이 급격히 증가하여 1975년 한 해에만 29만 2517명이 첫 수련을 경험한 것으로 알려져 있다(Bainbridge, 1997). 하지만 비틀스가 스승의 성적 비행에 실망하여 그를 떠난 뒤, 대항문화와 초월명상의 짧은 로맨스는 끝이 나고 만다. 그 대신 초월명상 마케팅은 팝스타보다는 과학자들을 향하게 되었고, 명상이 과학적인 연구의 관심 대상이 되는 시발점이 되었다(Harrington, 2008). 그 이후에 의학계를 중심으로 허버트 벤슨(Herbert Benson) 등의 학자들이 명상이 가져

---

[1] 리세르그산 디에틸아미드(Lysergic Acid Diethylamide)의 줄임말로 향정신성의약품의 일종인 강력한 환각제.

오는 생리적인 변화를 연구하기 시작했다. 특히 미국 하버드대학교 의과대학 교수인 벤슨은 명상의 생리적 효과를 과학적으로 입증한 과정을 책으로 출간하여 명상의 효과를 대중에게 알렸다. 사실상 명상이 현재와 같이 서구 주류 사회에 널리 받아들여진 데에는 의학 분야의 과학적 연구가 기여한 바가 매우 크다(김완석, 2016). 이러한 사회문화적 맥락을 고려하여 1장에서는 과학적 명상으로 한정하여 명상의 역사를 살펴보고자 한다.

왜
과학인가?

과학적 명상의 역사를 살펴보기 전에 과학과 명상의 관계를 살펴볼 필요가 있다. '과학적 명상'이란 단어를 듣는다면 어떤 이미지가 떠오르는가? 마치 갓을 쓰고 자동차를 탄 사람처럼 서로 어울릴 것 같지 않은 이 단어들은 앞으로 이 책에서 계속해서 다룰 주제이기 때문에 왜 이 둘을 함께 이야기하려고 하는지를 먼저 언급하고자 한다.

과학이란 기본적으로 '과학적인 태도'에서 출발한다. 과학적인 태도란 어떤 문제에 대하여 진리를 탐구하려는 호기심과 자신의 생각이나 판단이 잘못되었을 때 책임지고 인정하는 능력, 그리고 다른 사람들이 모두 진리라고 말하더라도 미심쩍은 부분에 대해서는 한 번쯤 의심해보고 다르게 생각해보는 회의주의(skepticism)로 대변된다. 이들은 단순히 권위 있는 구루나 많은 명상 수련자들이 진리라고 이야기한다고 해서 쉽게 믿지 않고 항상 의심하는 습관이 있다. 이런 맥락에서 명상을 연구하는 학자들은 기본적으로 명상에 대한 호기심이 매우 풍부한 사람들이다. 인간이란 자신이 관심이 없는 주제에 대해서는 궁금한 것이 별로 없기 때문이다. 또한 이들은 자신의 생각이 잘못되었다고 판단되면 언제든지 바꿀 수 있는 유연함이 있다.

아마도 종교적 수련자들과 과학적 연구자들은 '믿음'이라는 측면에서 가장 큰 차이를 보일 것이다. 과학자들은 항상 의심하고 논리적인 허점을 찾아내도록 훈련받은 사람들이기 때문에 '믿음'이 필요한 종교 영역과는 반대의 습성을 가졌다고 볼 수 있다.

과학 영역에서는 과학적인 방법론을 사용했을 때에만 '과학'으로 인정받을 수 있다. 과학적인 방법론은 '관찰 - 가설 설정 - 예측 - 실험'의 단계를 따른다. 이를 명상 연구 영역에 빗대어 간략히 설명해보자.

예를 들어 명상 중 심박수가 느려지는 경험을 한 사람을 만난 과학자는 그 사람의 주관적인 보고를 관찰한다. 그다음에 "명상 수련 중에는 심박수가 떨어진다"와 같은 가설을 세운다. 그럼 과학자는 이 가설을 토대로 "누구든지 명상을 하면 심박수가 떨어질 것이다"라고 예측할 수 있다. 그럼 과학자는 실험을 계획하고 여러 사람을 모아서 명상하게 한 후에 실제로 명상 중에 심박수가 감소하는지를 검증하고자 한다. 만약 결과가 자신의 가설과 일치하지 않는다면, 성급하게 이 가설을 거짓이라고 판단하기 전에 실험 과정 중에 오류는 없었는지(심박수를 측정하는 장비는 정확한지 등)를 살펴본다. 가설에 문제점은 없는

지도 점검하고, 필요하다면 가설을 수정할 수도 있다. 그리고 다시 자신의 가설과 일치하는 결과가 나올 때까지 실험을 반복한다. 만약 결과가 자신의 예측과 일치한다면 이 가설은 참일 가능성이 높아진 것이다. 하지만 과학자는 이 단계에서 자신이 '진리'를 발견했다고 생각하지 않는다. 반복연구(replication study)를 통해 자신 또는 다른 연구자들이 동일한 조건에서 실험했을 때에도 동일한 결과를 얻고, 이러한 결과가 누적되어야 비로소 이것이 하나의 '과학적인 사실'로 학계에서 인정받게 된다. 과학 분야에서는 이처럼 귀납적 연구 방법을 선호한다.

명상 연구의 1세대에 속하는 찰스 T. 타트(Charles T. Tart) 박사는 이러한 과정이 과학뿐 아니라, 영성 훈련에서도 적용되어야 한다고 강조한다. 특히 타트 박사는 이런 표준화된 과정을 통해 명상과 같은 영성 분야에서도 사회적 과정이 일어난다고 보았다. 과학자들의 커뮤니티에는 소위 '동료 검증(peer review)'이라는 사회적 절차가 있다. 이를 통해 영성에서도 경험과 관찰에 기반을 둔 가설을 세우고, 여기에 바탕을 둔 예측은 동료집단의 검증을 거치라는 사회적 요구를 받게 된다 (Tart, 2011). 이렇게 과학적 검증을 제대로 거친 이론이나 발견은 잘 지어진 튼튼한 집의 골조가 튼튼하듯이 무너져내릴 가능성이 줄어든다.

하지만 이러한 과학적 방법론에도 약점은 존재한다. 이러한 귀납적 방법으로 연구하고 학계의 검증 절차를 거치는 데는 꽤 오랜 기간이 필요하다. 따라서 명백한 사실로서 검증될 사안이라도 그 과정에서는 수많은 논의와 반복된 과정이 필요하다 보니 때로는 비효율적으로 보일 수 있다. 또한 과학은 기본적으로 검증이 가능한 영역의 주제만을 다룬다. 예를 들어 "사후 세계는 존재하는가?"와 같은, 인간이 검증할 수 없는 주제는 애초에 과학의 검증 대상에서 제외될 수밖에 없다. 이런 이유로 과학만능주의를 비판하는 목소리 또한 존재한다. 그러나 과학적 방법론을 통해 과학적 사실로 드러난 사안은 매우 견고하며, 미래를 예측하는 데 강력한 도구가 될 수 있어 매우 유용하다. 명상같이 종교, 철학, 영성 등의 인접 분야와 연관된 주제를 연구할 때에는 과학만능주의에 빠지는 대신 과학적 방법의 강점과 한계를 분명히 인식하고 활용한다면 인류의 지식이 진리에 다가가는 데에 큰 도움이 될 것이다.

과학적 명상 연구의 기원

명상에 대한 초기 연구자들의 관심은 주로 명상 중에 일어나는 생리적인 변화에 관한 것이었다. 명상 연구에 관한 최초의 과학적 기록은 1936년 프랑스의 심장학자인 샤를 로브리(Charles Laubry)와 테레즈 브로스(Thérèse Brosse)의 논문에서 찾아볼 수 있다. 《인도 요가 수련자들로부터 동시에 수집된 심박수, 호흡, 심전도 자료(Documents recueillis aux Indes sur les 'yogins' par l' enregistrement simultané du pouls, de la respiration et de l'électrocardiogramme)》라는 논문에서 이들은 인도 요가 수련자들이 신체의 생리 상태를 의도적으로 조절하는 현상을 연구했고, 수초 동안 심장박동이 멎은 듯한 현상을 관찰하고 기록했다(Laubry & Brosse, 1936). 명상이 일으키는 생리적 변화에 대한 관심은 1950~1960년대에도 이어졌는데, 이 시기에는 주로 뇌파검사(electroencephalograph,

EEG)를 활용한 논문이 유행했다. 그 대상은 주로 요가 수련자들과 불교의 선 수행자들이었다. 특히 주목할 만한 연구로는 1969년 당시 LA 캘리포니아대학교의 대학원생이던 로버트 월리스(Robert Wallace)의 연구가 있다. 그는 학위논문 주제로 초월명상이 인체에 미치는 생리적 영향을 연구했다. 그는 초월명상 수업을 받은 대학생들을 대상으로 명상 중의 산소소비량과 심장박동수, 피부전도도, 뇌파상의 변화를 측정했고, 그 이듬해 최고의 과학 학술지인 《사이언스》에 그 결과를 발표했다(Wallace, 1970). 이 논문은 특히 하버드대학교의 심장내과 전문의인 허버트 벤슨에게 영감을 주었는데, 벤슨은 월리스가 관찰한 산소소비량의 감소나 심장박동수의 변화가 임상적으로 의미가 있다고 생각했다(Harrington, 1997).

명상 연구의 선구자 허버트 벤슨

1970년대에는 허버트 벤슨의 주도하에 명상에 관한 최초의 의학적 임상 연구가 시작되었다(Loizzo, 2014).

벤슨은 명상 연구 이전에는 바이오피드백 기법을 활용한 조작적 조건형성[2]으로 혈압을 조절하는 행동치료법을 연구하고 있었다(Benson, Shapiro, Tursky & Schwartz, 1971). 그러던 와중에 초월명상단체가 벤슨에게 자신들을 연구해달라고 제안했다. 명상에 대해 부정적인 선입견이 있던 그는 그 요청을 거절했지만, 결국 계속되는 요구에 응하게 되었다. 하지만 주류 의학계에 몸담고 있던 벤슨은 주변의 부정적인 시선을 의식해 실험은 일과가 끝난 저녁 시간에만 실시했고, 참

2　특정 행동이 그 행동의 결과들과 연합되어 이루어지는 학습.

가자들을 실험실 뒷문으로만 출입하게 하여 동료들의 시선을 피하려는 데 애썼다고 한다(Harrington, 1997). 벤슨은 초월명상 수련가들을 연구하던 초기에는 로버트 윌리스의 연구에 대해 몰랐으나, 차후에 윌리스의 연구 결과를 접하고 그에게 공동연구를 제안했다. 이들은 만트라명상 중에 혈압과 심박수, 뇌파, 신진대사율, 호흡 등의 변화를 관찰했고, 명상이 생리적 상태에 영향을 미친다는 사실을 확인했다(Wallace, Benson & Wilson, 1971). 실험 참가자들의 구체적인 생리적 변화를 살펴보면 명상 중 산소소모량이 17% 감소했고, 일산화탄소 배출도 감소했다. 호흡수는 분당 14~15회에서 10~11회로 줄었고, 혈류 속 유산염 수준도 현저하게 감소했다.[3] 뇌파는 심리적 이완 상태를 보여주는 알파파가 우세했으며, 낮은 혈압을 유지했다. 벤슨의 연구진은 이처럼 명상이 자율신경계의 이완 상태를 유도한다는 사실을 확인했는데,[4] 이는 월터 캐논(Walter Cannon)이 주장한 '투쟁 - 도피 반응'과는 반대되는 효과였다(Taylor, 2003). 벤슨은 이러한 일련의 연구 끝에 유명한 베스트셀러 《마음으로 몸을 다스려라(The Relaxation Response)》를 출간하게 된다(Beary & Benson, 1974; Benson, 1977).

　　벤슨의 명상 연구에 대한 열정은 여기서 그치지 않고 또 다른 미

3　혈류 속 유산염 수준의 감소는 심리적 평온 및 이완과 관련된다.

4　허버트 벤슨과 로버트 윌리스의 공동연구는 그리 오래가지 못했다. 명상법에 따라 생리적인 변화의 차이가 있을 것인지에 대한 문제를 두고 의견이 달랐기 때문이다. 윌리스는 초월명상 고유의 무언가가 신체적 변화를 야기한다고 믿었던 반면, 벤슨은 이런 변화는 특정 명상법으로 인한 것이 아니라 다른 명상법을 통해서도 얼마든지 일어날 수 있다고 생각했다. 윌리스는 이후에 마하리시 국제대학교의 총장이 되었고 벤슨은 하버드대학교의 손다이크기념연구소와 보스턴 베스 이스라엘 병원에서 명상 연구를 지속했다(Benson & Proctor, 2003, p.59).

지의 땅인 티베트로 향하게 된다. 물론 1959년 중국의 티베트 침공으로 티베트에는 더 이상 승려들이 존재하지 않았고, 모든 종교 수련은 불법화되었기 때문에 벤슨이 티베트 땅을 직접 밟지는 못했다(Benson & Proctor, 2003). 대신에 1979년 티베트의 영적 스승이자 정치 지도자인 달라이 라마가 미국을 방문했을 때, 벤슨은 달라이 라마를 하버드대학교에서 만날 수 있었다. 벤슨은 저서 《과학 명상법(Beyond the relaxation response)》에서 그날의 소감을 이렇게 회상하고 있다.

"나는 즉시 이 지극히 중요한 만남을 준비하기 시작했다. 가장 먼저 나와 함께 연구했거나 다양한 연구를 뒷받침해준 동료들을 모았다. 햇살이 눈부신 10월 중순의 이른 오후, 1823년에 지어져 한때는 윌리엄 제임스가 살았고 다원적인 우주에 대한 관념을 싹틔웠던 하버드대학교 소유 데이나-파버(Dana-Farber) 하우스의 거실에서 친견이 이루어졌다(Benson & Proctor, 2003, p.50)."

벤슨은 티베트의 툼모(Tum-mo)명상에 관심이 있었다. 이 수련법은 피부 온도를 인위적으로 상승시키는 것으로 알려져 있었다. 심지어 승려들이 이 수련으로 얼어붙은 가사를 녹인다는 얘기까지 들었던 터라 벤슨의 과학적 호기심은 극에 달했다.[5] 벤슨은 달라이 라마를

---

5 1985년 허버트 벤슨은 실제로 인도 다람살라에서 티베트 승려들을 실험하면서 섭씨 4도 아래의 기온에서 찬물에 적신 수련복을 어깨에 두른 채 말리는 광경을 영상으로 촬영했는데, 이 영상은

만난 뒤 티베트 승려들을 연구해도 좋다는 승낙을 받아낸다.[6] 1981년 2월, 마침내 벤슨의 연구진은 티베트의 망명정부가 있는 인도 다람살라로 향했다. 그들은 무거운 측정장비들을 싣고 산속 암자에 칩거하는 수행승들을 찾아가 툼모명상 시의 체온 변화를 측정했다. 연구진은 이 실험에서 놀라운 현상을 관찰할 수 있었다. 즉 수행승들의 심부 체온이 일정하게 유지되는 동안 손가락과 발가락 등의 말초 온도가 화씨 10도(섭씨 5.5도) 이상 상승하는 현상이 관찰되었다(Benson, Lehmann, Malhotra, Goldman 등, 1982).

벤슨은 이후 2003년 《나를 깨라 그래야 산다(The Breakout Principle)》라는 저서를 출판했는데, 여기서 산화질소(NO)가 뇌와 신체에 미치는 영향을 연구했다. 벤슨이 '브레이크 아웃(break out)'이라고 명명한 이 현상은 뇌의 전체적인 활동성은 줄지만 혈압, 심박수, 호흡의 조절과 관련된 뇌 부위와 주의집중, 시공간 개념, 의사 결정과 관련된 뇌 부위의 활동성은 증가하는 현상을 말한다(장현갑, 변광호, 2005).

벤슨이 발견한 결과의 의의는 그동안 자율신경계에 대한 과학자들의 오래된 믿음을 바꾸어놓았다는 데 있다. 혈압, 심박수, 체온 등

마치 수련복에서 증기가 피어오르는 것처럼 보였다고 한다. 이 영상은 하버드대학교 의과대학 카운트웨이 도서관의 허버트 벤슨 보관소에 보관되어 있다(Harringion, 2008).

6   달라이 라마가 허버트 벤슨에게 승려들을 연구하도록 결정하게 된 데에는 중국 정부를 의식한 정치적인 동기가 작용했다는 분석이 있다. 당시 수행승들이 정신수양과 거리가 먼 과학 연구 참여에 동의할 리가 없었으며, 달라이 라마도 벤슨의 요청을 받고 처음에는 연구가 불가한 이유를 설명하기 시작했다고 한다. 그러다 갑자기 말을 멈춘 달라이 라마는 "동쪽의 친구(중국)들이 우리 전통을 서양에서 연구하는 일에 큰 인상을 받겠지요. 그렇다면 연구할 만한 가치가 있을 터이고"라고 말했고, 벤슨의 연구를 허락했다고 한다(Besnson & Proctor, 2003, p.52; Harrington, 2008, pp.304~305).

자율신경계의 지배를 받는 생리적인 현상은 인간의 의지대로 조절할 수 없다는 것이 과학계의 통설이었으나 벤슨은 명상가들이 자율신경계의 지배를 받는 생리적인 현상을 의지대로 조절할 수 있음을 과학적으로 입증해냄으로써 기존 과학계의 '인간 몸과 마음의 관계'에 대한 인식에 커다란 변화를 가져왔다.

이완에서
통찰로

1960년대 이후 수십 년간 명상 연구는 크게 두 가지 흐름으로 발전했다. 하나는 뇌과학적인 방법론을 사용하여 명상의 생리적인 효과를 탐구하는 연구이고 다른 하나는 임상적 활용에 중점을 둔 연구였다(Loizzo, 2014). 허버트 벤슨이 세간의 이목을 받으며 인도와 티베트의 신비로운 명상을 연구하고 있던 시절, 미국 사회 한편에서는 또다른 동양의 명상법 중 하나인 마음챙김 명상(mindfulness meditation)이 알려지고 있었다. 마음챙김 명상은 주로 동남아에서 유행하는 불교 분파인 상좌부[7]의 위빠사나(vipassana)수행법이다. 위빠사나는 '꿰뚫어

---

[7]   상좌부(上座部, Theravada) 불교란 동남아시아 지역에 주로 전파된 불교 분파 중 하나이다. 붓다 입멸 후, 100년 뒤 불교 교단은 상좌부와 대중부(大衆部)로 나누어졌다. 이를 근본분열이라고 하는데, 이러한 분열의 원인은 계율에 대한 해석의 차이였다. 당시 계율에 엄격한 입장이었던 소수

보다'라는 의미로, 주로 명상을 통한 통찰(insight)을 중시하는 수련법이다. 미국의 통찰명상학회(Insight Meditation Society, IMS)의 멤버인 잭 콘필드(Jack Kornfield), 조지프 골드스타인(Joseph Goldstein), 샤론 샐즈버그(Sharon Salzberg) 등이 서구에 위빠사나 수련을 보급한 대표적인 인물이다. 이들은 1975년 통찰명상학회를 설립하고 미국 사회에 명상을 보급하는 데 앞장섰다.

하지만 과학적인 명상 연구의 관점에서 더 큰 비중을 차지하는 인물은 존 카밧진(Jon Kabat-Zinn)이다. 카밧진은 매사추세츠 공과대학교(MIT)에서 분자생물학을 전공하여 박사학위를 취득했으며, 자신이 직접 동양의 불교 수행과 요가 수행을 경험했다. 그는 이런 경험을 바탕으로 서구인들에게 맞는 마음챙김 기반 스트레스 감소(Mindfulness-based Stress Reduction, MBSR) 명상 프로그램을 개발했다. 그는 1979년 만성질환자들을 돕기 위해 '스트레스 감소 및 이완 프로그램(Stress Reduction and Relaxation Program)'을 개발하여 실시했으며, 차후에 이것을 MBSR 프로그램으로 발전시켰다. 10여 년간 MBSR 프로그램

파에 장로(상좌)가 많았기 때문에 상좌부라 칭했으며, 예외를 인정하자는 진보파가 다수를 차지했기에 이들을 대중부라고 칭했다. 이후에 세력을 얻게 된 대중부는 상좌부 승려들을 낮추어 부르며, 소승(小乘, hirayana)이라 불렀다. 하지만 상좌부에서는 자신들을 한 번도 소승이라 인정한 적이 없으며, 붓다와 장로(선배)의 가르침만을 따른다는 입장을 고수했다. 대승불교 문화권인 한국에서는 상좌부를 소승이라 칭하는 경우가 많은데, 이는 키가 작은 사람을 보고 '난쟁이'라 부르는 것처럼 대상을 비하하는 표현이다. 크다(대승)와 작다(소승)는 상대적인 개념이며, '소승'은 주관적인 가치판단이 개입된 표현이다. 상좌부(또는 남방불교)가 가치중립적인 표현이다. 따라서 본서에서는 상좌부라는 표현을 사용한다. 대승과 상좌부의 역사적 배경 및 당시 상좌부와 대중부 사이의 갈등에 관한 구체적인 내용은 《경전의 성립과 전개(経典—その成立と展開)》(미즈노 고겐, 佼成出版社, 1990)에 상세히 기술되어 있다.

을 실시한 경험을 바탕으로 대중적인 명상 교양서인 《마음챙김 명상과 자기치유(Full Catastrophe Living)》를 1990년에 출간했다(Kabat-zinn, 1990).

카밧진이 자신이 개발한 프로그램에 '명상'이 아닌 '스트레스 감소'라는 표현을 사용한 것은 전략적인 선택이었다. 명상이라는 표현으로 자칫 의학계와 환자들이 이를 종교적이거나 위협적으로 받아들일 가능성을 염려했기 때문이다. 그는 대중적으로 큰 성공을 거둔 이후에도 MBSR이 지닌 동양적인 특징을 최대한 드러내지 않으면서 환자들이 개인적 경험을 통해 스스로의 가치를 발견하도록 유도했다(Harrington, 1997, pp. 290-291).

카밧진이 다른 서구의 명상 활동가들과 다른 점은 그가 MBSR 프로그램을 통해서 과학적 명상 연구의 기틀을 닦았다는 점이다. 마음챙김 명상을 단순한 수련 중심이 아닌 검증 가능한 프로그램으로 만든 인물이다. MBSR 프로그램은 보디스캔, 정좌 명상, 하타 요가, 먹기 명상 등 각 구성 요소별로 표준화되어 연구가 용이했다. 또한 카밧진은 허버트 벤슨이 이완반응(Relaxation Response®)의 저작권을 주장한 것과 달리 MBSR 프로그램의 저작권을 주장하지 않았기 때문에 많은 임상가와 연구자가 MBSR 프로그램을 활용하여 자유롭게 과학적 연구를 수행하는 데 도움이 되었다. MBSR은 이후 우울증 재발 방지를 위한 '마음챙김 기반 인지치료(Mindfulness-based Cognitive Therapy)'처럼 다양한 형태로 발전하게 되었으며, 이러한 변형 프로그램들은 MBSR의 구성 요소들을 근간으로 하고 있다.

"세상에서 가장 행복한 사람"[8]

허버트 벤슨의 '이완반응'으로 대표되는 사마타 계통의 명상법에 관한 연구와 존 카밧진의 MBSR로 대표되는 마음챙김(통찰) 명상에 관한 연구 외에 또 다른 형태의 명상에 관한 과학적 호기심이 1990년대에 시작되었다. 그 중심에 있는 인물은 미국 위스콘신대학교의 심리학 교수인 리처드 데이비슨(Richard Davidson)이다. 그는 좌뇌와 우뇌의 기능 차이와 정서 경험(emotional experiences)이 어떤 연관성이 있

---

8 '세상에서 가장 행복한 사람'은 마티유 리카르가 리처드 데이비슨의 명상 연구에 참가하며 얻게 된 별명이다. 데이비슨의 기능적 자기공명영상(fMRI) 연구 결과에 따르면, 사람들이 불안이나 분노, 우울과 같은 불쾌한 감정을 느낄 때 뇌의 우측 전전두피질이 주로 활성화된다. 반대로 사람들이 긍정적인 감정을 느낄 때는 좌측 전전두피질의 활성화가 관찰된다. 리카르를 포함한 티베트 승려들을 대상으로 한 연구에서 모두 좌측 전전두피질의 활성화 우세가 관찰되었는데, 특히 리카르의 좌측 전전두피질의 활성도가 높았다고 한다. 이로 인해 리카르의 별명이 '세상에서 가장 행복한 사람'이 되었다.

는지를 주로 연구해오고 있었다. 그는 1970년대 하버드대학교 대학원생 시절부터 명상에 대한 관심이 남달랐으며, 이 때문에 다니엘 골먼(Daniel Goleman)과 존 카밧진, 람 다스(Ram Dass) 같은 인물과 친분이 있었다. 대학원생 시절에는 골먼과 함께 명상 관련 연구를 수행했는데, 명상이 인간의 주의(attention)와 정서(affective)에 미치는 영향을 주로 탐구했다(Davidson, Goleman, 1977; Davidson, Goleman & Schwartz, 1976). 1990년대에 이르러 데이비슨은 소망하던 명상 연구의 계기를 만나게 된다. 마음과생명협회 회원으로 활동하며 프랑스 출신의 티베트 승려인 마티유 리카르(Matthieu Ricard)와 만난 것이다. 한때 달라이 라마의 통역사로도 활동했던 리카르는 프랑스 파리에서 생화학을 전공했으며, 이후 티베트에서 출가하여 승려가 된 독특한 이력의 소유자였다. 그는 승려가 된 후 철학자인 자신의 아버지와의 대화를 기록한《승려와 철학자(The Monk and the Philsopher, 1997)》란 책을 출간한 베스트셀러 저자이자, 티베트의 아름다운 풍경을 카메라에 담는 사진작가로도 유명하다.[9] 리카르는 데이비슨의 명상 연구에 자원하여 실험 참가자이자 공동저자로 참여했다(Lutz, Greischar, Rawlings, Ricard & Davidson, 2004; Ekman, Davidson, Ricard & Wallace, 2005). 앙투안 루츠(Antoine Lutz) 등(2004)이 함께 시행한 실험에서 티베트 승려들이 자애 명상(loving-kind & compassion meditation)을 수행하는 동안 강력한 감마파 활동이 관찰되었다. 감마파는 일상 상태에서는 잘 관찰되지 않고, 고도의 집중

---

9   마티유 리카르의 홈페이지를 방문하면 그의 멋진 사진 작품들을 감상할 수 있다. https://www.matthieuricard.org/photographies

된 상태에서 관찰되는 것으로 알려져 있다. 데이비슨은 이 연구를 두고 명상 연구의 전환점을 가져온 획기적인 연구라 평가하며, 이 새로운 분야를 '명상의 신경과학(contemplative neuroscience)'이라고 불렀다. 카밧진이 마음챙김 명상을 '주의훈련' 수준에서 설명했다면, 이 연구는 명상이 뉴런 단위의 전기화학적 과정에서의 변화를 가져온다는 사실을 증명해낸 의미 있는 연구로 볼 수 있다(Loizzo, 2014). 이후 데이비슨은 카밧진과의 공동연구를 통해 일반 회사원들을 대상으로 8주간의 MBSR 프로그램 시행 후의 긍정 정서와 관련된 좌측 전전두피질(prefrontal cortex, PFC)의 활성화를 관찰했다(Davidson & Kabat-Zinn, 2004). 데이비슨은 이 결과를, 불쾌한 감정을 불러일으키는 편도체에서 올라오는 신호를 억제하는 좌측 전두엽피질의 특정 신경회로가 활성화된 결과로 해석했다.

명상에 대한 일련의 뇌과학 연구들의 의의는 다음과 같은 두 가지로 요약해볼 수 있다(김완석, 2016). 첫째, 명상이라는 일종의 정신 활동이 특정 신경회로나 구조물의 활성화라는 물질적 토대 위에 있음을 보여준 것이다. 이는 명상 수련 중에 경험하는 현상을 개념적인 것이 아닌, 신경계와 같은 물리적 실체로 파악할 수 있게 했다. 둘째, 명상이라는 정신 활동이 신경계로 이루어진 뇌의 구조와 기능에 영향을 미친다는 사실을 보여줌으로써 정신 활동이 단순히 뇌 활동의 결과가 아니라, 오히려 뇌의 구조적 변화를 가져오는 원인이 될 수 있음을 입증했다.

명상과학의 현재와 미래

명상 분야 연구는 최근 양적 · 질적으로 급격한 성장세를 보이고 있다. 마음챙김에 관한 논문만 예로 들어도 1980년대를 통틀어 11편에 불과하던 논문의 수가 2019년에는 한 해에만 무려 1203편으로 증가했다.[10] 2010년을 기준으로 147편이었던 것에 비하면 지난 10년 사이에만 무려 8배 이상의 양적 성장을 보여주었다. 질적인 측면에서도 2010년 이전에는 단순히 명상의 효과를 검증하는 논문이 주를 이루었던 반면, 최근 10년 사이에는 메타분석이나 리뷰논문의 출판이 활발하다. 이제 단순히 명상이 과학적으로 효과가 있느냐 없느냐에 대한 논쟁은 별 의미가 없으며, 확실한 효과가 있는 이 명상이라는 것

---

10 AMRA(American Mindfulness Research Association)
https://goamra.org/resources/

이 어떤 기제를 통해 효과를 발현하는가에 관심이 쏠리고 있다는 의미다.

특히 심리학계를 중심으로 마음챙김 명상에 큰 관심이 몰리게 된 것은 2009년 《국제임상심리학회 저널(Journal of Clinical Psychology)》에서 마음챙김을 특집호로 다룬 것이 계기가 되었다. 이 특집 논문집에는 총 6편의 논문이 수록되었는데, 샤우나 샤피로(Shauna Shapiro)(2009)의 마음챙김과 심리학의 통합에 관한 논문을 필두로 MBSR 프로그램의 효과 기제에 관한 논문(Carmody, Baer, Lykins & Olendzki, 2009), MBSR 프로그램을 얼마나 실시해야 효과가 있는지를 리뷰한 연구(Carmody & Baerm, 2009) 등이 실렸다. 과학적 검증 절차에 비교적 엄격한 심리학 저널에서 마음챙김 명상에 관한 내용을 비중 있게 다루었다는 것은 명상 연구가 소수의 관심사가 아닌 학계 일반의 관심 주제로 전환되었다는, 아주 의미 있는 사건으로 볼 수 있다. 실제로 이를 기점으로 명상에 관한 논문 수가 폭발적으로 증가했다.

현재 명상과학에 관한 연구 흐름은 차가운 인지로 상징되는 메타인지적인 마음챙김에서 따뜻한 정서로 상징되는 자비명상으로 변화되고 있다. 자비명상은 불교의 사무량심 개념에서 나온 자애심(loving-kindness, metta)과 연민심(compassion, karuna), 동락심(empathatic joy, mudita), 평등심(equanimity, upekha)을 계발하는 명상법이다. 특히 리처드 데이비슨 연구팀의 결과를 기반으로 한 신경과학 연구가 명상 연구 학계의 관심을 모으고 있다(Liozzo, 2014).

김완석(2016). 과학명상. 커뮤니케이션북스.

미즈노 고겐(1996). 경전의 성립과 전개. 시공사.

박석(2006). 명상의 이해. 스트레스 연구, 제14권, 4호.

장현갑, 변광호(2005). 몸의 병을 고치려면 마음을 먼저 다스려라. 학지사.

Anand, B., G. Chinna & B. Singh. 1961. Some aspects of electroencephalographic studies in yogis. Electroencephalogr. Neurophysiol. 13: 452-456.

Bagchi, B. & M. Wegner. 1957. Electrophysiological correlates of someyogi exercises. Electroencephalogr.Neurophysiol. Suppl. 7: 132-149.

Bainbridge, S. W.(1997). The Sociology of Religious Movements, pp.187-191, Routledge: New York.

Beary, J. & H. Benson. 1974. A simple psychophysiologic technique which elicits the hypometabolic changes of the relaxation response. Psychosom. Med. 36: 115-120.

Benson, H, Lehmann, J. W., Malhotra, M. S., Goldman, R. F. (1982). Body Temperature Changes during the Practice of g Tum-mo Yoga. Nature 295(5846), 234-236.

Benson, H. & Proctor, W. (2003). 과학명상법 [Beyond the Relaxation Response]. (장현갑, 장주영, 김대곤 공역). 서울: 학지사. (원전은 1984년에 출판).

Benson, H. & Proctor, W. (2006). 나를 깨라 그래야 산다 [The Breakout Principle]. (장현갑역). 서울: 학지사. (원전은 2003년에 출판).

Benson, H. 1977. Systematic hypertension and the relaxation response.N. Engl. J. Med. 296: 1152-1156.

Benson, H., Shapiro, D., Tursky, B. & Schwartz, G. E. (1971). Decreased Systolic Blood Pressure through Operant Conditioning Techniques in Patients with Essential Hypertension, Science 173, 998, 740.42

Carmody, J. & Baer, R.A. (2009), How long does a mindfulness-based stress reduction program need to be? A review of class contact hours and effect sizes for psychological distress. J. Clin. Psychol., 65: 627-638. doi:10.1002/jclp.20555

Carmody, J., Baer, R.A., L. B. Lykins, E. and Olendzki, N. (2009), An empirical study of the mechanisms of mindfulness in a mindfulness-based stress reduction program. J. Clin. Psychol., 65: 613-626. doi:10.1002/jclp.20579

Das, N.& H.Gastaut. 1955.Variations de l'activite electrique de cerveau du Coeur et des muscles squelletiques au cours de la meditation et de l'extase yogique. Electroencephalogr. Clin. Neurophysiol. Suppl. 6: 211-219.

Davidson, R. J. & Goleman, D. J. (1977). The Role of Attention in Meditation and Hypnosis: A Psychobiological Perspective on Transformation of Consciousness, International Journal of Clinical and Experimental Hypnosis 25(4), 291-308.

Davidson, R. J. & Kabat-Zinn, J. (2004). ALTERATIONS IN BRAIN AND IMMUNE FUNCTION PRODUCED BY MINDFULNESS MEDITATION: THREE CAVEATS: RESPONSE, Psychosomatic Medicine, 66(1), 149-152.

Davidson, R. J., Goleman, D. J. & Schwartz, G. E. (1976). Attentional and Affective Concomitants of Meditation: A Cross-Sectional Study, Journal of Abnormal Psychology, 85(2), 235-238.

Ekman, P., Davidson, R. J, Ricard, M. & Wallace, B. A. (2005). Buddhist and Psychological Perspectives on Emotions and Well-Being, Current Directions in Psychological Science. 14(2), 59-63. doi:10.1111/j.0963-7214.2005.00335.x

Harrington, A. (2008). 마음은 몸으로 말을 한다 [The cure within: A history of mind-body medicine]. (조윤경 역). 파주: 살림.

Kabat-zinn, J. (1990). Full Catasgfophe Living,

Kasamatsu, A. & T.Harai. (1966). An electroencephalographic study onZen meditation (zazen). Folia Psychiatr.Neurol. Jpn. 20: 315-336.

Laubry, C., Brosse, T. (1936). Data Gathered in India on a Yogi with Simultaneous Registration of the Pulse, Respiration, and Electrocardiogram, Press Medicale, 44, 1601-4.

Loizzo, J. (2014). Meditation research, past, present, and future: perspectives from the Nalanda contemplative science tradition. Annals of the new york academy of sciences, 1307, 43-54.

Lutz, A., Greischar, L. L., Rawlings, N. B., Ricard, M. & Davidson, R. J. (2004). Long-term meditators self-induce high-amplitude gamma synchrony during mental practice, PNAS, 101(46), 16369-16373.

Shapiro, S. L. (2009). The integration of mindfulness and psychology. J. Clin. Psychol., 65: 555-560. doi:10.1002/jclp.20602

Tart, T. C. (2011). 자유로운 삶으로 이끄는 일상생활 명상 [Mind Science: Meditation Training for Practical People]. (안희영, 백양숙 역). 서울: 학지사. (원전은 2001년에 출판).

Taylor, E. (2003). A Perfect Correlation Between Mind and Brain: William James's Varieties and the Contemporary Field of Mind/Body Medicine, Journal of Speculative Philosophy 17(1), 40-52.

Wallace, R., Benson H. & Wilson A. (1971). A wakeful hypometabolic physiologic state. Am. J. Physiol. 221: 795-799.

Wallce, K. R. (1970). Physiological Effects of Transcendental Meditation, Science 167, 1751-1754.

명상의
개념과 구분

김완석 (아주대학교 명예교수, 심리학과/ wsgim@ajou.ac.kr)
심교린 (MCL심리연구소 소장/ shimkl@naver.com)

2장

명상의 정의

　　어떠한 대상이나 활동을 과학적으로 이해하기 위해서는 먼저 연구하고자 하는 그것이 무엇인지 개념을 정의할 필요가 있다. 어떠한 대상을 명확하게 정의하지 않고 소통하기란 매우 어려운 일이다. 그렇다면 사람들은 '명상(冥想, meditation)'을 어떻게 정의하는가? 표준국어사전에서는 명상을 '고요히 눈을 감고 깊이 생각함. 또는 그런 생각'이라고 정의한다. 위키백과에서는 명상을 '고요히 눈을 감고 차분한 상태로 어떤 생각도 하지 않는 것이다'라고 정의하고 있다. 간단히 생각하기에도 두 정의는 사뭇 모순적이다. 깊이 생각하는 것과 어떤 생각도 하지 않는 것은 상반된 행동을 나타내고 있지 않은가? 명상은 오랜 전통이 있는 만큼 다양한 지역에서 다양한 목적과 방법으로 이루어졌기에 정의하기가 매우 어렵다(김완석, 2019).

한편 명상의 한자 뜻을 살펴보면 冥(어두울 명)과 想(생각 상)으로 '어두운 곳에서 생각한다' 정도의 의미로 풀이되는데, 이는 명상하는 장소나 장면에 대한 묘사일 뿐 명상의 본질적인 의미를 나타내는 용어로 보기는 어렵다. 어원을 살펴보면, 명상은 산스크리트어인 diyai에서 파생된 힌두교와 불교의 '디야나(Dhyana)'이다. 디야나는 영어권에서는 'meditation', 한자권에서는 '선(禪)'으로 번역된다. 그런데 우리가 주로 알고 있는 명상(冥想)이라는 용어는 영어 'meditation'의 일본식 번역이다. 이러한 복잡한 번역 과정에서 디야나, meditation, 禪, 명상은 각기 조금씩 다른 의미를 갖게 된 것 같다.

한편 영어 'meditation'은 그 어원이 라틴어인 'meditan'에 있는데, '생각하다', '숙고하다', '궁리하다'와 같은 뜻을 담고 있다. 어떤 학자는 영어 meditation은 약 또는 의술을 뜻하는 'medicine'과 마찬가지로 medi라는 동일한 어근을 갖고 있다고 주장한다. 이때 medi의 뜻은 '측정하다', '진단하다'로 명상이 현대적인 의학 발달 이전에 심신의 고통을 치유하려는 목적으로 행해진 수련임을 시사한다고 주장한다.

이처럼 명상이라는 말은 하나의 수행 방법이나 명확한 행동을 정의 내리는 용어로 이해하기보다는 여러 수행 방법들을 총괄적으로 지칭하는 용어로 이해하는 것이 적절한 것 같다(김정호, 1994; 김완석, 2016/2019).

과학의 대상으로서 명상
: 마음챙김

서구 학자들이 주도한 과학적 명상 연구는 명상이라는 용어보다 초기 불교 경전의 기록에서 사용된 고대 인도 팔리어 'sati'를 번역한 '마음챙김(mindfulness)'이라는 개념을 중심으로 본격적으로 시작되었다(김완석, 2019). sati는 알아차림(awareness), 주의(attention), 기억(remembering) 등의 뜻을 가진 용어로서 불교에서 기반한 모든 명상법의 기초가 되는 개념(Siegel, Germer, & Olendzki, 2010)이라는 점에서 '마음챙김'은 사실상 다양한 명상법의 토대라고 할 수 있다.

한편 현대 심리학자들은 마음챙김의 개념을 다양하게 정의해왔다. 다니엘 골먼(1980)은 마음챙김을 고정화된 지각에서 탈피하여 매 사건을 첫 경험처럼 대하며 자기 경험의 있는 그대로의 사실과 마주하는 것, 내면에서 일어나는 경험에 대해 반사적으로 반응하지 않고 수용적으로 반응하는 과정이라고 정의했다. 존 카밧진(1990)은 마음챙김을 지금 이 순간에 집중하는 능력, 의도적으로 몸과 마음을 관찰하고 순간순간 체험한 것을 느끼며, 체험한 것을 있는 그대로 받아들이는 과정이라고 정의했다. 브라운(Brown)과 라이언(Ryan)(2003)은 마음챙김을 현재의 경험 혹은 실재에 대한 집중력과 알아차림을 향상시키는 것으로, 베어(Baer)(2003)는 마음챙김을 지속적인 내적·외적 자극의 흐름이 일어날 때 비판단적으로 관찰하는 것으로 정의했다. 비숍(Bishop) 등(2004)은 여러 마음챙김의 정의를 종합하여 마음챙김은 '주의의 자기 조절(self-regulation of attention)'과 '경험에 대한 지향성(orientation to experience)'으로 요약할 수 있다고 했으며, 헤이즈(Hayes)와 펠만(Felman)(2004)은 비숍(Bishop) 등(2004)의 제안에 내적·외적 경험과 거리 두기 또는 탈중심화 요인을 추가할 것을 제안했다. 거머(Germer), 지겔(Siegel)과 풀턴(Fulton)(2005)은 마음챙김이라는 단어가 다양한 측면에서, 즉 마음챙김을 '닦는 수행'(명상으로서의 마음챙김), '심리적인 과정'(마음 챙기기), 그리고 '이론적인 구조'(마음챙김 개념)를 설명하는 데 사용될 수 있다고 하면서 마음챙김을 '순간순간의 알아차림(moment by moment awareness)'으로 정의했다. 이처럼 마음챙김 연구자들은 마음챙김을 다양한 요소를 포괄하는 다면적 구성 개념으로 보고 있다(Baer, Smith et al., 2006).

국내 연구자들의 견해도 유사하다. 김정호(1996/2004)는 마음챙김 명상 즉 위빠사나명상이란 마음에의 집중이 전제된, 마음 현상을 또렷이 관찰하는 것을 의미한다고 했으며, 마음 집중과 정확한 관찰은 서로 긴밀하게 연관되고, 이때 관찰은 비교, 분석, 판단 혹은 추론 등이 개입하지 않은 순수한 관찰(bare attention)이라 했다. 그리고 박성현(2006)은 마음챙김이란 순간순간 의식의 장에서 발생하는 몸과 마음의 현상(신체 감각, 느낌, 감정, 욕구, 의도, 생각 등)에 대한 즉각적인 자각(현재자각), 주의집중, 비판단적 수용 및 현상에 휩싸이지 않는 탈중심적 주의로 정의했다.

마음챙김을 개념화하고 정의하는 데에는 학자 간에 다소 차이가 있는 것 같다. 그러나 대체로 현대 심리학자들은 마음챙김을 '순수한 주의'로 파악하고, 그 수련 방법으로는 존 카밧진(John Kabat-Zinn)(1990)의 '지금 현재의 내적경험에 대한 비판단적인 주의와 알아차림'이라는 정의를 널리 받아들인 것으로 보인다(김완석, 2019).

명상의 구분

명상은 그 오랜 전통만큼이나 다양한 방법과 기원이 있다. 대부분의 명상법은 전체적인 수행 체계와 여러 요소가 밀접한 관계를 맺고 있기에 단순히 수련 방법론만 개념화하여 하나로 정의하고 이해하는 것은 적절하지 않다. 그러면서도 명상 수련법을 과학적으로 연구하고 분석하기 위해서는 수련 체계와 방법론의 특징과 기준을 명시하여 구분하고 비교하며 검증할 필요가 있다.

동양문화권에서는 명상을 두 종류로 분류해왔다. 하나는 사마타(samatha), 지법(止法), 집중명상이라 부르고, 다른 하나는 위빠사나(vipassana), 관법(灌法), 통찰명상 또는 지혜명상으로 부른다. 서구에서는 이를 각기 'concentration meditation'과 'insight/wisdom meditation'으로 번역했다.

어떤 연구자들은 '초점화된 주의(Focused Attention, FA)명상'과 '열린 관찰(Open Monitering, OM)명상'으로 구분하기도 한다(Lippelt, Hommel, & Colzato, 2014; Lutz, Slagter, Dunne, & Davidson, 2008). 이들은 FA 명상은 안정적인 집중을 목표로 삼아 의도적으로 한 대상에 초점을 유지하는 수련이고, OM명상은 떠오르는 생각들을 조절하면서 주위에 대한 일반적인 자각 능력을 키운다고 한다. 이와 관련하여 김정호(2018)는 집중명상(concentrative meditation)과 개방명상(openning-up meditation)의 차이를 '정도'의 차이로 설명한다. 즉 주변의 감각에 마음을 활짝 열고 주의를 보내는 것이 넓은 개방명상이라면, 몸의 감각에만 주의를 보내는 것은 조금 더 집중명상에 가까운 개방명상이고, 호흡감각의 변화에만 주의를 집중하는 것은 더욱 집중명상에 가까운 개방명상이다. 또한 같은 호흡 명상이라 해도 호흡의 감각보다는 호흡의 수를 헤아리며 호흡의 횟수에 집중하는 방식의 호흡 명상은 집중명상이라고 할 수 있겠다. 이처럼 같은 이름의 명상법이라 할지라도 어떻게, 어디에 주의집중하는가에 따라 집중명상과 통찰(개방, 열린)명상의 구분은 달라질 수 있다.

지금까지 살펴본 바와 같이 명상 수련법의 구분은 간단한 문제가 아니다. 그러나 비록 명확하게 구분하기 어렵다 할지라도 두 명상 수련법에 대한 연구는 꾸준히 이루어져왔으며, 두 명상 수련법 사이에 나타나는 신경계 활동의 차이와 같은 증거들이 보고되고 있다(3장에서 조금 더 상세히 다룰 것이다). 그뿐만 아니라 각 명상법에 따른 인지 과정과 기제에 대한 연구들이 이루어지면서 이제 집중명상과 통찰명상에 대한 구분은 어느 정도 합의가 이루어진 것 같다.

1 집중명상

집중명상은 하나의 특정 대상을 정해서 의도적으로 집중하는 것이다. 이러한 방식은 '레이저 빔'에 비유되기도 한다. 주의를 기울이는 방식이 마치 레이저 빔이 빛을 하나의 대상에 모아 그 대상을 밝히는 것과 유사하기 때문이다(Germer 등, 2005). 집중명상의 목적은 오랫동안 주의집중하여 의식의 작용이 거의 없는 삼매(사마타) 상태를 유지하는 것에 있다. 이를 위해 한곳에 주의를 집중하고, 주의가 분산되면 이를 알아차리고 돌아옴으로써 궁극적으로는 내적경험을 줄여 없애는 수련인 것이다. 이런 집중명상을 통해 복잡한 생각에서 벗어나 고요하고 혼란되지 않은 마음에 머물게 된다. 집중명상 시에 내적인 것이든 외적인 것이든 모두 집중의 대상이 될 수 있다. 어떠한 단어, 심상, 몸의 감각이나 느낌이 될 수도 있고, 촛불이나 벽의 한 점, 특정 문양(만다라)이 될 수도 있다.

2 통찰명상

통찰명상은 집중할 대상을 다양하게 바꾸면서 매 순간 의식에 떠오르는 내적경험, 예를 들어 신체 감각이나 감정, 생각 등에 주의를 기울여 있는 그대로 알아차리거나 아니면 아예 집중 대상을 정하지 않고 내적경험이 일어나는 대로 알아차리는 방법이다. 이는 넓은 범위에서 여러 대상이 알아차림의 영역에 나타날 때마다 한 번에 하나씩 비추는 탐조등에 비유된다(germer 등, 2005). 통찰명상의 목적은 정확한 알아차림, 지혜와 깨달음, 순수한 관찰이다. 집중명상에서도 어느 정도 그러하지만, 특히 통찰명상에서는 내적경험을 평가하거나 비판하지 않는 태도가 강조된다. 한편 통찰명상은 한곳에 집중하지 않고 순간순간 발생하는 내적경험을 그대로 관찰하여 그 본성을 알아차리는 수련이므로, 내적경험을 바꾸거나 없애려 하지 않고 수용적인 태도로 자각하여 본성을 통찰한다는 점에서 존재론적 수련이라고도 볼 수 있다.

앞에서 언급한 마음챙김은 그것을 어떻게 정의하는가에 따라 모든 명상에 필요한 전제조건이기도 하고 통찰명상의 다른 이름으로 볼 수도 있다. 그러나 개념적으로 엄밀하게 말하면 마음챙김과 마음챙김 명상은 다르다. 그럼에도 많은 연구자들이 통찰명상과 마음챙김 명상을 비슷한 것으로 혼용하는 것은 통찰명상이 다른 명상법에 비해 마음챙김 자체를 중요한 훈련 요소로 삼기 때문이다(김완석, 2019).

3 자비명상

현대 심리학자들은 전통적인 명상의 구분에 따라 자비명상을 집중명상의 한 종류로 간주해왔지만, 여러 측면에서 집중명상이나 통찰명상과는 다르다. 자비명상은 다음과 같은 점에서 집중명상이나 통찰명상과 차이가 있다(김완석, 2016).

첫째, 자비명상은 내적경험을 다루는 방식이 독특하다. 자비명상은 특정한 정서나 사고를 적극적으로 생산하거나 조작하는 의도적인 작업이 필수적이다. 따라서 자비명상은 의식 속에서 나타나고 사라지는 내적경험의 의도적인 개입을 삼가는 존재론적 방식이 아니라, 의식의 내용을 직접 조작하는 행위론적 방식의 명상이라고 할 수 있다.

둘째, 자비명상을 할 때는 개인적 맥락이 아니라 사회적 맥락이 조성된다. 집중명상이나 통찰명상은 수련하는 동안에 자신 이외의 존재에 주의를 두거나 이를 자각의 대상으로 삼지 않는다. 이에 반해 자비명상은 수련하는 동안 다른 사람이나 다른 존재를 자신의 의식 속에 떠올려야 하며, 떠올린 대상을 향한 자애와 연민을 언어 또는 빛 등으로 변화시켜 그 대상에게 보낸다. 이런 점에서 자비명상의 수련은 사회적 맥락에서 이루어진다고 볼 수 있다.

셋째, 자비명상은 정서의 조절보다는 계발에 초점을 두고 있으며, 인간관계를 포함하여 다른 존재와의 관계 속에서 발생하는 사회적인 정서를 다룬다. 자비명상은 자애와 연민이라는 다른 존재에 대한 긍정적인 태도와 정서를 계발하려는 것이다. 불교 문헌에 따르면, 자애의 반대 정서는 애착과 미움, 적개심이며, 연민의 반대 정서는 비통함과 잔인함이다. 동락(同樂)의 반대 정서는 오만함과 질투심이고, 평정의 반대 정서는 무관심과 차별인데, 이런 부정적인 정서로부터 자신을 보호한다는 의미도 담고 있다. 이렇듯 자비명상은 즐거움이나 기쁨, 불안이나 우울과 같은 대상과 관계없는 정서가 아니라 인간관계라는 사회적 맥락에서 경험하는 긍정적 정서를 계발하고 동시에 부정적 정서로부터 자신을 보호한다는 의미를 담고 있다.

마지막으로 자비명상은 수련 방법론적 측면에서 심상화(visualize)

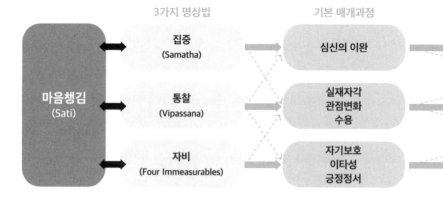

그림 2-1: 세 가지 명상법의 효과와 과정 개념 모형(김완석)

를 많이 활용한다. 예컨대 자비명상은 그 대상을 자신으로 하든 아니면 타인이나 다른 존재로 하든 대상의 심상을 뚜렷하게 떠올리고, 그 대상을 향해 사랑과 연민의 에너지를 보내는 방법을 주로 사용한다.

그림 2-1은 그동안의 과학적 연구 결과를 토대로 세 가지 명상법의 효과와 과정을 정리한 개념 모형이다. 이 모형은 마음챙김(sati)이라는 주의와 태도 요소를 모든 명상법의 전제적 상태로 간주하며, 각각의 명상 수련법이 기본 매개 과정에 상대적으로 영향력이 다르다고 본다.

예를 들어, 집중명상에서 기대할 수 있는 가장 크고 즉각적인 효과는 심신의 이완이다. 이런 이완은 직접적으로 신체에 긍정적 영향을 미치는 것으로 알려져 있다. 이에 반해 통찰명상의 효과는 실재(reality)를 자각하고 이를 통해 세상과 자신, 관계에 관해 새롭게 보도록 하는 관점 변화 또는 통찰이 핵심이다. 이런 통찰의 예로 모든 존재의 연결성, 괴로움의 불가피성, 부정적 정서의 기능성, 생각과 느낌의 무상성, 내적 반응의 자동성 등에 대한 깨달음을 들 수 있다. 존 카

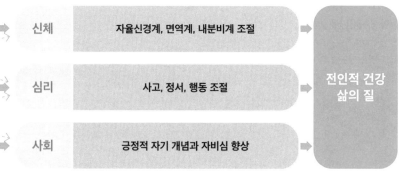

밧진의 MBSR 프로그램과 헤이즈(Hayes)의 수용전념치료(Acceptance and commitment therapy, ACT) 등의 효과에 대한 이론과 연구들이 입증하듯이, 이러한 통찰은 삶의 다양한 사건을 새로운 방식으로 대응하고 수용하며 조절할 수 있게 한다.

아직 자비명상에 대한 과학적 연구들이 충분하지 않고, 사무량심 수련 또는 자비 수련의 목적과 이유도 초기불교와 금강승(밀교), 그리고 대승불교 등 분파에 따라 견해의 차이를 볼 수 있다. 하지만 최근 개발된 길버트(Gilbert)(2009)의 자비중심치료(Compassion Focused Therapy)나 네프(Neff)와 거머(Germer)(2013)의 마음챙김 자기 자비(Mindful Self-Compassion, MSC) 프로그램 등은 자비명상을 기반으로 하는 프로그램으로서 사랑과 친절함, 연민심의 개발이 자신과 타인에 대한 자비심을 향상시키고 결과적으로 개인의 삶과 행복에 긍정적인 영향을 미칠 것이라는 증거를 보여준다.

명상의 명칭에 대하여
생각해보자!

집중명상, 통찰명상, 자비명상의 구분은 명상 수련의 자세나 특정 행위를 지칭하는 것이 아니라 주의집중하는 방법이나 수련의 목적에 따른 분류다. 하지만 실제 수련 현장은 물론이고 연구 문헌에서도 명상할 때의 자세나 외현적인 행동 또는 활동을 지칭하는 명칭이 흔히 사용되곤 한다. 예를 들면 정좌 명상, 걷기 명상, 먹기 명상, 보디스캔 명상, 호흡 명상 등이 있다. 이렇게 외현적인 활동을 지칭하는 명칭은 실제로 명상하는 동안에 어떤 내적인 활동이 이루어지는지, 또 그 목적이 무엇인지를 전혀 알려주지 않아서 매우 혼란스러울 수 있다.

예를 들어 정좌 명상이나 걷기 명상은 실제 수련자가 어떤 내적 활동을 하는지 전혀 표현하지 못한다. 어떤 사람이 정좌 명상을 1시간 했다고 하면 그 수련자가 주의를 호흡 감각에 집중시킨 채 그대로 머무는 방식으로 수련했다는 것인지, 아니면 정좌한 채로 떠오르는 생각이나 느낌에 구애받지 않고 모든 경험을 있는 그대로 수용하는 방식으로 수련했다는 것인지 알 수 없다. 이는 정좌 명상 외의 다른 명칭도 마찬가지다. 이에 비하면 수식관 명상, 만트라 명상, 자애 명상, 용서 명상과 같은 명칭들은 비교적 그 의미가 명확한 것 같다. 명상을 과학적으로 연구하려면 이러한 모호한 명칭 자체에 대해서도 좀 더 세밀한 분류와 명칭의 재정립이 필요하지 않을까?

김완석(2016). 과학명상. 서울: 커뮤니케이션북스.

김완석(2019). 마인드 다이어트: 명상 기반의 자기 조절. 서울: 학지사.

김완석, 신강현, 김경일(2014). 자비명상과 마음챙김 명상의 효과 비교: 공통점과 차이점. 한국심리학회지: 건강, 19(2), 509-532.

김정호(1994). 인지과학과 명상. 인지과학, 4(2), 53-84.

Benson, H. (1975). *The Relaxation response.* William Mcmorrow and Company.

Hayes, S. C., Luoma, J., Bond, F., Masuda, A & Lillis, J. (2006). Acceptance and commitment therapy: Model, processes, and outcomes. *Behavior Research and Therapy, 44*(1), 1-25.

Lutz, A., Slagter, H. A., Dunn, J. D., & Davidson, R. J. (2008). Attention regulation and monitoring in meditation. *Trends in Cognitive Sciences, 12*, 163-169.

Siegel, R. D., Germer, C. K., & Olendzki, A. (2010). Mindfulness: What is it? Where did it come from? in F. Dionna, & J. Kabat-Zinn(des.). *Clinical handbook of Mindfulness*(p.28). NY: Springer Science+ Business Media.

명상의
효과

3장

명상의
뇌과학적 효과

윤병수 (마인드플러스 스트레스대처연구소 소장/ heusim@naver.com)
김지연 (영남대학교 심리학과 강사/ jiykim330@gmail.com)

뇌는 인간의 감각, 사고, 감정 및 행동을 통제하는 생물학적 실체로 간주된다. 과거의 신경과학에서 뇌 발달은 유전적 정보에 의해 결정될 뿐, 경험은 뇌의 변화에 영향을 주지 못한다고 믿었다. 그러나 오늘날의 신경과학은 경험이 뇌를 변화시킨다는 사실을 발견했고 경험이 신경계의 기능적 및 구조적 변형을 일으키는 현상을 신경가소성(neuroplasticity)이라고 부른다. 따라서 명상 수행의 심신 효과를 뇌의 변화에서 찾으려는 시도는 당연한 것이다(그림 3-1).

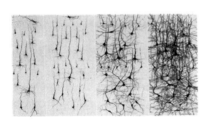

그림 3-1: 신경가소성: 신생아, 생후 3개월, 15개월, 2년이 되었을 때의 신경연결을 보여준다. 이러한 신경연결의 변화는 새로운 경험에 의한다.(Gough, 2019에서 인용)

뇌는 척수와 함께 중추신경계를 이룬다. 척수는 뇌의 정보처리를 위해 신체 각 부위에서 정보를 받아 뇌로 보내고 뇌의 반응 정보를 각 신체 부위로 전달하기 위한 통로로, 척추 안쪽에 길게 자리하고 있다. 뇌는 앞에서 언급한 바와 같이 감각, 사고, 감정 및 행동을 통제하기 위해 정보를 처리하는 곳이다. 뇌는 크게 좌뇌와 우뇌로 나뉘며 각각 기능적 차이가 있다. 좌뇌는 주로 언어적, 분석적, 논리적, 시계열적 기능을 담당하고, 우뇌는 직관적, 통합적, 입체적, 창의적, 감정적 기능을 주로 담당한다. 이와 같이 좌뇌와 우뇌의 기능 차이를 기능편재화(functional lateralization)라고 한다. 좌뇌와 우뇌는 사이에 있는 뇌량(corpus callosum)에 의해 서로의 정보를 공유한다(그림 3-2).

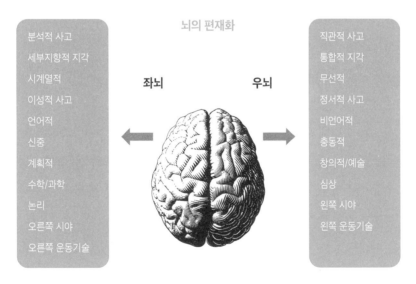

뇌의 편재화

| 좌뇌 | 우뇌 |

분석적 사고
세부지향적 지각
시계열적
이성적 사고
언어적
신중
계획적
수학/과학
논리
오른쪽 시야
오른쪽 운동기술

직관적 사고
통합적 지각
무선적
정서적 사고
비언어적
충동적
창의적/예술
심상
왼쪽 시야
왼쪽 운동기술

그림 3-2: 좌우 뇌반구의 기능편재화: 좌뇌는 과학적 사고와 관련이 있고 우뇌는 예술적 사고와 관련이 있다.

뇌의 대뇌피질은 위치에 따라 전두엽(frontal lobe), 두정엽(parietal lobe), 측두엽(temporal lobe), 후두엽(occipital lobe)으로 구분된다. 전두엽 중에 앞부분을 다시 구분하여 전전두엽(preforontal lobe)이라고 한다. 이마 바로 뒤에 있는 전전두엽은 사고 기능을 담당하고 나머지 전두 영역은 운동조절 기능을 담당한다. 뇌의 중심 뒤쪽, 즉 정수리 부분에 있는 두정엽은 신체감각 기능과 자극의 위치 정보를 처리한다. 뇌의 가장 뒤쪽에 있는 후두엽은 시각 정보를 처리하고, 뇌의 아래쪽 옆면인 측두엽은 청각 정보와 복잡한 시각 정보를 처리한다(Carlson, 2014/2016). 명상과 관련된 뇌의 중요 구조와 대뇌피질 영역은 다음 그림에서 볼 수 있다(그림 3-3).

명상의 신경학적 효과에 대한 초기 연구들은 주로 뇌파(EEG) 연구에서 시작해서 최근에는 기능성 자기공명영상법(functional magnetic resonance imaging, fMRI)과 양자방출 단층촬영(positron emission tomography, PET)과 같은 뇌 영상 기법을 이용한 뇌의 기능 및 구조적 변화에 대한 연구로 발전했다. 뇌파 연구에서 측정되는 뇌파의 종류는 다음 그림에 제시되어 있다(그림 3-4).

1970년대의 뇌파 연구는 초당 8~12Hz의 비교적 느린 파형을 보이는 알파파에 초점을 두고, 명상 수련이 알파파의 출현을 증가시킴을 보여주었다. 이후의 연구들은 명상 수련이, 안정 상태에서도 나타나는 알파파를 넘어 각성과 수면의 경계 상태에 있을 때 나타나는 4~8Hz의 느린 뇌파인 세타파가 증가됨을 보여주었다(Chiesa et al., 2011). 이러한 세타파의 증가는 명상 수행자들에게서 일상적으로 나

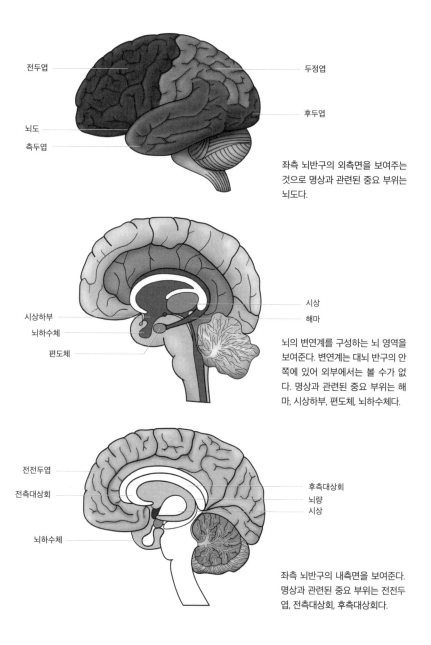

전두엽

두정엽

후두엽

뇌도
측두엽

좌측 뇌반구의 외측면을 보여주는 것으로 명상과 관련된 중요 부위는 뇌도다.

시상하부

시상
해마

뇌하수체

편도체

뇌의 변연계를 구성하는 뇌 영역을 보여준다. 변연계는 대뇌 반구의 안쪽에 있어 외부에서는 볼 수가 없다. 명상과 관련된 중요 부위는 해마, 시상하부, 편도체, 뇌하수체다.

전전두엽

전측대상회

후측대상회
뇌량
시상

뇌하수체

좌측 뇌반구의 내측면을 보여준다. 명상과 관련된 중요 부위는 전전두엽, 전측대상회, 후측대상회다.

그림 3-3: 대뇌피질의 영역과 명상과 관련된 주요 뇌 구조들

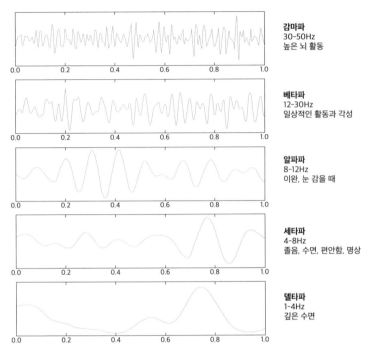

감마파
30-50Hz
높은 뇌 활동

베타파
12-30Hz
일상적인 활동과 각성

알파파
8-12Hz
이완, 눈 감을 때

세타파
4-8Hz
졸음, 수면, 편안함, 명상

델타파
1-4Hz
깊은 수면

그림 3-4: 뇌파의 종류(https://www.bitbrain.com/blog/what-is-an-EEG에서 인용)

타나는, 깨어 있는 상태에서의 '중추신경계 각성의 감소'와 관련이 있다(Jacobs & Friedman, 2004).

　이렇게 명상이 알파파와 세타파를 증가시키는 현상은 명상이 인지활동을 감소시키고 심리적 안정감을 높여준다는 증거로 볼 수 있으며, 또한 내적경험에 집중을 유지하는 집중명상에 대한 다양한 연구에서 공통적으로 발견할 수 있는 현상이다(Cahn & Polich, 2006). 명상하는 동안 알파파와 세타파의 증가는 주로 좌측 전두엽에서 관찰되는데, 특히 좌측 전두엽의 세타파 활성은 통찰과 창의적 사고 및 유쾌하고 이완된 행복감의 강도와 관련이 있다. 알파파나 세타파에 관한 연구 외에도 초당 30~50Hz의 빠른 뇌파인 감마파와 명상의 관계에 대한 연구도 있다. 앙투안 루츠와 로렌스 L. 그라이샤(Antoine Lutz & Lawrence L. Greischar) 등(2004)은 1만~5만 시간 동안 명상 수련을 해온 티베트 승려들을 연구하며 이들이 자비명상을 하는 동안은 물론이고 명상하지 않고 그냥 휴식을 취하는 동안에도 감마파가 많이 발생하는 것을 발견했다. 감마파는 집중명상을 할 때 나타나는 알파파나 세타파와는 달리 높은 수준의 인지활동과 정서 처리를 반영하는 뇌파인데 (Rennie et al., 2000), 연구자들은 감마파의 출현을 자애 명상이 야기하는 타인에 대한 연민, 시급히 도우려는 마음과 도울 방법에 대한 고민 같은 인지활동을 반영하는 것으로 해석했다. 최근에는 감마파의 발생이 집중명상에서도 나타나는 것으로 밝혀졌기 때문에(Lehmann et al., 2001) 감마파의 출현에 대해서는 자애와 연민 외의 해석이 필요하다. 위르겐 펠(Juergen Fell) 등(2010)은 명상 중의 의식 상태와 전기생리학적 관계를 연구한 뒤 감마파의 발생은 신경가소성과 새로운 신경회로 구축과도 관련이 있다고 보고했다. 이것은 대뇌피질의 재구성과 학습 과정을 반영하는 것으로, 이러한 과정이 명상적 의식과 지각 및 인지 변화에 대한 영속적인 신경 기반을 제공한다고 보았다.

뇌 영상 기록장치인 fMRI를 이용한 연구들은 명상이 뇌의 구조와 기능에 영향을 미친다는 것을 보여주었다. 예를 들어 명상은 전전두피질과 전측 대상피질(anterior cingulate cortex, ACC)의 활동을 증가시키며, 장기적인 명상은 주의력 조절과 관련된 뇌 활동의 증가와도 관련이 있다(윤병수, 2012a; Chiesa & Seretti, 2011; Hölzel et al., 2007). 전측 대상피질의 활성화는 갈등 감지 민감도를 높이며, 이 갈등을 해결하기 위해 하향적 통제(top-down control)를 수행하는 경보 체계(alert system)가 민감하게 작동하도록 주의 자원(attention)을 조절한다(van Veen & Carter, 2002). 전두 - 뇌도 피질(fronto-insular cortex)과 함께 전측 대상피질은 상이한 뇌 신경망들의 활성화를 조절하여 궁극적으로 인지적 통제를 촉진시킨다(Sridharan et al., 2008). 마음챙김 수행을 한 명상집단과 통제집단을 대상으로 한 실험에서 실험 참가자들은 기능적 자기공명영상(fMRI) 촬영 중 불쾌한 전기 자극을 받았는데, 명상집단은 마음챙김을 통해 통증의 불쾌감을 22%, 예상 불안을 29% 줄일 수 있었다. 이러한 통증 완화는 뇌의 특정 영역의 활성화와 관련이 있는 것으로 확인되었는데, 불쾌한 전기적 자극이 주어지는 동안 마음챙김 수행을 한 명상집단은 통제집단에 비해 외측 전전두엽피질의 활성화가 감소하는 반면에 주의조절과 관련된 전측 대상피질의 활성화는 증가했다(Gard et al., 2010). 많은 주의 통제가 요구되는 초기에는 전측 대상피질의 활성화가 확대되지만 수행 경험이 많은 명상 전문가는 이 활성화가 감소된다. 이러한 현상은 주의가 안정되어 산만함이 줄어들 때 나타나는 것으로, 명상 훈련이 주의력 통제에 효과가 있음을 보여준다고 할 수 있다(Brefczynski-Lewis et al, 2007). 마음챙김 명상이 주의에 미치는 영향에 대한 연구(윤병수, 2012b/2014)에서는 마음챙김 훈련이 주의 유지력을 높이고 오류를 줄이는 것을 확인했다. 이러한 기능적 변화에 대한 연구 결과에 덧붙여 뇌의 회백질 분석을 통해 명상의 효과를 살펴본 연구에 의하면 명상집단(1000시간 이상 수행 경험자)은 통제집단(명상 무경험자)에 비해 전측 대상피질의 피질(회백질) 두께가 더 두꺼워졌고 (Grant et al., 2010), 11시간의 통합 심신훈련(Integrative Body-Mind Training) 은 전측 대상피질에서 백질부의 통합성을 증가시키는 것으로 확인되었다(Tang et al., 2010). 이러한 결과는 명상이 뇌의 주의 통제 영역의 발달과 더불어 뇌의 주의 신경망 연결성을 높여 주의 조절력을 개선할 수 있음을 의미한다.

심리적 고통을 호소하는 사람들은 우측 전전두피질의 기능이 우세한 반면에 심리적 만족감과 낙천성을 보이는 사람들은 좌측 전전두피질의 기능이 우세한 것으로 알려져 있는데(Urry et al, 2004), 명상 숙련자의 경우 초보자에 비해 좌측 전전두엽에서 세타파와 알파파의 증가를 보여주었고(Canli et al., 1998), 장기적으로 자비명상을 수련한 명상가들은 예외 없이 좌측 전전두피질의 활동이 우측에 비해 더 우세했다(Davidson, 2002). 이런 현상은 8주간의 명상 훈련 프로그램을 마친 일반인들에게서도 나타난다(Davidson et al., 2003). 이러한 좌측 전전두엽의 활성화에 관해 카티아 루비아(Katya Rubia)는 명상이 내적 주의 신경망(내적 단서에 집중하는 주의 형태)의 활성화를 통해 외적 주의 신경망(외적 단서에 집중하는 주의 형태) 및 주의 대상과 무관한 정보처리의 활동을 억제하며, 동시에 정적 정서를 일으키는 좌측 전두엽의 활성을 촉발하는 것이라 설명했다(Rubia, 2009).

많은 연구는 명상이 부정적 정서 경험과 관련된 편도체를 포함한 변연계(Limbic system) 활동에 대한 전전두피질의 조절력을 높여준다는 것을 시사하고 있다. 예를 들어 자비명상을 오래 수련한 사람들은 명상하는 동안 전전두피질에서 변연계로 연결되는 신경망의 활성화가 증가했다(Lutz, Brefczynski-Lewis, et al., 2004). 또한 마음챙김 수준이 높은 집단은 명상하는 동안에 전전두피질 활성화는 증가하고 편도체 활동은 감소하였고, 전전두피질 활성화는 증가하고 편도체 활성화는 감소하는 두뇌 영역 활성화 간 부적 상관(negative correlation)을 보이는데 상관 수준은 마음챙김 수준이 높은 집단이 마음챙김 수준이 낮은 집단에 비해 높게 나타났다(Creswell et al., 2007). 마음챙김은 활성화를 넘어 우측 편도체의 용량을 감소시킨다는 결과(Hölzel et al., 2010)도 있다. 이러한 편도체의 억제 효과는 전전두피질 활성화의 결과로 나타난다. 또한 전전두피질은 현출성 신경망(salience network)과 기능적으로 연결되어 있는데 이 신경망은 정서, 감각, 인지 등의 특출한 정보를 받아들여 반응 유무를 판단하는 기능으로 상측두회, 시각피질, 편도체, 해마 및 대상피질로 구성되어 있다(Kilpatrick et al., 2011; Roland et al., 2015). 전전두피질은 이러한 현출성 신경망을 통해 반응을 조절하는데 특히 전전두피질이 정서에 관여하는 편도체의 기능을 억제하고 조절한다는 연구 결과(Hölzel et al., 2013)에 비추어볼 때, 마음챙김 연습의 양이 증가하면 전전두피질의 활성화가 높아져 정서 조절이 쉽게 이루어질 수 있음을 의미한다. 전전두피질의 세부직인 통제 부위를 살펴보면 선택적 주의와 작업기억[1]에 관여하는 외측 전전두피질의 배측

---

1 보통 단기기억(short-term memory)을 의미하며 일반적으로 10~15초 정도의 짧은 시간 동안 우리

부위(전전두피질의 바깥쪽 위), 반응 억제에 관여하는 전전두피질의 복측 부위(전전두피질의 아래쪽), 통제 과정을 감시하는 전측 대상피질, 개인의 감정 상태를 감시하는 배내측 전전두피질(전전두피질의 안쪽 위) 등이 있다(Modinos et al., 2010; Ochsner & Gross, 2008). 이런 결과들은 명상의 정서 조절 효과는 전전두피질과 기능적으로 연관된 다른 부위와의 신경회로의 연결을 통해 나타난다고 할 수 있다.

명상이 뇌의 구조적 변화를 일으킨다는 연구들도 많이 보고되었다. 명상을 수련한 시간이 길수록 좌측 측두엽과 뇌도의 회백질 밀도가 높다(Hölzel et al., 2007). 한 연구에 따르면 MBSR집단은 근육이완 집단에 비해 더 효과적으로 전측 뇌도를 통제할 수 있기 때문에 더욱 협력적 의사 결정이 증가한다(Kirk et al., 2016). 이는 뇌도가 정서적 경험을 유발하여 공감력을 높이기 때문에 사회적 관계성 및 협동적 관계성이 증가한 것으로 볼 수 있다(Singer, 2006). MBSR 프로그램 효과에 대한 또 다른 뇌의 중요한 영역은 대상피질이다. MBSR 훈련은 대상피질의 부피를 증가시키고(Hölzel et al, 2011) 이와 더불어 높은 수준의 대상피질 활성화를 일으킨다(Allen et al., 2012). 특히 전측 대상피질의 활성화는 주의 조절, 계획 수행 감시, 그리고 사고와 감정을 통합하는 기능을 한다(Yamasaki, LaBar, & McCarthyet, 2002). 마음챙김 훈련은 대상피질의 후측 및 전배측과 좌뇌의 배외측 전전두피질 간 높은 연

의 기억 속에 저장되는 정보다. 일상 속 대부분의 기억은 작업기억으로, 대략 4~9개 정도의 항목들을 기억한다. 주로 '이해, 학습, 추론과 같은 복잡한 과제를 수행하기 위해 정보를 조작하고 잠시 저장하기 위한 제한된 용량의 기제'라고 정의한다.

결성을 보여준다. 정서 조절에 관여하는 전전두피질과 주의, 감시 및 사고와 감정 통합에 중요한 전측 대상피질의 이러한 높은 연결성은 정서 조절의 또 하나의 중요한 체계로 받아들여진다(King et al., 2016).

사라 W. 라자(Sara W. Lazar) 등(2005)은 9년간 평균 6시간 이상 통찰명상을 수련한 사람들의 뇌와 인구통계적 특성이 비슷한 일반인의 뇌를 자기공명영상법(MRI)으로 비교했다. 그 결과 40대와 50대인 장기 명상가들은 같은 연령대의 일반인에 비해 뇌도와 감각피질 및 전두피질이 더 두꺼운 것을 알 수 있었다. 이것은 20대와 30대 일반인의 피질 두께와 비슷하다. 또한 장기 명상가들이 일반인에 비해 우측 뇌도와 해마, 좌측 측두엽의 회백질의 밀도가 더 높았다. MBSR은 해마의 부피를 증가시키고 활성화시킨다(Goldin, 2011; Hölzel et al., 2011). 해마는 기억 과정에 중요한 부분이다. 기억에 대한 MBSR의 효과를 검증한 한 연구(Wells et al., 2013)는 경도인지장애가 있는 사람을 대상으로 수행되었는데 그 결과 MBSR이 경도인지장애를 지닌 사람의 해마가 위축되는 것을 억제하고 기억망의 활성화를 높인다는 것이 확인되었다.

이런 연구 결과는 장기적으로 명상 수련하는 것이 뇌도와 감각피질 및 전두피질, 해마 등을 비롯한 뇌 구조물의 자연적 노화를 억제할 수 있음을 시사한다. 평균수명의 증가로 고령화가 진행됨에 따라 인지적 기능 저하 및 치매의 위험성이 높아지고 있음을 고려할 때, 명상이 이러한 사회적 문제를 개선하는 데 중요한 대비책이 될 수 있음을 시사한다.

명상의 생리적 효과

윤병수 (마인드플러스 스트레스대처연구소 소장/ heusim@naver.com)
김지연 (영남대학교 심리학과 강사/ jiykim330@gmail.com)

1   자율신경계 및 내분비계에서의 효과

명상의 심신 효과는 자율신경계(autonomic nervous system)와 밀접한 관계가 있다. 자율신경계는 신체의 장기 조절에 관여하며 크게 교감신경계(sympathetic nervous system)와 부교감신경계(parasympathetic nervous system)로 나누어진다. 교감신경계는 스트레스에 의해 크게 활성화되는 반면에 부교감신경계는 이완 상태에서 크게 활성화된다.

하나의 장기, 예를 들면 심장에는 교감신경계와 부교감신경계가 같이 연결되어 있는데 스트레스 상황에서는 교감신경계가 활성화되어 심장박동이 빨라지는 반면, 이완 상황에서는 부교감신경계가 활성화되어 심장박동이 느려진다. 위장의 경우, 교감신경계가 활성화되면 위장의 운동이 억제되고 부교감신경계가 활성화되면 위장의 운동이 활성화되어 소화 기능을 높인다. 이와 같이 교감신경계와 부교감신경계는 상반되게 작용하여 장기의 기능을 조절하는데, 명상은 부교감신경계의 활성화와 밀접한 관계가 있다(Carlson, 2014/2016).

스트레스는 자율신경계와 더불어 호르몬 생성을 조절하는 내분비계에도 영향을 미친다. 내분비계의 주요 분비선에는 뇌하수체, 갑상선, 흉선, 부신, 췌장 및 생식선 등이 있다(그림 3-5).

내분비계의 주 분비선(master gland)인 뇌하수체(pituitary gland)는 전엽과 후엽으로 나누어지며 뇌하수체 전엽을 통해 하위 내분비선들을 조절한다. 이 뇌하수체는 뇌의 시상하부(hypothalamus)의 통제를 받는다(그림 3-6).

스트레스 상황은 교감신경계를 통해 부신수질의 에피네프린과 노르에피네프린 분비를 증가시켜 스트레스 민감성을 높이며, 그에 따라 편도체도 더 민감하게 활성화되어 스트레스 반응이 증가하게 된다. 한편 스트레스는 시상하부 - 뇌하수체(전엽) - 부신피질(hypothalamus-pituitary-adrenal cortex, HPA)축을 통해 코르티솔의 분비를 증가시키는데, 장기적인 코르티솔 분비는 다양한 만성질환의 원인이 된다. HPA축은 그림 3-6에서 확인할 수 있는데, 우선 시상하부에서 시상하부호르몬(부신피질자극호르몬방출호르몬, CRH)이 분비되어 뇌하수체 전엽을 자극하면 뇌하수체 전엽에서 부신피질자극호르몬(ACTH)이 분비되고 이 호르몬이 부신피질을 자극하여 부신피질호르몬인 코르티솔을 분비하는 일련의 과정이 일어난다. 장기적인 코르티솔의 분비는 고혈압, 심장질환, 비만, 콜레스테롤 증가(Fraser et

내분비계

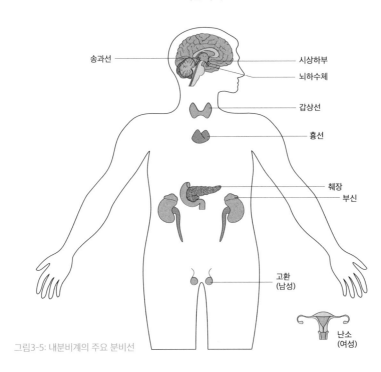

송과선

시상하부

뇌하수체

갑상선

흉선

췌장

부신

고환
(남성)

난소
(여성)

그림3-5: 내분비계의 주요 분비선

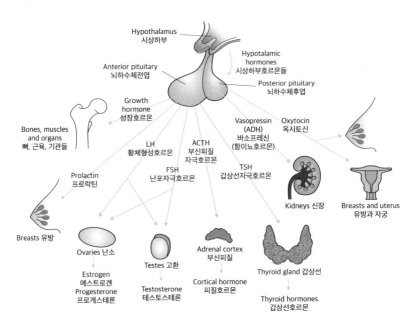

그림3-6: 뇌하수체 호르몬과 하위 내분비선 호르몬

al., 1999), 알츠하이머병 유발(Weiner et al., 1997), 면역 저하(Segerstrom & Miller, 2004)를 초래한다. 명상은 코르티솔의 분비를 감소시키므로 코르티솔에 의한 질병 발생의 위험을 낮출 수 있다(Turakitwanakan et al., 2013; Fan, 2013). 그 외 뇌하수체 전엽은 다양한 호르몬을 통해 하위 분비선들, 즉 갑상선, 고환, 난소 등의 호르몬 분비를 통제하여 다양한 호르몬 효과들을 유발하고, 유방과 뼈의 경우 직접 작용하여 젖 분비와 뼈 성장을 유발한다. 뇌하수체 후엽은 신장과 유방과 자궁에 작용하여 오줌 생성 억제와 젖 분비 및 자궁 수축을 유발한다. 뇌하수체 후엽 호르몬인 옥시토신은 명상을 통해 분비량이 증가하는데 이 옥시토신은 공감력과 사회적 유대감을 높이고 스트레스를 완화시키는 등 웰빙을 높이는 것으로 확인되었다(Bellosta-Batalla, et al., 2020).

명상은 심신을 매우 빠르게 이완시켜서 부교감신경계를 활성화하는데 부교감신경계의 활성화는 앞에서 본 교감신경계와 HPA축의 효과를 완화시킨다. 보통 명상을 처음 하는 사람들은 졸음이 오거나 잠을 자곤 하는데 이는 명상이 가진 생리적 이완 효과의 증거라고 볼 수 있다. 실제로 명상은 근긴장도, 맥박과 혈압, 산소섭취량 등을 감소시킨다(Wallace et al, 1971). 이런 반응은 전형적인 부교감신경계 활성화에 따른 것이며, 보통 이런 상태에서는 편안함과 함께 졸음을 느끼고 의식이 흐려져서 잠에 이르게 된다. 하지만 명상가들의 경우, 몸은 동면에 드는 동물과 마찬가지로 저신진대사 상태이면서도 의식은 또렷하게 깨어 있게 된다. 허버트 벤슨은 이러한 상태를 이완반응(Relaxation Response)이라고 설명했다. 이 이완반응 상태는 심신이 이완되면서도 의식은 각성된 역설적 상태로 성성적적(惺惺寂寂) 상태라고도 한다. 이후의 여러 연구자가 명상 경험이 있는 장기 명상가와 일반인 또는 명상 초보자를 비교하여 명상이 긴장과 투쟁을 준비시키는 교감신경계 활성화 감소와 이완과 휴식에 중요한 부교감신경계 활성화 증가를 일으킨다는 것을 보고했다(Lubia, 2009). 하지만 이러한 상태는 명료한 의식의 각성을 수반한다는 점에서 단순한 수면이나 휴식과는 질적으로 다른 역설적 생리 상태를 의미한다(Jevning et al., 1992; Young & Taylor, 2001).

2 면역계에서의 효과

면역계(immune system)는 생물이 질병으로부터 자신을 보호하기 위해 구축한 다양한 구조와 과정으로, 자기방어 능력이 있는 기관 및 세포를 의미한다(그림 3-7).

면역계는 다양한 병원체의 구별을 통해 자기 조직이 아닌 이물질을 확인하면 면역 요소를 활성화해서 병원체를 소멸시킨다. 면역계는 작용 방식에 따라 선천면역과 후천면역으로 나누어진다. 선천면역은 생물 개체의 발달 과정에서 유전자 발현을 통해 형성되는 것으로, 병원체들이 보이는 일반적인 분자 패턴을 인식하는 순간 자동으로 작동하는 비특이적 방어 작용으로 '비특이성 면역(1차 면역)'이라고도 한다. 비특이성 면역에는 면역세포인 과립구(granulocytes), 대식세포(macrophages), 자연살해세포(natural killer cell, NK세포)가 직접 병원체를 공격하는 포식 작용(phagocytosis)과 감염이 더 이상 퍼지지 않도록 물리적 장벽을 만들고 손상된 조직이 빨리 치유될 수 있도록 돕는 염증 반응(inflammation response)이 있다. 이에 반해 후천면역은 한 번 침입한 병원체에 대한 기억면역세포에 의해 동일한 병원체가 재침입했을 경우 신속하게 확인하여 무력화시키는 특이적 방어 작용이 있어 '특이성 면역(2차 면역)'이라고도 한다. 이 특이성 면역은 두 종류의 임파구인 T세포와 B세포에 의해 수행된다. 백신을 이용한 예방접종은 이러한 후천면역의 특징을 이용한 질병 예방 활동이다(이한기, 김광미, 양병선, 이영미 등, 2012).

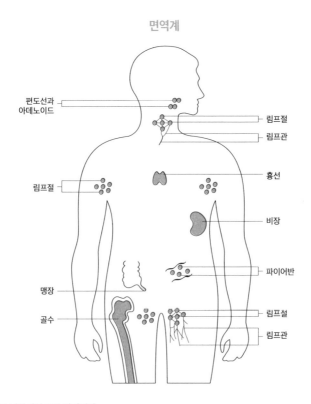

면역계

편도선과
아데노이드

림프절

림프관

흉선

림프절

비장

파이어반

맹장

골수

림프절

림프관

그림 3-7: 면역계의 주요 면역기관

면역계는 병원균의 침입을 막는 여러 단계로 구성되어 있다. 피부나 세포벽, 점막과 같은 장벽은 그 자체로 단단한 방어벽의 역할을 한다. 거기에 더해 여러 종류의 화학물질이 병원체의 증식을 억제한다. 병원체가 이러한 여러 겹의 방어 층위를 뚫고 체내의 조직을 감염시키면 면역반응을 유도하는 세포 간 신호물질인 사이토카인(cytokine)이 방출되고 면역계의 여러 요소가 작동하여 면역 기능을 강화한다(Mackay & Rosen, 2007). 면역계는 진화를 통해 효율적이고 다층적인 구조를 이루고 있지만 완벽하지는 않다. 면역계에 장애가 일어나면 자가면역질환이나 염증, 암과 같은 질병이 발생할 수도 있다(O'Byrne & Dalgleish, 2001). 어떠한 이유에서든 면역계의 기능이 저하되는 면역 결핍이 일어나면 대수롭지 않은 병원체의 감염도 치명적인 결과를 가져올 수 있다(Levy, 1993).

면역이 심리적 상태에 의해 영향을 받는다는 것은 정신신경면역학(Psychoneuroimmunology, PNI)의 출현을 통해 확인되었다. 정신신경면역학은 정신과 신경계, 내분비계 및 면역체계 사이의 상호작용 및 연관성을 연구하는 분야이다(Ader & Cohen, 1975). 정신신경면역 작용은 자율신경계, HPA축 및 면역계의 상호작용으로 나타나는데 이러한 작용은 호르몬, 신경전달물질 및 사이토카인 사이의 신호에 의해서 나타난다(Carr & Blalock, 1991). 스트레스와 부정적 감정 같은 심리적 요소는 뇌 면역체계에 영향을 미치는데, 급성 스트레스는 면역력을 향상시키는 반면 만성 스트레스는 면역 기능을 억제한다(Dhabhar & McEwen, 1997). 장기적인 스트레스는 HPA축에 의한 코르티솔의 분비를 지속시키며, 과도하게 분비된 코르티솔은 항체 반응성을 높이고 림프구를 증식시키는 활동과 자연살해세포의 반응에 장애를 초래한다(Segerstrom & Miller, 2004). 또한 스트레스는 순환성 염증 표지자(C 반응성 단백질과 인터루킨-6)의 증가와 관련이 있고, C 반응성 단백질과 인터루킨-6의 증가는 심혈관 질환 및 사망률 증가와 관련이 있다(Sproston & Ashworth, 2018).

마음챙김 명상은 스트레스에 의해 저하된 면역 기능을 효율적으로 조절하는 잠재력이 있으며 그 가능성은 몇몇 면역 표지자에서 입증되었다(Black & Slavich, 2016). 예를 들어 마음챙김 명상은 C 반응성 단백질의 혈류 표지자(Malarkey et al., 2013), 인터루킨-6(Creswell et al., 2014), 스트레스에 의한 피부 염증의 확산 반응(Garland et al., 2014a) 같은 친염증성 표지자를 감소시키고 B-림프구 및 NK세포의 수를 증가시키는 것으로 나타났다(Infante, et al., 2014). B-림프구는 침입 바이러스, 독소 및 박테리아를 공격하는 항체 생산을 담당하며 상처 치유, 이식 거부 및 T-림프구의 활성화를 통해 항상성을 조절한다(LeBien & Tedder, 2008). NK세포는 비정상 세포를 표적화하고 사멸시키는 백혈구로, 종양 예방에 중요한 역할을 하며 바이러스 감염을 조기에 방어한다. 이 NK세포의 감소는 여러 형태의 암, 급성 및 만성 바이러스 감염 및 다양한 자가면역질환이 발병 또는 진행을 초래할 수 있다(Whiteside & Herberman, 1994). 스트레스는 인간면역결핍바이러스(HIV)가 후천성 면역결핍증후군(AIDS)의 진행을 가속화하는 데 중요한 영향을 미치며 이것은 인간면역결핍바이러스 감염으로 인한 CD4+ T-

림프구의 감소를 통해 확인되었다. 이와 관련하여 스트레스가 높은 인간면역결핍바이러스 감염 환자들의 CD4+ T-림프구 수 감소를 막는 데 마음챙김 명상이 유의미한 완충제 역할을 할 수 있음을 보여준 연구 결과가 있다(Creswell et al., 2009; Gonzalez-Garcia et al., 2013). MBSR을 수련한 사람들은 통제집단에 비해 독감 예방주사를 맞은 후 항체가 더 많이 형성되었으며, 독감에 걸리더라도 증상이 약하게 나타났다(Davidson et al., 2003). 이상의 결과를 볼 때 명상은 비특이성 면역과 특이성 면역 모두에 긍정적 효과를 보인다고 할 수 있다.

최근 명상이 면역체계를 강화한다는 것을 보여주는 의미 있는 연구가 발표되었는데, 2009년도에 텔로미어(telomere)와 이를 보호하는 효소인 텔로머레이스(telomerase)를 발견해서 노화와 암에 관한 새로운 연구 지평을 연 공로로 노벨 생리의학상을 받은 엘리자베스 블랙번(Elizabeth Blackburn)이 참여한 연구로, 일반인의 명상 수련이 면역계 세포의 노화에 미치는 영향을 탐구한 것이다(Jacobs et al., 2011). 이들은 일반인 60명을 명상집단과 대기집단으로 무선할당(random assignment)하여 명상집단에 하루 6시간씩 3개월간 집중적인 명상 훈련을 실시했다. 이후 면역세포의 텔로머레이스를 측정했는데, 명상집단이 대기집단에 비해 텔로머레이스가 유의미하게 많아진 것을 발견했다. 또한 마르타 알다(Marta Alda) 등(2016)의 연구에서 명상 수행자와 초심자 각각 20명을 대상으로 텔로미어 중앙치를 측정한 결과, 명상 수행자들의 텔로미어 길이가 초심자들에 비해 더 긴 것으로 나타났다. 텔로머레이스가 면역세포의 노화를 억제하는 효소라는 점에 초점을 두고 본다면 이러한 연구 결과는 일반인들도 꾸준한 명상 수련을 통해 면역계 세포의 노화를 억제할 수 있음을 시사한다. 특히 이 연구는 무선 통제(random control) 연구일 뿐 아니라 표본 수도 비교적 대규모라는 점에서 명상이 일반인의 면역체계에도 이로운 효과가 있음을 강하게 보여주는 연구라고 할 수 있다.

명상의
인지적 효과

이성준 (삼성영덕연수원 명상 강사/ leeevice@hanmail.net)

지금 이 부분을 읽는 순간에도 우리는 몇 가지 인지(cognition)기능을 활용하고 있다. 이 첫 번째 문장을 이해하기 위해서 당신은 현재 페이지에 있는 낱자와 단어를 구성하는 짧고 불규칙한 곡선과 선들로부터 그 낱자와 단어를 생성하는 패턴 재인(再認)을 활용한다. 또한 단어의 의미를 찾고 이 단락의 중심 생각들을 연결하기 위해서 기억과 언어에 대한 지식을 활용한다. 이 두 가지 인지 과제를 어떻게 해낼지를 생각하는 순간 당신은 상위인지(metacognition), 즉 '사고 과정에 대한 사고'라 불리는 또 다른 인지기능을 수행하게 된다. 또한 이 부분을 읽고 메모해놓을지 말지를 망설이고 있다면, 또 다른 인지기능인 의사 결정(decision-making)을 활용하는 것이다.

인지 또는 정신 활동은 지식의 습득, 저장, 변형, 활용에 이용된다. 또한 인지는 광범위한 정신 과정을 포함한다. 즉 우리가 어떤 정보를 습득하고, 그것을 저장소에 넣고, 그 정보를 변형시키며, 그것을 사용할 때마다 인지가 작용하게 된다.

명상이 인간의 인지에 미치는 영향력은 인지의 여러 하위 개념들 또는 기능별로 구분해서 확인해볼 수 있다. 대표적으로 주의, 기억, 지각이 있다. 또한 이외에도 명상이 영향을 미치는 분야로는 상위인지(metacognition), 창의성 등이 있다. 여기에서는 이러한 인지적인 분야에서 명상의 효과 및 영향력에 관해 기술하고자 한다.

1   명상의 유형과 주의

서구의 과학계에서는 주의(attention)를 운용하는 방식에 따라 크게 명상을 두 가지로 구분했다. 리펠트(Lippelt), 홈멜(Hommel)과 콜자토(Colzato)(2014), 그리고 러즈(Lutz), 슬랙터(Slagter), 던(Dunne)과 데이비드슨(Davidson)(2008)은 일반적으로 그 목적이나 형식에 따라서 명상을 두 가지 유형으로 구분한다. 하나는 초점화된 주의(Focused Attention, FA)명상이며, 또 다른 하나는 열린 관찰(Open Monitoring, OM)명상이다. FA명상은 안정적으로 주의집중하는 것에 목표를 두고 하나의 대상에 대한 초점을 의도적으로 유지하는 수련이다. OM명상은 생각들을 조절하면서 주변의 것들에 대한 일반적인 자각 능력을 키운다.

과학 연구에서는 명상의 형태를 두 가지로 구분하지만, 기존의 명상들에 대해 FA명상 또는 OM명상에 속한다고 단정적으로 결론 내리기는 어렵다. 전통 명상들의 수련 방법은 위의 두 가지 형식이 동시에 적용되거나 순차적으로 적용되기도 한다. 그래서 실제로 전통 수련이나 교육 장면에서는 FA명상이나 OM명상을 간단히 집중명상과 통찰명상으로 구분하기도 한다.

1) 유지 주의(sustained attention)

유지 주의는 장기간 동안 하나의 활동 또는 자극에 초점을 맞추는 능력을 말한다. 이는 하나의 활동을 끝내기 위해 필요한 만큼 집중하는 것으로, 심지어 주의를 산만하게 하는 다른 자극들이 있어도 유지된다. 유지 주의는 보통 경계(vigilance, 자극의 출현을 탐지하는 것)와 집중(자극 또는 활동에 초점을 기울이는 것)으로 구분된다.

과제를 수행할 때의 반응 시간은 주의 자원의 크기와도 관련 있다고 가정되는데, 자(Jha), 크롬핑거(Krompinger)와 베임(Baime)(2007)의 연구에서는 마음챙김 명상 경험이 많은 사람들은 그렇지 않은 사람들보다 과제를 수행할 때의 반응 시간이 더 빨랐다. 또한 발렌타인(Valentine)과 스위트(Sweet)(1999)의 연구에서도 이와 비슷하게 마음챙김 명상 수행자들이 예상치 못한 자극을 예상한 자극처럼 잘 탐지한다는 것을 보여주었다.

2) 선택적 주의(selective attention)

선택적 주의는 환경에서 무관한 자극은 무시하면서 관련된 자극에는 우리의 자각을 지향(指向)하는 과정을 말한다. 즉 주의를 둘 자극을 선택하는 능력을 말한다.

이전의 연구들을 보면 명상은 선택적 주의의 능력을 키우는 것으로 보았다. 호진스(Hodgins)와 아데어(Adair)(2010)와 무어(Moore)와 말리노브스키(Malinowski)(2009)에 의하면 명상 수련 기간이 길면 길수록 과제와 어울리지 않는 단서에서 벗어나 새롭거나 적절한 정보에 주의를 돌리는 선택적 주의 능력이 높았다. 또 잠재적인 감각 입력 자극에 주의를 두지 않는 능력을 측정하는 실험에서 MBSR 훈련을 받은 집단과 그렇지 않은 통제집단을 비교했을 때 MBSR집단이 더 높은 결과를 얻었다(Jha, Krompinger, & Baime, 2007). 이와 비슷하게 에릭센 플랭커 과제(Eriksen Flanker Task)[2]에서 나타나는 자동반응 시간과 명상 경험 사이에 부적인 상관을 갖는 것으로 나타났고, 주의 네트워크 검사(Attention Network Test)에서 나타나는 반응 시간과 마음챙김 경험 사이에 정적인 상관을 갖는 것으로 나타났다(van den Hurk, Giommi, Gielen, Speckens, & Barendregt, 2010).

인지기능에 대한 명상의 영향력을 다룬 메타연구(Chiesa, Calati, & Serett, 2011)가 명상에서 주의 훈련을 어떤 순서로 진행하는지에 단서를 제공해준다. 명상의 인지적 효과를 다룬 23개의 논문을 개관한 결과, 명상과 선택적 주의에 대해서 다음과 같은 결론을 내렸다. "전체적으로 연구 결과들은 초점주의 개발에 치중하는 명상 수련의 초기 단계에서 선택적 주의 및 실행 주의(executive attention)의 향상과 관계가 있고, 내외의 자극에 대한 개방적 관찰을 특징으로 하는 그다음 단계

2　특정 상황에서의 '부적절한 반응을 억제하는 능력'을 평가하는 반응 억제 테스트.

는 비초점적 주의 유지 능력의 향상과 관계가 있음을 보여준다. 그 외에 명상은 작업기억 능력과 일부 실행 기능(유연한 사고와 행동)을 향상시킨다." 이런 결론은 많은 명상 수련자가 명상 수련을 할 때, 먼저 주의집중력 훈련을 하고 나서 대상을 편견 없이 있는 그대로 관찰하는 순서로 수련하는 것을 지지한다.

3) 실행 주의(executive attention)

실행 주의는 산만하게 만드는 정보의 처리를 의식적으로 억제하는 기능을 말한다. 즉 대상에게 주의를 집중하지 못하도록 하는, 잠재적으로 산만하게 만드는 정보를 차단한다는 뜻이다. 흔히 집중명상이라 불리는 초점화된 주의(FA)명상은 하나의 대상에 집중하는 훈련을 한다. 이 훈련 과정에서 외부 사건이나 기억 또는 잡념으로 인해 주의가 산만해지면 과제를 수행하고 목표를 달성하는 데 문제가 생기게 된다. 그래서 명상하는 동안 주의가 산만해질 만한 자극을 무시하고 선택한 대상에게 주의를 집중하고 유지하는 것을 '갈등 감시' 또는 '집중 주의'라고 한다.

명상을 수련해온 사람들은 명상을 해본 적 없는 사람들과 비교해서 주의 네트워크 검사에서 실행 주의 과제를 더 잘 수행한다. 즉 오류의 수가 더 적게 나타났다(윤병수, 2012b/2014; Jha et al., 2007; van den Hurk et al., 2010). 심지어 5회의 간단한 마음챙김 훈련 프로그램 후의 결과에서도 오류의 수가 감소했다(Tang, Ma, Wang, Fan, Feng, Lu, Yu, Sui, Rothbart, Fan, & Posner, 2007).

명상은 변화하는 환경 자극에 빠르게 반응할 수 있도록 한다. 명상은 우리의 뇌가 관련 없는 환경 자극에 주의가 이끌려가지 않도록 함으로써 스트룹 효과(Stroop effect)[3]를 감소시킬 수 있다. 스트룹 과제를 이용한 연구에서도 명상한 사람들이 그렇지 않은 사람들에 비해 스트룹 간섭(interference)이 적게 나타나고(Chan & Woollacott, 2007; Moore & Malinowski, 2009), 심지어 짧게 명상하더라도 이러한 스트룹 간섭이 줄어드는 효과가 나타났다(Wenk-Sormaz, 2005).

명상 수련은 또한 주의 점멸(Attentional blink)[4] 현상을 감소시킨다(Slagter, Lutz, Greischar, Francis, Nieuwenhuis, & Davis, 2007; Brown, Creswell, & Ryan, 2015). 명상하는 사람들은 규칙적으로 그들의 주의를 초점화하는 데 더 큰 통제력을 발휘하지만, 한편으로는 주위에 대한 마음챙김 자각을 유지하기도 한다(Randye, 2010).

2 지각에서의 효과

이전 연구들에 의하면 명상은 다양한 지각(perception) 능력에 영향을 미친다. 처음으로 명상이 인간의 지각에 영향을 준다는 사실을 발견한 것은 1984년 브라운(Brown), 포르트(Forte)와 다이사르트(Dysart)의 연구였다. 연구자들은 명상 수련자들이 짧은 빛 자극을 더 민감하

---

3   과제에 대한 반응 시간이 주의 정도에 따라 달라지는 것을 말한다. '파랑', '초록', '빨강'과 같은 글자와 이 글자의 실제 색상이 일치하지 않을 경우, 즉 '빨강'이 빨간색으로 인쇄되지 않고 노란색으로 인쇄된 경우, 글자의 색을 말하는 데 더 오랜 시간이 걸리거나 잘못 말하는 현상이다.

4   첫 자극에 이어 빠르게 두 번째 자극을 제시하면 이를 잘 탐지하지 못하는 현상. 시간적으로 인접한 의미 자극을 처리하는 능력의 손상으로 보는데, 명상 수련은 이러한 능력 손상을 완화시킨다.

게 탐지해낼 수 있음을 발견하였다.

명상과 착시를 다룬 연구도 존재한다. 2000년에 선 스승, 초보 명상가, 비명상가를 대상으로 착시 지각 연구를 실시했다(Tloczynski, Santucci, & Astor-Stetson, 2000). 포겐도르프 착시(Poggendorff illusion)에서 선 스승 집단이 다른 집단과 비교하여 통계적으로 유의미한 오류의 감소를 보여주었다. 연구자들은 다음과 같이 결론을 내렸다. "비명상가집단은 대상을 개념적으로 지각하는 경향이 더 강한 것에 비해, 명상가들은 대상을 직접적인 경험 자극으로 지각하는 경향이 더 많다. 즉 인지적 자극을 제거하거나 최소화하고 자각을 증가시킴으로써 명상은 지각의 질(정확성)과 양(탐지)에 영향을 줄 수 있다(그림 3-8)."

3 기억에서의 효과

지금까지의 연구들을 통해 보자면 명상은 작업기억의 기억용량을 강화시키는 것으로 나타났다. 규칙적으로 명상하는 사람들은 명상

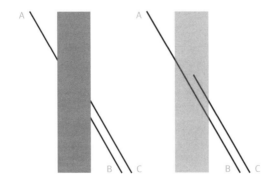

그림 3-8: 포겐도르프 착시: 그림의 A-B 직선 빗금을 왼쪽 그림처럼 짙은 회색 띠로 가리면 A-C 직선 빗금처럼 보인다. 예각이 둔해지기 때문이다.

하지 않는 사람들에 비해서 중요한 작업기억의 정보들을 더 정확하게 처리하고 구분하며, 장기기억으로 더 잘 저장한다(Chambers, Lo, Allen, 2008). 명상은 작업기억의 정보량을 확장해서 IQ 점수를 높이고 개인 지능을 증가시킬 수 있을지도 모른다(Mrazek, Franklin, Phillips, Baird, & Schooler, 2013). 또한 명상이 부호화 과정에서 청각과 시각 정보를 더 정확하고 구체적으로 만들어준다(Brown, Creswell, & Ryan, 2015).

명상가들은 일화기억(episodic memory)[5]도 더 정확하고 생생하게 기억하는 것으로 평가된다. 톰슨(Thompson)(2004)에 의하면, 명상은 또한 알츠하이머병으로 고통받는 사람들의 기억 감퇴(memory complaint)를 줄여주는 것으로 나타났는데, 이는 알츠하이머병과 관련이 있는 일화적 장기기억(long-term memory, LTM)[6]에 대한 명상의 영향력을 보여주는 것이다.

마음챙김 훈련은 또한 장기적인 기억의 기능 향상, 특히 인출 과정에서의 기능 향상과 관련이 있다(Heeren et al., 2009). 마음챙김 훈련은 자전적 기억들의 구체성(specificity)을 증가시키는데, 이는 개인적인 경험들에서 특정 기억을 인출하는 정도를 말한다(Hargus et al., 2010; Heeren et al., 2009; Williams et al., 2000). 기억 구체성(Memory specificity)[7]은

---

5 언어로 표현할 수 있는 명시적 기억(explicit memory)의 한 종류로, 자전적 사건들(시간, 장소, 감정, 지식)에 관한 기억이다. 이것은 과거 특정 시간과 장소에서 일어났던 개인적 경험의 모음이라고 할 수 있다. 일화기억은 보통 의미기억과는 대비되는 것으로 이해된다.

6 오랫동안 남는 기억이다. 명시적 기억과 암묵적 기억(implicit memory)으로 나눈다.

7 인출되는 자전적인 기억들의 구체적인 정도를 의미한다. 예를 들어, 특정 날에 일어났던 특정 경험에 대한 기억들이다.

이러한 구체성의 부족함이 종종 우울과 외상과 학대의 역사에서 관찰된다는 점에서 중요하다(van Vreeswijk and de Wilde, 2004; Williams et al., 2007). 하지만 다른 연구들에서는 기질적 마음챙김이나 마음챙김 훈련과 삽화적 기억 기능에서의 향상에 관한 정반대 또는 혼합된 증거가 나오기도 했다(Crawley, 2015; Rosenstreich, 2016).

4 창의성에서의 효과

일부 연구들은 실행적 인지기능들에 대한 마음챙김 훈련의 효과를 보여준다. 마음챙김 명상이 작업기억, 계획, 의사 결정, 자기 조절, 그리고 많은 다른 목적 지향적 행동들을 위한 인지적 과정들을 통제하고 지향하는 것과 관련 있고(Black 등, 2009; Gallant, 2016; Teper 등, 2013), 실행 억제(executive inhibition)와 관련된 것(Gallant, 2016; Moore 와 Malinowski, 2009)으로 나타났다. 마음챙김에 의해서 강화되는 그러한 실행 또는 인지적 통제 기능들은 인지적 유연성 개념과 관련 있다 (Kim 등, 2011; Miller와 Cohen, 2001; Moore와 Malinowski, 2009). 다른 연구들은 마음챙김 훈련이 작업기억 과정을 강화하고, 이는 보다 상위의 인지적 기능들에서 주요한 역할을 한다는 것을 발견했다(Mrazek 등, 2013; Quach 등, 2016; van Vugt와 Jha, 2011).

한편 명상의 유형에 따라서, 창의성에 다르게 영향을 주는 것 같다. 인지 심리학자인 콜자토(Colzato), 오주크(Ozurk)와 홈멜(Hommel) (2012)은 초보자들에게 두 가지 형태의 마음챙김 명상을 시켰다. 하나는 OM명상이고, 다른 하나는 FA명상이었다. OM명상은 지금 이 순간의 현상들을 관찰하고 알아차리는 것, 그리고 주의를 유연하고 제한받지 않게 유지하는 것을 훈련 내용으로 한다. FA명상은 호흡과 같은 단일 대상에 집중하면서 다른 자극을 무시할 것을 강조한다. 각 명상을 실시한 뒤 피험자들은 다양한 인지적 기술의 실행 능력을 측정하기 위해서 여러 검사를 받았다. 연구 결과, OM명상이 창의성의 주요 추동 요인인 확산적 사고(divergent thinking)를 자극하는 데 훨씬 더 효과적이고, FA명상은 집중적/수렴적 사고(convergent thinking)와 보다 더 강하게 관련 있음을 발견했다. 이는 대안들의 폭을 좁히고 활용 가능한 해결책들을 제시하고 만드는 일에 중요하다.

바스(Baas), 네비카(Nevicka)와 벨덴(Velden)(2014)은 콜자토의 연구를 확장한 일련의 연구들을 통해 인지적 처리에서 구체적인 마음챙김 기술들의 중요성을 보여주었다. 그 기술들에는 관찰(observation), 자각과 함께 행동하기(acting with awareness), 묘사/기술(description), 판단 없이 수용하기(accepting without judgment)가 포함되었다. 이 네 가지 중 '관찰'이 창의성에 대한 지속적이고 신뢰할 수 있는 예측 요인임이 밝혀졌으며, 인지적 유연성을 증가시키고 인지적 경직성은 감소시켰다. 관찰하는 능력은 경험에 대한 개방성과 관련이 있는데, 이는 몇 개의 연구들에서 창의적 성공의 가장 중요한 지표 중 하나로 나타났던 특질이다. 이런 연구들에서 FA명상은 창의성과는 유의미한 연관성을 보여주지 못했다. 연구에 따르면 "그 순간에 사는 것의 결과로 나타나는 의식적 자각의 상태는 창의성을 실현하기에 충분하지 않다. 창의적이기 위해서 우리는 마음의 눈으로 지나가는 현상을 관찰하고, 알아차리고, 주의를 기울이는 능력을 가지거나 훈련할 필요가 있다"는 것이다.

창의성과 확산적 사고 사이의 관련성은 콜자토, 자포라(Szapora), 리펠트와 홈멜(2017)의 연구에서도 강조되었다. 이 연구에서는 확산적 사고 또는 OM명상이 새로운 아이디어를 창조하는 능력에 도움이 됨을 보여준다. 이 연구에 의하면 명상을 처음 하든 경험이 많든 간에 피험자들은 OM명상을 수련하는 것에서 유사한 이득들을 경험했다.

여러 연구들에서 마음챙김 명상은 창의적 사고와 더불어 다음에 다룰 의사 결정과 문제 해결에 관련이 있는 것으로 나타났다(Capurso 등, 2014; Greenberg 등, 2012; Ostafin과 Kassman, 2012). 어떤 연구에서는 마음챙김과 강화된 도덕적 추리와 윤리적 의사 결정 사이의 관련성을 발견했고(Ruedy와 Schweitzer, 2011; Shapiro 등, 2012) 또한 기질적 마음챙김과 비판적 사고 사이의 관련성을 발견하기도 했다(Noone 등, 2016).

5   의사 결정과 문제 해결에서의 효과

의사 결정의 '순간'은 종종 반영/숙고(reflection)해야 할지, 아니면 직관적으로 판단해야 할지의 사이에서 나타나곤 한다. 기존의 문헌을 기초로 해서(Fehr와 Camerer, 2007; Sanfey, 2007; Rilling과 Sanfey, 2011) 보자면, 의사 결정은 비사회적인 범주와 사회적 범주로 나뉜다. 비사회적 의사 결정은 순수하게 한 사람의 믿음, 가치, 그리고 선호에 의해 내려지는 개인 결정에 초점을 두지만, 사회적 의사 결정은 수반되는 여러 선택지와 타인의 선호라는 상호작용에 초점을 둔다. 명상 경험이 두 가지 유형의 의사 결정 중 어떤 것을 더 촉진시키는지는 알려져 있지 않다.

　명상의 효과가 적용되는 범위는 의사 결정 과정에까지 확장될 수 있다. 경제적 결정 편향을 감소시키고 사회적 결정에 포함되는 공감, 연민, 그리고 이타성을 강화하는 역할을 할지도 모른다(Birnie 등, 2010; Leiberg 등, 2011; Klimecki 등, 2012). 또한 임상적 증거에 의하면 명상은 물질 남용, 알코올의존증, 흡연 갈망을 줄이는 유용한 도구가 될 수 있다(Breslin 등, 2002; Zgierska 등, 2009; Fernandez 등, 2010; Westbrook 등, 2013). 이런 것들은 위험을 감수하는 충동적 행동, 적합하지 않은 의사 결정과 관련 있다(Keng 등, 2011; Sedlmeier 등, 2012; Carim-Todd 등, 2013). 이런 발견들은 사회적, 비사회적인 조건하에서 의사를 결정하는 명상의 잠재적 역할을 보여준다.

　마음챙김 명상이 영향력을 갖는 비사회적 의사 결정의 영역으로는 위험 감수, 충동적 도박, 부정성 편향, 매몰비용편향 등이 있다. 마음챙김 명상은 아니지만 랙키(Lakey) 등(2007a)은 위험 감수(risk-taking)[8] 행동에 대한 특질 마음챙김의 영향력을 탐색했는데, 높은 기질 마음챙김 수준이 높을수록 도박에 따른 부정적 결과가 감소하였고, 의사 결정에서 적응성과 융통성이 증가되었다. 알폰소(Alfonso) 등(2011)은 실행 기능과 의사 결정에서 임상적으로 큰 기능적 손실이 있는 18명의 금주 중인 복합물질 남용자를 대상으로 위험 감수에 대한

---

[8] 위험 감수는 해롭거나 위험할 수 있는 행동을 하는 경향성이다. 하지만 동시에 긍정적인 결과물을 위한 기회를 만든다. 경제적 영역에서의 위험 감수는 손실 이후에 도박하려는 성향, 도박에 사로잡힘, 위험을 감수하려는 필요성 증가, 돈을 잃을 때의 더 큰 동요로서 정의된다(Winters 등, 2002).

명상의 효과를 조사했다. 조사 결과, 마음챙김 명상이 반응 억제와 위험한 의사 결정에 유익한 효과를 나타내는 것을 발견했다. 이 결과는 충동적인 도박 억제와 의사 결정의 문제, 중독 치료에 대한 명상의 잠재적 역할을 보여준다.

사람들은 판단과 결정 편향에 아주 민감한데(Weng 등, 2013), 175명의 대학생에게 15분짜리 교육용 마음챙김 호흡 명상을 연습시킨 후에 이루어진 분석에 의하면, 명상은 부정성 편향을 감소시킬 수 있고 태도 형성에 대한 심리적 과제 수행에서 긍정적 판단들을 증가시킬 수 있다(Kiken과 Shook, 2011). 또한 102명의 학부생집단을 연구한 다른 결과에 의하면, 10분의 마음챙김 호흡 명상 강의는 부정적인 생각들을 줄일 수 있다(Kiken과 Shook, 2014). 명상하는 것은 부정적 평가나 자극에 대한 습관적인 자동 반응을 막음으로써 부정성을 유의미하게 감소시킬 수 있다.

최근 하펜브랙(Hafenbrack) 등(2014)은 매몰비용편향(Sunk cost bias)[9]에 대한 마음챙김 명상의 단기적 효과를 조사하여 마음챙김 명상이 미래와 과거에서부터 초점을 현재로 다시 가져오고, 부정적 정서를 감소시켜 매몰비용편향의 힘을 감소시킨다는 것을 발견했다.

우리는 명상 경험이 비사회적 의사 결정 시의 충동성, 병리적 도박 등과 관련된 판단을 통제하고 조절할 수 있다고 결론지을 수 있다. 명상은 위험한 반응을 통제하고, 습관적 행동들을 못하게 막고, 실재

9　매몰비용편향은 매몰비용오류(sunk cost fallacy)로도 알려져 있다. 돈, 노력, 또는 시간 투자가 이루어진 이후로도 실패하는 노력을 계속 추구하는 경향성이다(Maréchal, 2010).

에 대한 초점을 조절하고, 부정적 정서를 감소시킴으로써 의사 결정에서의 '조절 역할'을 할 수 있음을 보여준다.

사회적 상황에서도 마음챙김 명상은 영향을 끼친다. 커크(Kirk) 등(2011)에 의하면, 공정함에 대한 민감성을 측정하는 '최후통첩 게임(ultimatum game)'을 이용해 명상가가 비명상가들에 비해 불공정한 제안들을 받아들일 가능성이 더 큼을 알았다. 또 다른 연구자들은 자애명상 수련자들이 통제집단과 비교해서 공정성 위반에 더 적게 분노하고, 더 적게 처벌하고, 희생자들에게 더 많은 보상을 해준다는 것을 발견했다. 이것은 친절과 이타성[10]의 증진에서 나오는 것일지도 모른다(McCall 등, 2014). 이런 연구들에 기초하여 우리는 명상 경험이 사회적 의사 결정을 내릴 때 부정적인 정서들을 조절하거나 연민을 기르는 데 도움이 되고 불공정한 제안의 수용을 이끈다는 것을 알 수 있다.

레브(Reb) 등(2010)은 8분 분량의 자애 명상 훈련을 통해 '독재자 게임(dictator game)'에서의 이타적 행동에 대한 명상의 효과를 탐색했다. 이들에 따르면 명상 경험은 보다 더 이타적인 행동을 촉진하는 것으로 나타났다. 명상 훈련 동안 촉발된 긍정적 정서가 조절 변인으로 작용한 것이다. 웽(Weng) 등(2013)은 단기적인 연민명상이 이타성에 미치는 효과가 신경계의 기제를 변화시킨 결과에 따른 것일 수도 있다고 제언하였다.

협력과 도움과 공유 같은, 다른 사람들에게 이득을 주는 친사

---

10 이타성은 다른 사람들에게 이득을 주려는 동기적 상태를 의미한다(Schwartz, 1977).

회적 행동들에 대한 명상의 영향력을 다루는 연구들도 있다(Batson과 Powell, 2003). 라이버그(Leiberg) 등(2011)의 연구 결과에 의하면, 기억 기술 훈련을 받은 통제집단과 비교해서 연민명상을 한 피험자들은 더 친사회적인 행동을 보였다. 이런 발견들은 명상이 친사회적 행동을 촉진할 것이라는 가능성을 보여준다.

최근에 실시된 한 연구는 개인 간의 실시간 상호작용과 공감에 대한 명상의 효과를 연구했다(Condon 등, 2013). 실험은 신체적 장애가 있는 이들에게 자신의 자리를 얼마나 양보하는가를 측정하는 것이었다. 8주간 명상을 한 참가자들은 통제집단보다 자리를 더 많이 양보했고, 이후의 실생활에서도 이타적 행동을 더 많이 했다.

연구자들은 내현적 그리고 외현적 편향들에 대한 명상의 영향력을 탐색해왔다. 강(Kang) 등(2014)은 암묵적 연합 검사(Implicit Association Test, IAT)를 사용해서 6주간의 자애 명상 수련으로 흑인과 노숙인에 대한 내현적 편향의 유의미한 감소를 발견했다. 이 연구에 따르면 자애 명상은 인지적 통제를 가능케 하고 심리적 스트레스를 줄이며 다른 낙인찍힌 사회 집단을 향한 내현적 태도를 자동적으로 활성화시킬 수 있다. 다른 연구(Lueke와 Gibson, 2014)는 10분 정도 마음챙김 명상을 들은 참가자들이 통제집단과 비교하여 나이와 인종의 부정적 편향을 유의미하게 줄였음을 알려준다.

요약하자면 위에서 제시된 연구들은 이타성, 친사회적 행동, 도덕적 의사 결정, 그리고 집단 간 편향에 대한 장단기 명상의 지속적이고 긍정적인 효과를 보여준다고 할 수 있다.

6 상위인지에 대한 효과

상위인지(metacognition)[11]는 다양한 방식으로 정의되었는데, '생각에 대해서 생각하기'와 '학습에 대해서 깊이 생각하기' 또는 '자신의 학습 또는 생각 과정에 대한 자각 또는 분석' 등이 있다. 이런 정의는 특히나 학생들이 자신의 학습을 모니터링하고 조절하는 법을 배운다는 뜻이다. 보다 정확하게 표현하자면 상위인지는 자신의 이해도에 따른 수행을 계획하고, 모니터링하고, 평가하기 위해서 사용하는 과정(또는 처리)들을 의미한다. 상위인지는 자신의 생각과 학습에 대한 중요한 자각, 그리고 스스로를 사고자이자 학습자로 생각하는 것을 포함한다.

제일 처음 상위인지라는 용어를 쓴 사람은 미국의 발달심리학자인 존 H. 프라벨(John H. Flavell)(1976)이다. 이 용어는 기초어 'meta'에서 유래했으며, 이는 '넘어/지나(beyond)' 또는 '꼭대기에(on top of)'를 의미한다(Metcalfe, Shimamura, 1994). 상위인지는 다양한 형태로 나타난다. 학습이나 문제 해결을 위한 특정한 전략들을 사용할 때와 이런 방법에 대한 지적 앎을 포함한다(Metcalfe, Shimamura, 1994). 일반적으로 상위인지의 두 가지 구성 요소가 있는데, 인지에 대한 지식과 인지의 조절이다(Gregory, 1998).

플루크(Flook) 등(2010)에 의하면 마음챙김 훈련 프로그램은 초

---

11 상위인지는 '인지에 대한 인지(cognition about cognition)', '생각에 대한 생각(thinking about thinking)', '앎에 대한 앎(knowing about knowing)', '자신의 자각을 자각(aware of one's awarenes) 하는 것'처럼 보다 고등한 사고 기술이다.

등학생들의 실행 기능(executive functions)을 향상시켰고, 제이단(Zeidan) 등(2010)에 의하면 마음챙김 훈련은 실행 기능과 상위인지적 통찰을 향상시킨다고 한다.

마음챙김에 기초한 인지치료 프로그램인 MBCT(Mindfulness-Based Cognitive Therapy)를 장애 아동의 어머니들에게 실시한 용홍출 (2012)은 양육 스트레스와 상위인지적 자각이 증가함을 발견했다. 이용선, 강낙희와 홍창희(2006)는 BDI(Beck's Depression Inventory, 벡의 우울척도) 점수가 높은 대학생들을 데리고 6주간 알아차림 명상을 진행했고, BDI와 역기능적 신념 점수는 감소하고 상위인지적 자각 점수는 증가하는 경향이 있음을 확인했다. 정문희와 최윤정(2019)은 고등학생 23명에게 K-MBSR(한국형 마음챙김 기반 스트레스 감소 훈련)을 6주간 실시했다. 그 결과 정서조절 곤란의 정도가 유의미하게 감소했고, 메타인지의 두 가지 하위 요인인 메타인지적 지식과 메타인지적 통제 둘 다 유의미하게 증가했다.

명상의
정서적 효과

이성준 (삼성영덕연수원 명상 강사/ leeevice@hanmail.net)

명상은 대개 명상하는 사람이 편안함과 안정감 등 '마음이 가라앉는' 상태가 되도록 한다. 이런 정서적 안정 효과는 일종의 이완 효과라고 볼 수 있다. 하지만 명상은 이러한 마음의 이완을 넘어서 과도한 정서적 긴장을 완화하고 또한 부정적인 정서를 감소시키며 긍정적 정서를 향상시킬 수 있다.

부정적인 정서 상태는 그 자체가 괴로움을 유발하고 삶의 질을 저하시킨다. 물론 긍정적 정서들도 문제의 원인이 될 수 있지만, 일반적으로 부정적 정서는 발생 빈도나 강도가 강할 경우 그 자체가 심리장애 진단의 중요 준거가 될 뿐 아니라 부적응적 행동의 원인으로 작용한다는 점에서 명상의 정서조절(Emotion regulation) 효과는 심리장애나 행동장애 치료에 상당한 이점이 있다.

마음챙김 명상과 관련된 정서조절의 향상들은 실험 연구, 자기 보고식 연구, 생리적 측정, 그리고 신경 이미지를 포함해 다양한 방식으로 연구되어왔다(Hölzel, Lazar, Gard, Schuman-Oliver, Vago와 Ott, 2011). 여기에서 정서조절이란 정서가 올라오는 것, 정서의 지속 시간 그리고 이런 정서들이 경험되고 표현되는 방식에 영향을 줄 수 있는 전략을 말한다.

명상을 통한 정서조절은 기존의 정서조절과는 이론적, 실제적으로 차이가 있다. 예컨대 명상에서는 정서적 경험을 그 유인가(valence)[12]나 강도, 유용성 지각에 관계없이 알아차리고 온전하게 수용하는 것을 강조하지만(즉 내적 사건과의 관계를 바꾸려 하지만), 기존의 인지행동 치료와 같은 개입법에서는 이런 정서적 사건과 그 원인인 인지적 사건의 내용을 바꾸고자 시도한다. 이런 점에서 명상은 반응에 초점을 둔 조절 전략인 반면 인지행동 치료는 주로 원인에 초점을 둔 조절 전략이라 볼 수 있다(Hofman & Asmunson, 2008).

명상과 정서조절에 관한 연구들을 보면, 마음챙김의 수준과 정서조절 능력 사이에 깊은 관련성이 있는 것처럼 보인다. 마음챙김 수준은 적응적인 정서조절 전략과 강력한 상관관계가 있다(장문선 등, 2013; Feldman 등, 2007). 한편 다른 연구들은 명상을 통해서 부정적 정서가 감소하거나 긍정적 정서가 증가하는 경향을 보인다. 일부 연구들은 명상을 통해 부정적 정서의 빈도와 강도가 감소되었음(Chambers 등,

---

12 어떤 사물이나 현상이 지닌 심리적 매력 또는 심리적으로 이끄는 힘의 정도를 의미하며 부정적일 수도 있고 긍정적일 수도 있다.

2008; Ding 등, 2014)을 보여주고, 로빈스(Robins) 등(2012)은 자기보고식 측정을 통해서 정서조절의 어려움이 감소했음을 보고했다. 탕(Tang) 등(2007), 딩(Ding) 등(2014), 제인(Jain) 등(2007)은 긍정적 기분 상태가 증가했다고 보고했다.

실제로 명상이 정서를 조절하는 방식은 부정적인 정서에 대한 반응성을 감소시키는 것이다. 예를 들어 아치(Arch) 등(2006)의 연구에서 명상을 유도한 집단은 통제집단에 비해 혐오 정서를 유발하는 사진에 반응이 더 적었고, 그 사진을 피하지 않고 바라보려는 의지도 더 높았다. 또한 명상은 상황에 의한 부정적 정서에서 더 빠르게 회복할 수 있게 한다(Broderick, 2005). 또한 건강한 명상 초심자를 7주일간 마음챙김 훈련 프로그램에 참가시킨 후 중립적 사진과 정서적 사진에 노출시켰을 때, 통제집단에 비해 반응 시간이 지연됨을 확인할 수 있었다. 이것은 정서적 간섭이 감소됨을 보여주는 것이다(Ortner et al., 2007). 더욱이 장기간 명상 수행을 한 사람 중에서도 마음챙김 명상 경험이 많은 참가자들이 상대적으로 경험이 적은 사람들에 비해 정서적 간섭을 덜 받는다는 것을 보여준다. 또한 마음챙김 명상은 부정적 기분이 드는 상태를 해소시키고(Jha et al., 2010), 긍정적 기분이 들게 하며 산만하고 반추적인 사고와 행동을 줄인다(Jain et al., 2007). 다니엘 골먼과 슈워르츠(Schwartz)(1976)는 명상을 한 사람들이 스트레스 상태에서 정서적 기저선으로 더 빠르게 돌아오고 생리적 자동 반응도 감소된다는 것을 발견했다.

국내에서도 명상이 참가자들의 정서에 긍정적인 영향을 주었다는 연구들이 있다. 이정호, 김영미와 최영민(1999)은 명상이 환자들의 정서 상태에 긍정적인 영향을 미치는 것을 보여주었다. 이들은 신경증 환자에 대한 쿤달리니 명상의 효과를 연구했는데, 약물치료만 받은 통제집단에 비해서 약물치료와 명상을 병행한 실험집단에서 우울과 불안이 통계적으로 유의미하게 감소했다. 단기 호흡명상도 정서에 영향을 미친다는 연구 결과가 있다(김창환과 박중규, 2019). 고교생을 대상으로 주 2회씩 총 8회의 단기 호흡명상을 실시한 결과, 통제집단과 비교해 실험집단은 부적응적인 인지적 정서조절 전략이 유의미하게 낮았고, 긍정적 초점 변경, 공감적 관심, 자각 행위는 유의미하게 더 높았다. 또한 이승희와 조민아(2019)는 여중생을 대상으로 한 8회의 마음챙김 명상 집단상담을 진행했는데, 마음챙김 명상 프로그램(Mindfulness-Based Recovery Program from Addiction, MBRA)은 정서조절 능력 전체에는 영향을 미치지 않았지만, 지지 추구가 중심이 된 문제를 다루는 정서조절 능력 향상에 긍정적인 영향을 미친 것으로 나타났다. 윤병수(2012)는 학교 부적응 중학생을 대상으로 K-MBSR을 적용한 캠프를 실시하여 불안과 우울이 통계적으로 유의미하게 감소한 것을 확인했다.

여러 연구의 결과를 종합하는 메타연구에서 명상은 정서적인 부분에 큰 변화를 가져오는 것으로 보인다. 일반 성인집단에 명상을 적용했던 163개의 연구를 메타분석한 세들마이어(Sedlmeier) 등(2012)은 일반인에게 나타나는 명상 수련으로 인한 변화는 주의나 인지적 변수보다는 정서나 인간관계에 관한 변수들에서 가장 크게 나타난다고 보고했다. 불안과 우울증 환자에게 명상을 적용했던 연구 결과를 메타분석한 호프만(Hofmann) 등(2010)은 명상이 불안과 우울의 감소에 매우 효과적이라는 결론을 내렸다. 비슷하게 다양한 만성질환자에 대한 MBSR의 효과를 메타분석한 볼마이저(Bohlmeijer) 등(2010)은 MBSR이 만성질환자의 우울과 불안, 심리적 불편감에 적지만 효과가 있다고 결론지었다. 최근의 또 다른 메타분석이 내린 결론에 의하면 마음챙김 기반의 치료들은 불안과 우울의 처치에 임상적으로 유의미한 효과들을 갖는데, 특히 정서적 안녕감에서 지속적인 변화를 만든다(Khoury 등, 2013; Gotink 등, 2015).

여러 연구 결과를 보면 자애 명상 또한 정서의 변화에 긍정적인 영향을 미치는 것으로 보인다. 마음챙김 명상처럼 자애 명상은 주의집중을 포함하지만 마음챙김 명상과는 달리 따뜻한 긍정적 정서의 의도적 함양을 목표로 한다. 자애 명상에 대한 과학적 연구는 2008년 이후로 급속히 증가했다(Fredrickson et al., 2008; Hutcherson et al., 2008). 최근의 자애 명상 연구를 보면 자애 명상 개입들은 일반적으로 건강과 안녕감을 더 향상시키고(Galante et al., 2014), 긍정적 정서도 향상시킨다(Zeng et al., 2015). 자애 명상은 또한 우울 증상을 감소시키고(Fredrickson et al., 2008), 연민과 이타적 행동을 증가시키고(Jazaieri et al., 2013; Klimecki et al., 2012; Leiberg et al., 2011; Weng et al., 2013), 긍정적 정서와 공감과 관련된 뇌 회로들에 기능적인 신경가소성을 만드는 것(Klimecki et al., 2012; Weng et al., 2013)으로 나타났다. 자애 명상에 대한 연구가 늘어났지만, 아직 '초기 단계'에 있고(Zeng et al., 2015, p. 13), 연구에 대한 지원이나 인력은 부족한 상태이다(Galante et al., 2014, p. 1111).

정서 변화뿐 아니라 정서 자각에 있어서도 명상은 상당한 영향을 미치는 것으로 보인다. 정서 자각에 대한 해외 연구를 보면, 닐센(Nielsen)과 카즈니악(Kaszniak)(2006)은 정서 자각에 대한 명상 훈련의 효과를 확인하는 연구를 했고, 그 결과 명상이 정서적으로 모호한 정보가 의식적인 자각으로 처리되고 조절되며 제시되는 방식에 영향을 줄 수 있음을 발견했다. 알코올의존증 환자들에 대한 마음챙김 명상의 효과를 본 2013년의 한 예비연구(하미지, 박영근, 이성근, 2013)에서는 마음챙김 명상 프로그램 후 정서 자각과 공감이 통제집단보다 유의미하게 증가했다. 장정주와 김정모(2011)는 대학생을 대상으로 명상 훈련이 포함된 정서표현 훈련 프로그램을 통해서 정서 자각과 정서 표현은 유의미하게 증가했고 정서 표현의 억제는 유의미하게 감소했음을 보였다.

한편 명상은 자신의 정서를 자각하는 것과는 다른, 타인의 정서를 인식하는 능력의 상승을 보여준다. 이는 주로 표정에 대한 정확한 인식에 영향을 준다. 이혜원, 김정호와 김미리혜(2019)는 주의력결핍과잉행동장애(ADHD)로 진단받은 초등학교 저학년 아동을 대상으로 놀이 마음챙김 명상 프로그램을 진행했다. 이 연구 결과 ADHD의 주증상이 유의미하게 감소했고 정서 인식 능력이 유의미하게 증가했다.

3-1장, 3-2장

윤병수(2012a). 집중명상과 마음챙김 명상이 뇌의 주의체계에 미치는 영향. **한국심리학회지 : 건강, 17, 1,** 65-77.

윤병수(2012b). 한국형 마음챙김에 기반한 스트레스 감소(K-MBSR) 프로그램이 주의에 미치는 영향. 한국심리학회지: 일반, 31(2), 521-540.

윤병수(2014). 한국형 마음챙김을 기반한 스트레스 감소(K-MBSR) 프로그램이 대학생의 스트레스와 주의력 개선에 미치는 효과. 스트레스연구, 22(4), 231-240.

이한기, 김광미, 양병선, 이영미 등(2012). 면역학적 질환, 기초병리학. 경기도: 수문사.

Ader, R., & Cohen, N. (1975). Behaviorally conditioned immunosuppression. Psychosomatic Medicine, 37, 333-340.

Alda, M., Marta Puebla-Guedea, Baltasar Rodero, Marcelo Demarzo, Jesus Montero-Marin, Miquel Roca, Javier Garcia-Campayo. (2016). Zen meditation, Length of Telomeres, and the Role of Experiential Avoidance and Compassion. Mindfulness (N Y). 2016; 7: 651-659.

Allen, M., Dietz, M., Blair, K. S., van Beek, M., Rees, G., Vestergaard-Poulsen, P., Roepstorff, A. (2012). Cognitive-affective neural plasticity following active-controlled mindfulness intervention. *Journal of Neuroscience, 32*(44), 15601-15610.

Benson, H. (1975). The Relaxation Response. William Mcmorrow and Company.

Black D. S., Slavich G. M. (2016). Mindfulness meditation and the immune system: a systematic review of randomized controlled trials. *Annals of the New York Academy of Sciences,* 1-12.

Brefczynski-Lewis, J. A., Lutz, A., Schaefer, H. S., Levinson, D. B., & Davidson, R. J. (2007). Neural correlates of attentional expertise in long-term meditation practitioners. *Proceedings of the National Academy of Sciences of the United States of America, 104,* 11483-11488.

Cahn, B. R., Polich, J., (2006). Meditation states and traits: EEG, ERP, and neuroimaging studies. *Psychological Bulletin, 132, 2,* 180-211.

Canli, T., Desmond, J. E., Zhao, Z., Glover, G., Gabrieli, J. D. E. (1998). Hemispheric asymmetry for emotional stimuli detected with fMRI. *Neuroreport, 9,* 14, 3233-3239.

Carlson, N. R. (2016). 생리심리학 [Foundations of behavioral neuroscience, 9/e] (정봉교, 현성용, 윤병수 역). 서울: 박학사. (원저 2014 출판).

Carr, D. J. J., & Blalock, J. E. (1991). *Psychoneuroimmunology.* 2nd Ed. New York: Academic Press, (p. 573-588).

Chiesa, A., Calati, R., Serretti, A. (2011). Does mindfulness training improve cognitive abilities? A systematic review of neuropsychological findings. *Clinical Psychology Review,*

31, 449-464.

Creswell J. D., Lindsay E. K. (2014). How does mindfulness training affect health? A mindfulness stress buffering account. *Current Directions in Psychological Science, 23*(6), 401-7.

Creswell J. D., Myers H. F., Cole S. W., Irwin M. R. (2009). Mindfulness meditation training effects on CD4+ T lymphocytes in HIV-1 infected adults: A small randomized controlled trial. *Brain, Behavior, and Immunity, 23*(2), 184-88.

Creswell, J. D., Way, B. M., Eisenberger, N.I., & Lieberman, M. D. (2007). Neural correlates of dispositional mindfulness during affect labeling. *Psychosomatic Medicine, 69*, 560-565.

Davidson, R. J., Kabat-Zinn, J., Schumacher, J., Rosenkranz, M. A., Muller, D., Santorelli, S. F., Urbanowski, F., Harrington, A., Bonus, K., & Sheridan, J. F. (2003). Alterations in brain and immune function produced by mindfulness meditation. *Psychosomatic Medicine, 65*, 564-570.

Davidson, R.J. (2002). Toward a biology of positive affect and compassion. In R.J. Davidson & A. Harrington (Eds.), *Visions of compassion: Western scientists and Tibetan Buddhists examine human nature* (pp. 107-30). London: Oxford University Press.

Dhabhar, F. S., & McEwen, B. S. (1997). Acute stress enhances while chronic stress suppresses cell-mediated immunity in vivo: A potential role for leukocyte trafficking. *Brain, Behavior, and Immunity, 11*, 286-306.

Fan, Y., Tang, Y. Y., & Posner, M. I. (2013). Cortisol level modulated by integrative meditaion in a dose-dependent fashion. *Stress Health, 30*(1), 65-70.

Fraser, R., Imgram, M. C., Anderson, N. H., Morrison, D., Davies, E., & Connell, J. M. C. (1999). Cortisol effects on body mass, blood pressure, and choesterol in the general population. *Hybertension, 33*, 1364-1368.

Fell, J., Axmacher, N., & Haupt, S. (2010). From alpha to gamma: Electrophysiological correlates of meditation-related states of consciousness. *Medical Hypotheses, 75*, 218-224.

Gard, T., Hölzel, B. K., Sack, A. T., Hempel, H., Lazar, S. W., Vaitl, D., & Ott, U. (2010). Pain mitigation through mindfulness is associated with decreased cognitive control and increased sensory processing in the brain. Manuscript submitted for publication.

Garland E. L., Manusov E. G., Froeliger B., Kelly A., Williams J. M., Howard M. O. (2014a). Mindfulness-oriented recovery enhancement for chronic pain and prescription opioid misuse: Results from an early-stage randomized controlled trial. *Journal of Consulting and Clinical Psychology, 82*(3), 448-59.

Goldin, P. (2011). Mindfulness-based stress reduction (MBSR) for social anxiety disorder: Neural and behavioral correlates. *Biological Psychiatry, 69*(9), 210S.

Gonzalez-Garcia M., Ferrer M. J., Borras X., Muñoz-Moreno J. A., Miranda C., et al. (2013). Effectiveness of Mindfulness-Based Cognitive Therapy on the Quality of Life, Emotional Status, and CD4 Cell Count of Patients Aging with HIV Infection. *AIDS and Behavior, 18*(4), 676-85.

Grant, J. A., Courtemanche, J., Duerden, E. G., Duncan, G. H., & Rainville, P. (2010). Cortical thickness and pain sensitivity in Zen meditators. *Emotion, 10*, 43-53.

N. R. Gough. (2019). Neuron and Glia Remodeling Contribute to Male Behavior, BioSerendipity.

Hölzel, B., Carmody, J., Evans, K. C., Hoge, E. A., Dusek, J. A., Morgan, L., . . . Lazar, S. W. (2010). Stress reduction correlates with structural changes in the amygdala. *Social Cognitive and Affective Neuroscience, 5*(1), 11-17.

Hölzel, B., Lazar, S., Gard, T., Schuman-Olivier, Z., Vago, D. R., & Ott, U. (2011). How does mindfulness meditation work? Proposing mechanisms of action from a conceptual and neural perspective. *Perspectives on Psychological Science, 6*(6), 537-559.

Hölzel, B. K., Ott, U., Hempel, H., Hackl, A., Wolf, K., Stark, R., Vaitl, D. (2007). Differential engagement of anterior cingulate and adjacent medial frontal cortex in adept Meditators and non-Meditators. *Neuroscience Letters, 421*, 1, 16-21.

Infante, J. R., Peran, F., Rayo, J. I., Serrano, J., Dominguez, M. L., Garcia, L., ... Roldan, A. (2014). Levels of immune cells in transcendental meditation practitioners. *International Journal of Yoga, 7*, 147-151.

Jacobs, T. L., Epel, E. S., Lin, J., Blackburn, E. H., Wolkowitz, O. M., Bridwell, D. A., et al. (2011). Intensive meditation training, immune cell telomerase activity, and psychological mediators. *Psychoneuroendocrinology, 36*, 664-681.

Jacobs, G. D. & Friedman, R. (2004). EEG spectral analysis of relaxation techniques. *Applied Psychophysiology and Biofeedback. 29*, 245-254.

Jevning, R., Wallace, R. K., Beidebach, M. (1992). The physiology of meditation - a review - a wakeful hypometabolic integrated response. *Neuroscience and Biobehavioral Reviews, 16*, 3, 415-424.

Kabat-Zinn, J. (1990). *Full Catastrophe Living: Using the Wisdom of Your Body and Mind to Face Stress, Pain, and Illness.* N.Y.: Delacorte Press.

Khalsa, D. S., & Stauth, C. (1997). Brain Longevity: The Breakingthrough Medical Program that Improves Your Mind and Memory. NY: Warner Books.

Kilpatrick, L. A., Suyenobu, B. Y., Smith, S. R., Bueller, J. A., Goodman, T. g., Creswell, D. J., . . . Naliboff, B. D. (2011). Impact of indfulness- based stress reduction training on intrinsic brain connectivity. *Neuroimage, 56*(1), 290-298. May.

3장

King, A. P., Block, S. R., Sripada, R. K., Rauch, S., Giardino, N., Favorite, T., . . . Liberzon, I. (2016). Altered Default Mode Network (Dmn) Resting State Functional Connectivity Following a Mindfulness-Based Exposure Therapy for Posttraumatic Stress Disorder (Ptsd) in Combat Veterans of Afghanistan and Iraq. *Depress Anxiety, 33*(4), 289-299.

Kirk, U., Gu, X., Sharp, C., Hula, A., Fonagy, P., & Montague, P. R. (2016). Mindfulness training increases cooperative decision making in economic exchanges: Evidence from fMRI. *Neuroimage, 138*, 274-283.

Lazar, S. W., Kerr, C. E., Wasserman, R. H., Gray, J. R., et al. (2005). Meditation experience is associated with increased cortical thickness. *Neuroreport, 17*, 17, 1893-1897.

LeBien, T. W. & Tedder, T. F. (2008). B lymphocytes: how they develop and function. *Blood, 112*, 1570-1580.

Lehmann, D., Faber, P. L., Achermann, P., Jeanmonod, D., Gianotti, L. R., Pizzagalli, D. (2001). Brain sources of EEG gamma frequency during volitionally meditationinduced, altered states of consciousness, and experience of the self. *Psychiatry Research, 108*, 111-21.

Levy, J. A. (1993). Pathogenesis of human immunodeficiency virus infection. *Microbiology & Molecular Biology Reviews, 57*(1), 183-289.

Lutz, A., Brefczynski-Lewis, J. Johnstone, T., & Davidson, R. J. (2004). Regulation of the Neural Circuitry of Emotion by Compassion Meditation: Effects of Meditative Expertise. *PLoS ONE 3*(3): e1897. doi:10.1371/journal.pone.0001897

Lutz, A., Greischar, L., Rawlings, N. B., Ricard, M., & Davidson, R. J. (2004). Long-term meditators self-induce high-amplitude synchrony during mental practice. *Proceedings of the National Academy of Sciences, 101*, 16369-16373.

Mackay, I. & FRED S. Rosen, F. S. (2007). Advances in Immunology. *The New England Journal of Medicine, 343*(1), 37-50.

Malarkey W. B., Jarjoura D., Klatt M. (2013). Workplace based mindfulness practice and inflammation: a randomized trial. *Brain, Behavior, and Immunity, 27*(1), 145-54.

Modinos, G., Ormel, J., & Aleman, A. (2010). Individual differences in dispositional mindfulness and brain activity involved in reappraisal of emotion. *Social Cognitive and Affective Neuroscience, 5*, 369-377.

O'Byrne, K. J., & Dalgleish, A. G. (2001). Chronic immune activation and inflammation as the cause of malignancy. *British Journal of Cancer, 85*(4), 473-83.

Ochsner, K. N., & Gross, J .J. (2008). Cognitive emotion regulation: Insights from social cognitive and affective neuroscience. *Current Directions in Psychological Science, 17*, 153-158.

Ornish, D. (1990). *Reversing Heart Disease.* New York: Random House.

Rennie, C. J., Wright, J. J., Robinson, P.A., (2000). Mechanisms of cortical electrical activity and emergence of gamma rhythm. *Journal of Theoretical Biology, 205,* 1, 17-35.

Roland, L. T., Lenze, E. J., Hardin, F. M., Kallogjeri, D., Nicklaus, J., Wineland, A. M., . . . Piccirillo, J. F. (2015). Effects of mindfulness based stress reduction therapy on subjective bother and neural connectivity in chronic tinnitus. *Otolaryngology-Head and Neck Surgery, 152*(5), 919-926.

Rubia, K. (2009). The neurobiology of Meditation and its clinical effectiveness in psychiatric disorders. *Biological Psychology, 82,* 1-11.

Segerstrom S. C., Miller G. E. (2004). Psychological stress and the human immune system: a meta-analytic study of 30 years of inquiry. *Psychological Bulletin, 130*(4), 601.

Singer, T. (2006). The neuronal basis and ontogeny of empathy and mind reading. *Neuroscience and Biohehavioral Review, 30,* 855-863.

Sproston, N. R., & Ashworth, J. J. (2018). Role of C-reaction protein at sites of inflammation and infection. *Frontiers in Immunology, 9,* 754.

Sridharan, D., Levitin, D. J., & Menon, V. (2008). A critical role for the right fronto-insular cortex in switching between central-executive and default-mode networks. *Proceedings of the National Academy of Sciences of the United States of America, 105,* 12569-12574.

Tang, Y. Y., Lu, Q., Geng, X., Stein, E. A., Yang, Y., & Posner, M. I. (2010). Short-term meditation induces white matter changes in the anterior cingulate. *Proceedings of the National Academy of Sciences of the United States of America, 107,* 15649-15652.

Turakitwanakan, W., Mekseepralard, C., & Busarakumtragul, P. (2013). Effects of mindfulness meditation on serum cortisol of medical students. *Journal of the Medical Association of Thailand, 96,* s90-s95.

Urry, H. L., Nitschke, J. B., Dolski, I, Jackson, D. C., Dalton, K. M., Mueller, C. J., Rosenkranz, M. A., Ryff, C. D., Singer, B. H., Davidson, R. J. (2004). Making a Life Worth Living: Neural Correlates of Well-Being. *Psychological Science, 15,* 6, 367-372.

van Veen, V., & Carter, C. S. (2002). The anterior cingulate as a conflict monitor: FMRI and ERP studies. *Physiology & Behavior, 77,* 477-482.

Wallace, R. K., Benson, H, & Wilson, A. F. (1971). A wakeful hypometabolic physiologic state. *American Journal of Physiology, 221,* 795-9.

Weiner, M. F., Vobach, S., Olsson, K., Svetlik, D, & Risser, R. C. (1997). Cortisol secretion and alzheimer's disease progression. *Bilogical Paychiatry, 42*(11), 1030-1038.

Wells, R. E., Yeh, G. Y., Kerr, C. E., Wolkin, J., Davis, R. B., Tan, Y.,. . . Kong, J. (2013). Meditation's impact on default mode network and hippocampus in mild cognitive impairment: A pilot study. *Neuroscience Letters, 556*(27), 15-19.

Whiteside, T. L. & Herberman, R. B. (1994). Role of human natural killer cells in health and disease. *Clinical and Diagnostic Laboratory Immunology, 1*, 125-133.

Yamasaki, H., LaBar, K., & McCarthy, G. (2002). Dissociable prefrontal brain systems for attention and emotion: *Proceedings of the National Academy of Sciences, 99*, 11447-11451.

Young, J. D., Taylor, E. (2001). Meditation as a voluntary hypometabolic state of biological estivation. *News in Physiological Sciences, 13*, 149-153.

3-3장

용봉출(2012). 마음챙김 명상에 기반한 인지치료(MBCT)가 어머니의 양육스트레스와 상위인지 자각에 미치는 영향. 재활심리연구, 19(1), 103-128.

윤병수(2012b). 한국형 마음챙김에 기반한 스트레스 감소(K-MBSR) 프로그램이 주의에 미치는 영향. 한국심리학회지: 일반, 31, 2, 521-540.

윤병수(2014). 한국형 마음챙김을 기반한 스트레스 감소(K-MBSR) 프로그램이 대학생의 스트레스와 주의력 개선에 미치는 효과. 대한스트레스학회지, 22, 4, 231-240.

이용선, 강낙희, 홍창희(2006). 알아차림 명상이 우울, 상위인지 자각, 역기능적 신념에 미치는 영향, 1, 662-663.

정문희, 최윤정(2019). K-MBSR이 고등학생의 정서조절 곤란 감소 및 메타인지 향상에 미치는 효과. 한국명상학회지. 9(1), 1-18.

Alfonso, J. P., Caracuel, A., Delgado-Pastor, L. C., and Verdejo-Garcia, A. (2011). Combined goal management training and mindfulness meditation improve executive functions and decision-making performance in abstinent polysubstance abusers. Drug Alcohol. Depend. 117, 78-81. doi: 10.1016/j.drugalcdep.2010.12.025

Batson, C. D., and Powell, A. A. (2003). "Altruism and prosocial behavior," in Handbook of Psychology, Vol. 5, eds T. Millon, M. J. Lerner, and I. B. Weiner (Hoboken, NJ: Wiley), 463-464.

Bellosta-Batalla, M., Blanco-Gandía, M. C., Rodríguez-Arias, M., Cebolla, A., Pérez-Blasco, J., & Moya-Albiol, L. (2020). Increased Salivary Oxytocin and Empathy in Students of Clinical and Health Psychology After a Mindfulness and Compassion-Based Intervention. *Mindfulness*, HYPERLINK "https//doi.org/10.1007/"https://doi.org/10.1007/s12671-020-01316-7.

Birnie, K., Speca, M., and Carlson, L. E. (2010). Exploring self-compassion and empathy in the context of mindfulness-based stress reduction (MBSR). Stress Health 26, 359-371. doi: 10.1002/smi.1305

Black, D. S., Semple, R. J., Pokhrel, P., & Grenard, J. L. (2009). Component processes of executive function—mindfulness, self-control, and working memory—and their relationships with mental and behavioral health. Mindfulness, 2, 179-185. Article Google Scholar

Breslin, F. C., Zack, M., and Mcmain, S. (2002). An information-processing analysis of mindfulness: Implications for relapse prevention in the treatment of substance abuse. Clin. Psychol. 9, 275-299. doi: 10.1093/clipsy.9.3.275

Brown D, Forte M, Dysart M (June 1984). "Differences in visual sensitivity among mindfulness meditators and non-meditators". Perceptual and Motor Skills, 58 (3): 727-33. doi:10.2466/pms.1984.58.3.727. PMID 6382144.

Brown, K. W. B., Creswell, J. D., Ryan, R. M. (2015). Handbook of Mindfulness: Theory, Research, and Practice. Guilford Publications. ISBN 978-1-4625-2593-5.

Capurso, V., Fabbro, F., & Crescentini, C. (2014). Mindful creativity: the influence of mindfulness meditation on creative thinking. Frontiers in Psychology, 4, 1020. PubMed PubMed Central Article Google Scholar

Carim-Todd, L., Mitchell, S. H., and Oken, B. S. (2013). Mind-body practices: an alternative, drug-free treatment for smoking cessation? A systematic review of the literature. Drug Alcohol. Depend. 132, 399-410. doi: 10.1016/j.drugalcdep.2013.04.014

Chambers, R., Lo, B. C. Y., & Allen, N. B. (2008). "The Impact of Intensive Mindfulness Training on Attentional Control, Cognitive Style, and Affect". Cognitive Therapy and Research, 32 (3): 303-322. doi:10.1007/s10608-007-9119-0. ISSN 1573-2819.

Chan, D., & Woollacott, M. (2007). Effects of level of meditation experience on attentional focus: Is the efficiency of executive or orientation networks improved? Journal of Alternative and Complementary Medicine, 13, 651-657.

Chiesa, A., Calati, R., Serretti, A. (2011). Does mindfulness training improve cognitive abilities? A systematic review of neuropsychological findings. Clinical Psychology Review, 31, 449-464.

Colman, Andrew M. (2001). "metacognition". A Dictionary of Psychology. Oxford Paperback Reference (4 ed.). Oxford: Oxford University Press (published 2015). p. 456. ISBN 9780199657681. Retrieved 17 May 2017. Writings on metacognition can be traced back at least as far as De Anima and the Parva Naturalia of the Greek philosopher Aristotle (384-322 BC).

Colzato L. S., Ozturk A., & Hommel B. (2012). Meditate to create: the impact of focused-attention and open-monitoring training on convergent and divergent thinking, Frontiers in. Psychology 3: 116. doi: 10.3389/fpsyg.2012.00116

Colzato L. S., Szapora A., Lippelt D., & Hommel B. (2017). Prior Meditation Practice Modulates Performance and Strategy Use in Convergent- and Divergent-Thinking

Problems, Mindfulness, 8, 10-16.

Condon, P., Desbordes, G., Miller, W. B., and Desteno, D. (2013). Meditation increases compassionate responses to suffering. Psychol. Sci. 24, 2125-2127. doi: 10.1177/0956797613485603

Crawley, R. (2015). Trait mindfulness and autobiographical memory specificity. Cognitive Processing, 16, 79-86. PubMed Article Google Scholar

Demetriou, A., Efklides, A., & Platsidou, M. (1993). The architecture and dynamics of developing mind: Experiential structuralism as a frame for unifying cognitive developmental theories. Monographs of the Society for Research in Child Development, 58, Serial Number 234.

Demetriou, A.; Kazi, S. (2006). "Self-awareness in g (with processing efficiency and reasoning)". Intelligence. 34 (3): 297-317. doi:10.1016/j.intell.2005.10.002.

Dunlosky, J. & Bjork, R. A. (2008)(Eds.). Handbook of Metamemory and Memory. Psychology Press: New York.

Fehr, E., and Camerer, C. F. (2007). Social neuroeconomics: the neural circuitry of social preferences. Trends Cogn. Sci. 11, 419-427. doi: 10.1016/j.tics.2007.09.002

Fernandez, A. C., Wood, M. D., Stein, L., and Rossi, J. S. (2010). Measuring mindfulness and examining its relationship with alcohol use and negative consequences. Psychol. Addict. Behav. 24, 608. doi: 10.1037/a0021742

Flavell, J. H. (1979). "Metacognition and cognitive monitoring. A new area of cognitive-development inquiry". American Psychologist. 34 (10): 906-911. doi:10.1037/0003-066X.34.10.906.

Flook, L., Smalley, S. L., Kitil, M. J., Galla, B. M., Kaiser-Greenland, S., Locke, J., & Kasari, C. (2010). Effects of mindful awareness practices on executive functions in elementary school children. Journal of Applied School Psychology, 26(1), 70-95.

Gallant, S. N. (2016). Mindfulness meditation and executive functioning: breaking down the benefit. Consciousness and Cognition, 40, 116-130. PubMed Article Google Scholar

Greenberg, J., Reiner, K., & Meiran, N. (2012). "Mind the trap": mindfulness practice reduces cognitive rigidity. PLoS ONE, 7, e36206. PubMed PubMed Central Article Google Scholar

Hafenbrack, A. C., Kinias, Z., and Barsade, S. G. (2014). Debiasing the mind through meditation: mindfulness and the sunk-cost bias. Psychol. Sci. 25, 369-376. doi: 10.1177/0956797613503853

Hargus, E., Crane, C., Barnhofer, T., & Williams, J. M. (2010). Effects of mindfulness on meta-awareness and specificity of describing prodromal symptoms in suicidal depression.

Emotion, 10, 34-42. PubMed Pubmed Central Article Google Scholar

Heeren, A., Van Broeck, N., & Philippot, P. (2009). The effects of mindfulness on executive processes and autobiographical memory specificity. Behaviour Research and Therapy, 47, 403-409. PubMed Article Google Scholar

Hodgins, H. S., & Adair, K. C., (2010). Attentional processes and meditation. Cosciouness and Cognition, 19(4), 872-878.

Hölzel, B. K., Ott, U., Gard, T., Hempel, H., Weygandt, M., Morgen, K., et al. (2008). Investigation of mindfulness meditation practitioners with voxel-based morphometry. Soc. Cogn. Affect. Neurosci. 3, 55-61. doi: 10.1093/scan/nsm038

Izabela L., Darya L. Z., & Maciej K. (2016). Mind full of ideas: A meta-analysis of the mindfulness-creativity link, Personality and Individual Differences, 93, 22-26.

Jha, A. P., Krompinger, J., & Baime, M. J. (2007). Mindfulness training modifies subsystems of attention. Cognitive, Affective, & Behavioral Neuroscience, 7, 109-119.

Kang, Y., Gray, J. R., and Dovidio, J. F. (2014). The nondiscriminating heart: lovingkindness meditation training decreases implicit intergroup bias. J. Exp. Psychol. Gen. 143, 1306. doi: 10.1037/a0034150

Keng, S.-L., Smoski, M. J., and Robins, C. J. (2011). Effects of mindfulness on psychological health: a review of empirical studies. Clin. Psychol. Rev. 31, 1041-1056. doi: 10.1016/j.cpr.2011.04.006

Kiken, L. G., & Shook, N. J. (2011). Looking up: mindfulness increases positive judgments and reduces negativity bias. Soc. Psychol. Personal. Sci. 2, 425-431. doi: 10.1177/1948550610396585

Kiken, L. G., & Shook, N. J. (2014). Does mindfulness attenuate thoughts emphasizing negativity, but not positivity? J. Res. Pers. 53, 22-30. doi: 10.1016/j.jrp.2014.08.002

Kim, C., Johnson, N. F., Cilles, S. E., & Gold, B. T. (2011). Common and distinct mechanisms of cognitive flexibility in prefrontal cortex. Journal of Neuroscience, 31, 4771-4779. PubMed Pubmed Central Article Google Scholar

Kirk, U., Downar, J., and Montague, P. R. (2011). Interoception drives increased rational decision-making in meditators playing the ultimatum game. Front. Neurosci. 5:49. doi: 10.3389/fnins.2011.00049

Klimecki, O. M., Leiberg, S., Lamm, C., and Singer, T. (2012). Functional neural plasticity and associated changes in positive affect after compassion training. Cereb. Cortex 1552-1561. doi: 10.1093/cercor/bhs142

Kramer, R. S. S., Weger, U. W., & Sharma, D. (2013). The effect of mindfulness meditation on time perception, Consciousness and Cognition, 22, 846-852.

Lakey, C. E., Campbell, W. K., Brown, K. W., and Goodie, A. S. (2007a). Dispositional mindfulness as a predictor of the severity of gambling outcomes. Pers. Individ. Dif. 43, 1698-1710. doi: 10.1016/j.paid.2007.05.007

Lazar, S. W., Bush, G., Gollub, R. L., Fricchione, G. L., Khalsa, G., and Benson, H. (2000). Functional brain mapping of the relaxation response and meditation. Neuroreport 11, 1581-1585. doi: 10.1097/00001756-200005150-00041

Lazar, S. W., Kerr, C. E., Wasserman, R. H., Gray, J. R., Greve, D. N., Treadway, M. T., et al. (2005). Meditation experience is associated with increased cortical thickness. Neuroreport 16, 1893-1897. doi: 10.1097/01.wnr.0000186598.66243.19

Leiberg, S., Klimecki, O., and Singer, T. (2011). Short-term compassion training increases prosocial behavior in a newly developed prosocial game. PLoS ONE 6:e17798. doi: 10.1371/journal.pone.0017798

Lippelt DP, Hommel B, Colzato LS. (2014). "Focused attention, open monitoring and loving kindness meditation: effects on attention, conflict monitoring, and creativity - A review". Frontiers in Psychology, 5, 1083. doi:10.3389/fpsyg.2014.01083. PMC 4171985. PMID 25295025.

Lueke, A., and Gibson, B. (2014). Mindfulness meditation reduces implicit age and race bias the role of reduced automaticity of responding. Soc. Psychol. Personal. Sci. 6, 284-291. doi: 10.1177/1948550614559651

Lutz A, Slagter HA, Dunne JD, Davidson RJ (April 2008). "Attention regulation and monitoring in meditation". Trends in Cognitive Sciences, 12 (4): 163-9. doi:10.1016/j.tics.2008.01.005. PMC 2693206. PMID 18329323.

Maréchal, J. C. (2010). Editor's message: the sunk cost fallacy of deep drilling. Hydrogeol. J. 18, 287-289. doi: 10.1007/s10040-009-0515-2

Matthijs Baas, Barbara Nevicka, Femke S. Ten Velden (2014). Specific Mindfulness Skills Differentially Predict Creative Performance, 40, 9, 1092-1106.

McCall, C., Steinbeis, N., Ricard, M., and Singer, T. (2014). Compassion meditators show less anger, less punishment, and more compensation of victims in response to fairness violations. Front. Behav. Neurosci. 8:424. doi: 10.3389/fnbeh.2014.00424

Metcalfe, J., & Shimamura, A. P. (1994). Metacognition: knowing about knowing. Cambridge, MA: MIT Press.

Miller, E. K., & Cohen, J. D. (2001). An integrative theory of prefrontal cortex function. Annual Review of Neuroscience, 24, 167-202. PubMed Article Google Scholar

Moore, A., & Malinowski, P. (2009). Meditation, mindfulness and cognitive flexibility. Consciousness and Cognition, 18, 176–186.

Mrazek, M. D., Franklin, M. S., Phillips, D. T., Baird, B., & Schooler, J. W. (2013). Mindfulness training improves working memory capacity and GRE performance while reducing mind wandering. Psychological Science, 24, 776-781.

Noone, C., Bunting, B., & Hogan, M. J. (2016). A protocol for a randomised active-controlled trial to evaluate the effects of an online mindfulness intervention on executive control, critical thinking and key thinking dispositions in a university student sample. BMC Psychology, 4, 1-12.

Ostafin, B. D., & Kassman, K. T. (2012). Stepping out of history: mindfulness improves insight problem solving. Consciousness and Cognition, 21, 1031-1036. PubMed Article Google Scholar

Quach, D., Jastrowski, M., & Alexander, K. (2016). A randomized controlled trial examining the effect of mindfulness meditation on working memory capacity in adolescents. Journal of Adolescent Health, 58, 489-496. PubMed Article Google Scholar

Randye J. S. (1 June 2010). "Does Mindfulness Meditation Enhance Attention? A Randomized Controlled Trial". Mindfulness, 1 (2): 121-130. doi:10.1007/s12671-010-0017-2. ISSN 1868-8535.

Reb, J., Narayanan, J., and Su, J. (2010). "Compassionate dictators? The effects of loving-kindness meditation on offers in a dictator game," in Proceedings of the IACM 23rd Annual Conference Paper, Istanbul. doi: 10.2139/ssrn.1612888

Rilling, J. K., and Sanfey, A. G. (2011). The neuroscience of social decision-making. Annu. Rev. Psychol. 62, 23-48. doi: 10.1146/annurev.psych.121208.131647

Rosenstreich, E. (2016). Mindfulness and false-memories: the impact of mindfulness practice on the DRM paradigm. The Journal of Psychology, 150, 58-71. PubMed Article Google Scholar

Ruedy, N. E., & Schweitzer, M. E. (2011). In the moment: the effect of mindfulness on ethical decision making. Journal of Business Ethics, 95, 73-87. Article Google Scholar

Sanfey, A. G. (2007). Social decision-making: insights from game theory and neuroscience. Science 318, 598-602. doi: 10.1126/science.1142996

Schraw, Gregory. (1998). "Promoting general metacognitive awareness". Instructional Science. 26: 113-125. doi:10.1023/A:1003044231033. S2CID 15715418.

Schwartz, S. H. (1977). Normative influences on altruism. Adv. Exp. Soc. Psychol. 10, 221-279. doi: 10.1016/S0065-2601(08)60358-5

Sedlmeier, P., Eberth, J., Schwarz, M., Zimmermann, D., Haarig, F., Jaeger, S., et al. (2012). The psychological effects of meditation: a meta-analysis. Psychol. Bull. 138, 1139-1171. doi: 10.1037/a0028168

Shapiro, S. L., Jazaieri, H., & Goldin, P. R. (2012). Mindfulness-based stress reduction effects on moral reasoning and decision making. Journal of Positive Psychology, 7, 504-515. Article Google Scholar

Slagter, H. A., Lutz, A., Greischar, L. L., Francis, A. D., Nieuwenhuis, S., Davis, J. M. (2007). Mental training affects distribution of limited brain resources. PLoS Biology, 5, e138.

Tang YY, Ma Y, Wang J, Fan Y, Feng S, Lu Q, Yu Q, Sui D, Rothbart MK, Fan M, Posner MI. (October 2007). "Short-term meditation training improves attention and self-regulation". Proceedings of the National Academy of Sciences of the United States of America, 104 (43): 17152-6. Bibcode:2007PNAS..10417152T. doi:10.1073/pnas.0707678104. PMC 2040428. PMID 17940025.

Teper, R., Segal, Z., & Inzlicht, M. (2013). Inside the mindful mind: how mindfulness enhances emotion regulation through improvements in executive control. Current Directions in Psychological Science, 22, 449-454. Article Google Scholar

Thompson, Lynn C. (2004). "A Pilot Study of a Yoga and Meditation Intervention for Dementia Caregiver Stress". Journal of Clinical Psychology, 60 (6): 677-687. doi:10.1002/jclp.10259. PMID 15141399.

Tloczynski J, Santucci A, Astor-Stetson E (December 2000). "Perception of visual illusions by novice and longer-term meditators". Perceptual and Motor Skills, 91 (3 Pt 1): 1021-6. doi:10.2466/pms.2000.91.3.1021. PMID 11153836.

Valentine, E. R., & Sweet, P. L. (1999). Meditation and Attention: A Comparison of the Effects of Concentrative and Mindfulness Meditation on Sustained Attention. Mental Health, Religion & Culture, 2, 59-70. https://doi.org/10.1080/13674679908406332

van den Hurk PA, Giommi F, Gielen SC, Speckens AE, Barendregt HP (June 2010). "Greater efficiency in attentional processing related to mindfulness meditation". Quarterly Journal of Experimental Psychology, 63 (6): 1168-80. doi:10.1080/17470210903249365. PMID 20509209.

van Vreeswijk, M. F., & de Wilde, E. J. (2004). Autobiographical memory specificity, psychopathology, depressed mood and the use of the Autobiographical Memory Test: a meta-analysis. Behaviour Research and Therapy, 42, 731-743. PubMed Article Google Scholar

van Vugt, M. K., & Jha, A. P. (2011). Investigating the impact of mindfulness meditation training on working memory: a mathematical modeling approach. Cognitive, Affective, & Behavioral Neuroscience, 11, 344-353. Article Google Scholar

Vestergaard-Poulsen, P., Van Beek, M., Skewes, J., Bjarkam, C. R., Stubberup, M., Bertelsen, J., et al. (2009). Long-term meditation is associated with increased gray matter density in the brain stem. Neuroreport 20, 170-174. doi: 10.1097/WNR.0b013e328320012a

Walsh, Kathleen Marie; Saab, Bechara J; Farb, Norman AS (8 January 2019). "Effects of a Mindfulness Meditation App on Subjective Well-Being: Active Randomized Controlled Trial and Experience Sampling Study". JMIR Mental Health, 6 (1): e10844. doi:10.2196/10844. ISSN 2368-7959. PMC 6329416. PMID 30622094.

Weng, H. Y., Fox, A. S., Shackman, A. J., Stodola, D. E., Caldwell, J. Z., Olson, M. C., et al. (2013). Compassion training alters altruism and neural responses to suffering. Psychol. Sci. 24, 1171-1180. doi: 10.1177/0956797612469537

Wenk-Sormaz, H. (2005). Meditation can reduce habitual responding. Alternative Therapies in Health & Medicine, 11, 42-58.

Westbrook, C., Creswell, J. D., Tabibnia, G., Julson, E., Kober, H., and Tindle, H. A. (2013). Mindful attention reduces neural and self-reported cue-induced craving in smokers. Soc. Cogn. Affect. Neurosci. 8, 73-84. doi: 10.1093/scan/nsr076

Williams, J. M. G., Barnhofer, T., Crane, C., Hermans, D., Raes, F., & Dalgleish, T. (2007). Autobiographical memory specificity and emotional disorder. Psychological Bulletin, 133, 122-148. PubMed PubMed Central Article Google Scholar

Williams, J. M., Teasdale, J. D., Segal, Z. V., & Soulsby, J. (2000). Mindfulness-based cognitive therapy reduces overgeneral autobiographical memory in formerly depressed patients. Journal of Abnormal Psychology, 109, 150-155. PubMed Article Google Scholar

Winters, K. C., Specker, S., and Stinchfield, R. (2002). "Measuring pathological gambling with the diagnostic interview for gambling severity (DIGS)," in The Downside: Problem and Pathological Gambling, eds J. J. Marotta, J. A. Cornelius, and W. R. Eadington (Reno, NV: University of Nevada Press), 143-148.

Wright, Frederick. APERA Conference 2008. 14 April 2009. http://www.apera08.nie.edu. sg/proceedings/4.24.pdfArchived 4 September 2011 at the Wayback Machine

Zeidan, F., Johnson, S. K., Diamond, B. J., David, Z., & Goolkasian, P. (2010). Mindfulness meditation improves cognition: evidence of brief mental training. Consciousness and Cognition, 19, 597-605. PubMed Article Google Scholar

Zgierska, A., Rabago, D., Chawla, N., Kushner, K., Koehler, R., and Marlatt, A. (2009). Mindfulness meditation for substance use disorders: a systematic review. Subst. Abus. 30, 266-294. doi: 10.1080/08897070903250019

3-4장

김창환, 박중규(2019). 청소년 대상 단기 호흡명상 훈련의 성과 -인지적 정서조절과 공감적 관심, 자각의 개선. 재활심리연구, 26, 2, 93-108.

윤병수(2012). 한국형 마음챙김 명상에 기반한 스트레스 감소 프로그램 명상캠프가 학교부적응 중학생의 정서에 미치는 영향. 스트레스 연구, 20, 3, 229-236.

이승희, 조민아(2019). 마음챙김 명상 집단상담 프로그램 사례연구: 중학교 여학생의 스트레스 반응, 정서조절능력에 미치는 영향을 중심으로. 상담학연구 사례 및 실제, 4, 1, 23-46.

이정호, 김영미, 최영민(1999). 명상이 정서 상태에 미치는 효과. 신경정신과학, 38, 3, 491-500.

이혜원, 김정호, 김미리혜(2019). 놀이마음챙김 명상 프로그램이 ADHD 아동의 주 증상 및 정서 인식능력에 미치는 효과. 한국심리학회지: 건강, 24(2), 331-344.

장문선, 윤병수, 이유경(2013). K-MBSR 프로그램이 방어적 자기초점주의 성향 대학생들의 자기 몰입, 정서조절, 심리적 증상 및 마음챙김 수준에 미치는 영향. 한국심리학회지: 건강, 18, 1, 35-34.

장정주, 김정모(2011). 정서자각에 기초한 정서표현훈련이 정서자각, 정서표현의 억제 및 대인관계에 미치는 효과. 한국심리학회지: 상담 및 심리치료, 23(4), 861-884.

하미지, 박영근, 이성근(2013). 마음챙김 명상 프로그램이 알코올 의존 환자의 정서자각에 미치는 효과: 예비연구. 중독정신의학, 17(2), 74-79.

Arch, J. J., & Craske, M. G. (2006). Mechanisms of mindfulness: Emotion regulation following a focused breathing induction. Behavior Research and Therapy, 44, 1849-1858.

Bohlmeijer E., Prenger R., Taal E., & Cuijpersb P. (2010). The effects of mindfulness-based stress reduction therapy on mental health of adults with a chronic medical disease: A meta-analysis. Journal of Psychosomatic Research, 68, 6, 539-544.

Broderick, P. C. (2005). Mindfulness and coping with dysphoric mood: Contrasts with rumination and distraction. Cognitive Therapy and Research, 29, 5, 501-510.

Chambers, R., Lo, B. C. Y., & Allen, N. B. (2008). The impact of intensive mindfulness training on attentional control, cognitive style and affect. Cognitive Therapy & Research, 32, 303-322.

Ding, X., Tang, Y. Y., Tang, R. & Posner, M. I. (2014). Improving creativity performance by short-term meditation. Behavoral and Brain Functions. 10, 9.

Feldman, G., Hayes, A., Kumar, S., Greeson, J., & Laurenceau, J. P. (2007). Mindfulness and emotion regulation: The development and initial validation of the cognitive and affective mindfulness scale-revised (CAMS-R). Journal of Psychopathology and Behavioral Assessment, 29, 177-190.

Fredrickson, B. L., Cohn, M. A., Coffey, K. A., Pek, J., & Finkel, S. M. (2008). Open hearts build lives: positive emotions, induced through loving-kindness meditation, build consequential personal resources. Journal of Personality and Social Psychology, 95, 1045-1062. doi:10.1037/a0013262.

Galante, J., Galante, I., Bekkers, M.-J., & Gallacher, J. (2014). Effect of kindness-based meditation on health and well-being: a systematic review and meta-analysis. Journal of Consulting and Clinical Psychology, 82, 1101-1114. doi:10.1037/a0037249.

Goleman, D. J. & Schwartz, G. E. (1976). Meditation as an intervention in stress reactivity. Journal of Consulting and Clinical Psychology, 44(3), 456-466.

Gotink, R. A., Chu, P., Busschbach, J. J. V., Benson, H., Fricchione, G. L., & Hunink, M. G. M. (2015). Standardised mindfulness-based interventions in healthcare: an overview of systematic reviews and meta-analyses of RCTs. PloS One, 10, e0124344. doi:10.1371/journal.pone.0124344.

Hoffman, S. G., Sawyer, A. T., Witt, A., A., & Oh, D. (2010). The Mindfulness-Based Therapy on anxiety and depression: A meta-analytic review. Journal of Counseling and Clinical Psychology, 78, 2, 169-183.

Hofmann, S. G., & Asmundson, G. J. G. (2008). Acceptance and mindfulness-based therapy: New wave or old hat. Clinical Psychology Review, 28, 1, 1–16.

Hölzel, B. K., Lazar, S. K., Gard, T., Schuman-Oliver, Z., Vago, D. R., & Ott U. (2011). How does mindfulness meditation work? Proposing mechanisms of action from a conceptual and neural perspective. Perspectives on Psychological Science. 6, 537-559.

Hutcherson, C. A., Seppala, E. M., & Gross, J. J. (2008). Loving-kindness meditation increases social connectedness. Emotion, 8, 720-724. doi:10.1037/a0013237.

Jain, S., Shapiro, S.L., Swanick, S., Roesch, S. C., Mills, P. J., Bell, I., & Schwartz, G. E. (2007). A randomized controlled trial of mindfulness meditation versus relaxation training: Effects on distress, positive states of mind, rumination, and distraction. Annals of Behavioral Medicine, 33, 11-21.

Jazaieri, H., Jinpa, G. T., McGonigal, K., Rosenberg, E. L., Finkelstein, J., Simon-Thomas, E., et al. (2013). Enhancing compassion: a randomized controlled trial of a compassion cultivation training program. Journal of Happiness Studies, 14, 1113-1126. doi:10.1007/s10902-012-9373-z.

Jha, A. P., Stanley, E. A., Kiyonaga, A., Wong, L., & Gelfand, L. (2010). Examining the protective effects of mindfulness training on working memory capacity and affective experience. Emotion, 10, 54–64.

Khoury, B., Lecomte, T., Fortin, G., Masse, M., Therien, P., Bouchard, V., et al. (2013). Mindfulness-based therapy: a comprehensive meta-analysis. Clinical Psychology Review, 33, 763-771. doi:10.1016/j.cpr.2013.05.005.

Klimecki, O. M., Leiberg, S., Lamm, C., & Singer, T. (2012). Functional neural plasticity and associated changes in positive affect after compassion training. Cerebral Cortex, 23, 1552-1561. doi:10.1093/cercor/bhs142.

Leiberg, S., Klimecki, O., & Singer, T. (2011). Short-term compassion training increases prosocial behavior in a newly developed prosocial game. PloS One, 6, e17798. doi:10.1371/journal.pone.0017798.

Nielsen, L., & Kaszniak, A. W. (2006). Awareness of subtle emotional feelings: A comparison of long-term meditators and nonmeditators. Emotion, 6(3), 392-405. https://doi.org/10.1037/1528-3542.6.3.392

Ortner, C. N. M., Kilner, S. J., & Zelazo, P. D. (2007). Mindfulness meditation and reduced emotional interference on a cognitive task. Motivation and Emotion, 31, 271-283.

Robins, C. J., Keng, S. L, Ekblad, A. G. & Brantley, J. G. (2012). Effects of mindfulness-based stress reduction on emotional experience and expression: a randomized controlled trial. Journal of Clinical Psychology. 68, 117-131.

Sedlmeier, P., Eberth, J., Schwarz, M., Zimmermann, D., Haarig, F., Jaeger, S., & Kunze, S. (2012). The Psychological Effects of Meditation: A Meta-Analysis. Psychological Bulletin, 138, 6, 1139-1171.

Tang, Y. Y., Ma, Y., Wang, J. H., Fan, X., Feng, S., Lu, Q., Yu, Q., Sui, D., Rothbart, M. K., Fan, M., & Posner, M. I. (2007). Short-term meditation training improves attention and self-regulation. Proc. Natl Acad. Sci. USA 104(43), 17152-17156.

Weng, H. Y., Fox, A. S., Shackman, A. J., Stodola, D. E., Caldwell, J. Z., Olson, M. C., et al. (2013). Compassion training alters altruism and neural responses to suffering. Psychological Science, 24, 1171-1180. doi:10.1177/0956797612469537.

Zeng, X., Chiu, C. P. K., Wang, R., Oei, T. P. S., & Leung, F. Y. K. (2015). The effect of loving-kindness meditation on positive emotions: a meta-analytic review. Frontiers in Psychology, 6, 1693. doi:10.3389/fpsyg.2015.01693.

명상의
적용

4장

스트레스와 명상

정선용 (강동경희대학교 한방병원 한방신경정신과 과장/ lovepwr@khu.ac.kr)
김종우 (경희대학교 한의과대학 교수/ aromaqi@naver.com)

1 스트레스의 정의 및 관점

스트레스는 우리가 살아가는 시대에서 병의 원인이나 악화 요인으로 가장 자주 등장하는 단어일 것이다. 생활에서 일어나는 외부 사건과 요구들에 대해서 우리의 반응이 맞물릴 때 스트레스가 발생한다. 따라서 스트레스는 반응의 측면과 자극의 측면으로 구분할 수 있다(이민규, 2014).

1) 반응으로서의 스트레스

반응 면에서 스트레스를 정의한 한스 셀리에(János Hugo Bruno Hans Selye CC)(1936)는 새로운 자극이 나타날 때 이에 대응하려는 신체의 반응을 연구했으며, 유기체가 일반적으로 보이는 공통된 반응을 일반적 적응증후군(General Adaptation Syndrome, GAS)이라 불렀다. 이 증후군은 스트레스 자극이 어떠한지와는 관계없이 비특이적으로 나타나는 반응으로 일련의 순서를 거쳐 일어나며, 이 증후군이 장시간 지속될 경우 고질적인 질병으로 이어질 뿐만 아니라 심할 경우에는 사망에 이른다.

2) 자극으로서의 스트레스

스트레스를 일종의 자극으로 파악한 리처드 라자루스(Richard S. Lazarus)와 주디스 블랙필드 코헨(Judith Blackfield Cohen)(1977)은 자극으로서의 스트레스를 세 가지 유형으로 나누었다. ① 천재지변, 전쟁, 대형 사고, 투옥, 기상이변처럼 누구도 통제할 수 없는 사건 ② 삶에서 대부분의 사람이 겪는 생활상의 중대한 변화로 자식이나 배우자의 죽음, 생명을 위협하는 질병, 직장에서의 해고, 이혼, 출산, 강간, 파산 등과 같이 매우 위협적인 부정적 생활 경험 ③ 일상의 자질구레한 골칫거리로서 거주지 변화, 가족과의 불화, 인간관계의 위기, 학교나 직장에서의 따돌림 등이 여기에 속한다.

3) 생활 사건으로서의 스트레스

1950년대 후반과 1960년대 초반에 걸쳐서 개발된 토마스 홈스(Thomas Holmes)와 리처드 라헤(Richard Rahe)(1967)의 '사회 재적응 평가 척도(Social Readjustment Rating Scale, SRRS)'는 사람들이 사는 동안 흔히 접할 수 있는 스트레스를 나열해서 목록을 만들었는데, 여기에는 가장 심한 것부터 약한 것까지 43개의 생활 사건이 기록되어 있다. 각 사건에는 수치가 할당되었으며, 배우자의 죽음에는 가장 높은 수치인 100점이, 사소한 법규 위반에는 가장 낮은 수치 11이 부여되었다. 응답자들은 최근 6개월에서 24개월 이내에 경험한 항목을 체크한 후, 각 항목의 숫자를 합산해서 총점을 구한다. 이 총점이 현재 그 사람의 스트레스 점수가 되는 것이다. 이 중 상위 10개의 스트레스 사건을 열거하면 배우자의 죽음(100), 이혼(73), 별거(65), 투옥(63), 가까운 가족의 죽음(63), 개인적인 상해나 질병(53), 결혼(50), 직장에서의 해고(47), 심한 부부싸움 후 화해(45), 은퇴(45)의 순이다. SRRS 점수가 300점이 넘으면 임계 점수를 넘어서 질병에 걸릴 확률이 높다. 이는 스트레스와 질병의 연관성을 보여준다.

4) 스트레스에 대한 다차원적 관점

스트레스를 단순히 자극과 반응의 차원에서 보는 것에서 벗어나 리처드 라자루스와 수잔 포크만(Susan Folkman)(1984)은 사회적, 심리적, 생리적 요소의 상호관계 속에서 스트레스가 발생한다고 보았다. 개인의 항상성에 위협이 되는 자극의 정도는 위협에 대한 개인의 인지적 평가, 즉 그것을 얼마나 위협적이라고 평가하는가에 달려 있다. 이때 개인의 환경적, 물질적, 대인관계적, 심리적 자원이 큰 영향을 미치는데, 자신이 스트레스에 대처할 역량이 충분하다고 판단되면 스트레스가 오히려 흥분을 유발하는 자극이 될 수 있다. 즉 그 사람이 환경 자극을 해석하는 방식과 대처 자원의 유무가 스트레스 여부에 영향을 준다. 어떤 사건이 바람직한지 아니면 위협적인지를 평가하는 자극 자체에 대한 평가를 일차적인 평가(primary appraisal)라고 하고, 그 사건에 대한 대처 대안과 대처 자원이 얼마나 많다고 생각하는지에 대한 평가를 이차적인 평가(secondary appraisal)라고 한다. 보통 이런 두 가지 평가에 기초해서 개인이 현재 스트레스를 겪고 있는지의 유무가 결정되며 그 정도 또한 달라진다.

2　스트레스 반응

1) 생리적 반응

(1) 투쟁 - 도피 반응 (그림 4-1)

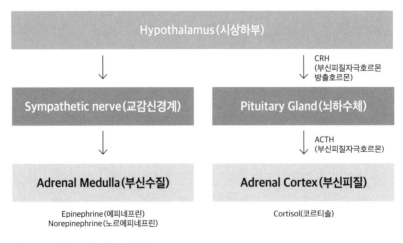

그림 4-1: 스트레스로 인한 생리적 반응

위협이 닥쳐오면 뇌는 일련의 반응을 보이는데, 뇌에 입력된 스트레스 인자는 우선 전전두엽을 통해 변연계의 시상하부를 자극한다. 시상하부 실방핵(paraventricular nucleus)에서 분비되는 부신피질자극호르몬방출호르몬(Corticotropin-Releasing Hormone, CRH)은 시상하부 가까이에 위치한 뇌하수체를 자극하여 부신피질자극호르몬(AdrenoCorticoTropic Hormone, ACTH)이 방출되도록 유도한다. 방출된 ACTH는 혈류를 따라 이동하여 신장 바로 위에 위치한 부신을 자극하고, ACTH의 자극을 받은 부신피질은 알도스테론, 코르티솔, 성호르몬(프로게스테론, 에스트로겐, 테스토스테론)을 분비한다(장현갑, 2010). 코르티솔은 근육이 사용할 에너지의 생성을 위해 혈당을 높이는 역할을 담당한다. 이런 일련의 반응을 시상하부 - 뇌하수체 - 부신피질(HPA) 축의 연쇄반응이라고 한다(Schacter, Gilbert, & Wegner, 2011). 또 다른 축으로 시상하부에서 교감신경계를 통해 부신수질을 자극하여 에피네프린과 노르에피네프린을 분비하는 축이 있는데, 에피네프린과 노르에피네프린은 심장박동, 혈압, 호흡률을 높인다. 앞의 그림 4-1에서 이를 도식으로 표현했다. HPA축의 활성화는 유기체로 하여금 위해를 가하는 사건이나 공격에 대항해서 적극적으로 싸우거나 도망가는 반응을 하도록 돕는다.

HPA축의 활성화 반응을 제1회로라고 한다면, 이후이 연구는 스트레스가 제2회로를 통해 면역계에 영향을 미친다는 사실도 밝혀주었다(변광호, 장현갑, 2005). 뇌에 입력된 자극을 불안이나 긴장으로 인식하면 중뇌와 연수 사이 교(pons)에 있는 청반(Locus Ceruleus, LC)에서 노르에피네프린이 직접 생성된다. 이로 말미암아 몸에 감염이 생기거나 스트레스성 반응이 일어나면 면역세포에서 세포들끼리의 정보를 교환할 수 있는 사이토카인이라는 화학물질이 생성된다. 사이토카인은 뇌에 신호를 보내어서 발열, 피로감, 식욕감퇴, 통증, 민감성 등 면역반응을 야기하는데, 부신피질에서 분비되는 당질코르티코이드(glucocorticoid, GC)는 흉선에서 새로운 림프구가 생기는 것을 방해하여 면역반응을 억제한다(Sapolsky, 2008).

(2) 일반적 적응증후군

해로운 상황으로부터 유기체가 자신을 방어하려는 매우 보편적이고 일반적인 반응을 일반적 적응증후군(GAS)이라 부른다고 앞에서 언급했다. 셀리에는 이 증후군이 일어나는 과정을 다음과 같이 세 단계로 구분한다(Brannon, & Feist, 2008).

① 경고 단계: 경고가 일어나는 동안에는 주로 교감신경계가 활성화되어 '투쟁 - 도피 반응'을 준비하며 신체는 에너지를 극대화한다. 부신수질에서 방출된 에피네프린의 영향으로 심장박동과 혈압이 증가되고 호흡이 빨라지며 내장기관과 근육에 충분한 혈액이 공급되는데, 이러한 일련의 반응은 적극적으로 방어할 수 있도록 유기체를 돕는다. 이와 더불어 땀샘이 활성화되고 말초혈관이 수축되며 동공이 확장되는 반면 위장의 활동은 감소한다. 단기간 지속되는 이런 방어반응은 스트레스에 대한 적응적 가치를 갖지만, 스트레스가 계속 이

어질 경우에는 유기체에게 해로운 만성적 반응으로 진행된다.

② 저항 단계: 이 시기에 접어들면 유기체는 스트레스 자극에 적응하기 시작한다. 경고 단계에서 나타났던 반응들이 사라지면서 겉보기에는 정상으로 되돌아간 듯이 보인다. 그러나 내부적으로는 신경 및 호르몬의 변화가 지속되는데, 셀리에는 이 단계에서 유기체가 지불하는 대가를 '적응의 질병(disease of adaptation)'이라고 불렀다. 적절한 조치가 없는 상태에서 이 단계가 계속되면 만성적인 스트레스로 변한다.

③ 소진 단계: 지속적인 저항의 결과로 유기체의 생리적 자원이 고갈되어 질병이 본격적으로 나타나기 시작하는 시기다. 즉 저항할 수 있는 능력이 고갈되어 부교감신경계의 기능이 지나치게 낮아짐으로써 신체의 모든 기능이 급격하게 떨어진다. 이때 흔히 생기는 질병으로는 위궤양, 궤양성 대장염, 고혈압, 심혈관질환, 갑상선 기능항진, 기관지 천식 등이 있으며 우울증도 종종 수반되는데 심하면 사망에 이를 수도 있다.

(3) 얼어붙기 반응

'다중미주신경 이론(polyvagal theory)'을 제안한 스티브 포지스 (Stephen W. Porges)(1994)는 미주신경 체계는 계통 발생적으로 볼 때 두 개의 독립된 시스템으로 구성되어 있다고 했다. 두 시스템 중에서 파충류에서 볼 수 있는 보다 원시적인 체계는 얼어붙기 반응을 관장하고, 진화상 더 최근에 형성된 체계는 사회적 의사소통과 자기 위로 행동을 담당한다고 했다. 이 이론에 따르면 더 진화한 체계가 적응에 실패하면 얼어붙기 반응을 일으키는 더 원시적인 회로가 활성화된다. 스티븐 포지스의 이론은 얼어붙기 반응이 일어나는 뇌신경학적 근거를 마련했다는 점에서 그 의미가 크며, 트라우마에 대한 이해를 높이는 데 기여했다는 평가를 받는다.

피터 레빈(Peter A. Levine)(1997)은 생명의 위협을 느끼는 공포에 직면했을 때 투쟁 - 도피 반응 이외에 '얼어붙기(freezing)' 또는 '부동(immobilization)' 반응이 나타난다고 했다. 얼어붙기 반응은 야생동물에게서 흔히 볼 수 있는 반응이지만, 인간에게도 이런 반응이 나타남을 알게 된 것은 본격적으로 트라우마 연구를 진행한 결과였다. 피터 레빈은 트라우마가 다음과 같이 매우 생리적인 현상임을 강조했다.

"인간의 트라우마 증상을 치유하는 핵심 열쇠는 생리작용에 있다. 도망갈 수 없다고 감지하거나 압도적인 공포에 직면했을 때, 인간과 동물은 모두 부동 반응을 보인다. 이 기능을 제대로 이해하기 위해서는 이 반응이 무의식적이고 반사적으로 일어난다는 점을 알아야 한다. 인간의 트라우마를 이해하고 치유하는 데 있어 야생동물의 행동 연구가 핵심적이라고 느끼는 이유가 바로 여기에 있다(Levine, 1997)."

생존을 위협하는 상황에서 그 자리에 꼼짝 못하고 얼어붙는 반응이 어떤 진화적 의미가 있을까? 이런 부동 반응에는 생존을 위한 나름의 가치가 있다. 첫째, 죽은 척함으로써 위험한 순간을 모면할 수 있다. 포식자 대부분은 죽은 동물에게 관심을 갖지 않으며, 죽은 척한 상태에서 끌려가는 피식자는 포식자가 방심한 상태에서 도망갈 수 있다는 이점이 있다. 둘째, 얼어붙기 반응 상태로 들어가면 아무런 고통도 느끼지 못하는 상태가 될 수 있다. 즉 공포스러운 상황에서 고통을 줄이는 효과가 있다는 것이다.

2) 심리적 반응

스트레스에 대한 심리적 반응에 중점을 둔 대표적인 연구자로는 라자루스를 들 수 있는데, 그는 스트레스를 일으키는 사건보다 스트레스 사건에 대한 개개인의 해석이 중요함을 강조했다. 스트레스가 개인에게 미치는 영향은 자신의 취약성 및 능력에 대해 그 사람이 어떻게 느끼는가에 달려 있다. 일반적으로는 스트레스로 여겨지는 상황일지라도 사람에 따라 전형적인 스트레스 반응이 거의 나타나지 않을 수도 있다. 옆 러닝머신에서 큰 소리로 통화하고 있는 한 젊은 여성의 예를 들어보자. 그 여성은 "네가 한 게 뭐가 있어?"라는 말을 짜증 섞인 목소리로 열 번 이상 되풀이하고 있었다. 여성의 목소리는 점차 격앙되었고 전화선을 통한 다툼은 한참 동안 이어졌다. 대부분의 경우 이는 신경을 건드리면서 짜증을 유발하지만 어떤 사람에게는 전혀 스트레스로 다가오지 않는다. 친구로부터 홀대받지만 차마 표현을 하지 못하는 여성이라면 그 젊은 여성의 심정에 공감하며 오히려 속 시원하게 느낄 수도 있다. 이 예에서 볼 수 있듯이 라자루스와 포크만(1984)은 스트레스에 대한 평가, 취약성, 대처에 따라 심리적 반응이 달라진다고 했다.

(1) 평가

사람들이 상황을 '평가'하는 방식은 주로 세 가지로 구분된다. 첫째, '일차적 평가'는 시간상으로 최초의 평가를 말한다. 일어난 자극을 스트레스로 평가할 때는 보통 해로움, 위협, 도전으로 지각하기 쉬우며 각각의 평가는 거기에 해당하는 특징적인 정서를 불러일으킨다. 질병이나 부상같이 이미 일어난 손상을 해로움이라고 하고, 위협은 해롭다고 예측되는 상황을, 도전은 어려운 요구를 극복할 수 있는 확신을 말한다(Lazarus, 1993). 사건에 대한 초기 평가를 거치면 사람들은 통제하거나 대처할 수 있는 자신의 능력에 대해 평가하는데 이를 둘째인 '이차적 평가'라고 한다. 이차적 평가에서 사람들은 자신이 이용할 수 있는 선택, 스트레스 감소를 위한 필수적 책략의 성공 가능성, 이런 책략이 스트레스에 효과적일지를 나름대로 평가한다. 마지막으로 '재평가(reappraisal)'가 따르는데 이는 새로운 정보를 접할 때 이전의 평가를 수정하거나 보완하는 것을 말한다.

(2) 취약성

신체적, 사회적, 환경적 결함이 생길 때 우리는 스스로 '취약'하다고 느낀다. 이때 물리적인 결손이나 결함보다는 상황에 대한 지각이나 평가 같은 심리적 요인이 결정적인 요인으로 작용한다. 라자루스와 포크만은 개인적으로 중요하다고 생각하는 상황에서 자원이 부족하다고 느낄 때 우리는 그 상황을 위협적이거나 해롭다고 지각하며, 이때 그 개인의 취약성이 두드러지게 나타난다고 했다. 미하이 칙

센트미하이(Mihaly Csikszentmihalyi)(2010)는 한 개인이 지닌 기술의 수준은 낮고 상황이 주는 도전의 수준은 높을 때 불안, 걱정, 무관심이 생기면서 취약해진다고 했다. 이와는 달리 상황이 주는 도전적 요소가 높으면서도 개인이 보유한 기술 수준이 높으면 최고의 몰입감을 경험한다.

(3) 대처

라자루스와 포크만(1993)은 '대처'를 '개인의 자원에 부담을 주거나 자원을 넘어서는 것으로 평가되는 특정한 외부 혹은 내부 요구를 처리하고자 끊임없이 변화하는 인지적, 행동적 노력들'이라고 했다. 이러한 정의는 대처가 하나의 과정이며 개인의 평가에 따라 달라질 수 있고, 일종의 학습된 반응을 하도록 노력하길 요구한다는 사실을 보여주고 있다. 또한 대처는 상황을 완벽하게 통제하는 것이 아니라 적절하게 관리하는 것을 말한다. 따라서 효율적인 전략을 구사하여 잘 대처할수록 스트레스 정도는 줄어들 수 있다.

3   스트레스 관리와 명상

'스트레스 관리(stress management)'란 인상이 잘 굴러가도록, 만성적인 스트레스 수준을 잘 조절하기 위해 다양한 기법과 심리적 전략들을 활용하여 부정적인 감정을 줄이고 웰빙(심신의 안녕과 행복)을 높이는 것을 말한다. 명상을 포함한 다양한 기법을 사용하여 스트레스를 조절하고 통제하는 훈련을 평소에 성실하게 실천한다면, 위기 상황이 닥쳐도 평정심을 유지한 채 문제를 잘 해결해갈 수 있을 것이다. 이는 개인적인 건강에 그치지 않고 공동체의 건강과 행복에도 기여한다. 스트레스 관리 방법들과 이에 대한 명상의 적용을 살펴보자.

1) 스트레스 관리

(1) 통제감

우리는 상황이 아무리 위협적이어도 그 상황을 통제할 수 있다고 느낄 때면 스트레스를 일종의 도전으로 받아들일 수 있다. 자신의 삶을 스스로 통제할 수 있다고 믿는 사람들은, 자신의 결정이 삶에 아무런 영향을 미치지 못하고 환경적 요인이 자신의 삶을 좌우하거나 운이나 운명에 의해 삶이 전개된다고 믿는 사람들보다 스트레스 수준이 낮다. 다시 말해서 외부적 통제에 의존하는 사람들은 자기 효능감이 낮아서 정신적 스트레스를 더 많이 받으며 이는 질병에 걸릴 가능성을 높인다(Roddenberry, & Renk, 2010). 즉 자신의 건강한 습관이 삶의 질을 높이며 행복을 가져온다고 믿는 사람은 스트레스로 점철된 삶을 긍정적인 태도로 받아들이고, 적극적인 행동을 통해 스트레스로부터 쉽게 벗어날 수 있다. 같은 맥락에서 스티븐 헤이즈(Stephen C. Hayes) 등(2005)은 ACT 모델에서 스트레스를 회피하지 말고 있는 그대로 수용하면서 자신이 세운 가치 서열에 따라서 행동에 전념할 것을 강조했다.

(2) 사회적 지지

절친한 친구와 가족들로부터 인정받고 격려받는 사람들은 훨씬 더 건강하다. 이것을 사회적 지지(social support)라고 한다. 다니엘 쉑터(Daniel L. Schacter), 다니엘 길버트(Daniel T. Gilbert), 다니엘 웨그너(Daniel M. Wegner)(2011)는 사회적 지지를 통해 도움받을 수 있는 내용을 다음과 같이 정리했다.

① 친밀한 파트너는 운동, 건강한 식생활, 의사의 지시를 따르도록 도와준다.
② 자신이 안고 있는 문제들을 친구나 가족에게 털어놓는 것은 심리치료에 버금가는 효과가 있다.
③ 과제를 공유하고 어려울 때 서로 돕는 것은 작업량을 줄이고 서로의 걱정을 덜어준다.

결혼은 대표적인 사회적 지지 시스템이다. 연구자들은 결혼한 사람들이 독신으로 사는 사람들보다 건강하게 더 오래 산다는 것을 밝히고 있으며, 결혼한 사람들은 두통과 요통을 덜 경험하고, 스트레스를 덜 받으며, 음주와 흡연 같은 유해한 습관에 빠지는 경향이 적으며, 다소 과체중일지라도 전반적으로는 건강하다고 보고했다(Myers, 2009).

(3) 자기 조절

자기 조절 이론(self-regulation theory, SRT)을 제안한 사회심리학

자 로이 바우마이스터(Roy F. Baumeister), 캐슬린 보스(Kathleen D. Vohs)(2007)는 자기 조절에는 네 가지 요소, 즉 바람직한 행동 기준, 그 기준을 충족시키려는 동기, 그 기준을 위반하기에 앞서서 상황과 사고의 모니터링, 의지력이 필요하다고 했다. 폭식 충동을 조절하지 못하는 비만인의 예를 들어보자. 이 사람은 날씬한 몸매를 위해 적게 먹겠다는 다짐을 하면서 자신이 매일 섭취하는 음식의 양을 조절하려고 애쓰지만, 의지력이 부족한 탓에 애써 마음먹은 결심이 오래가지 못해 번번이 다이어트에 실패하고 말았다. 이와는 달리 흡연을 무척이나 즐기는 사람들은 금연할 동기 자체가 부족할 수 있다. 따라서 네 가지 요소가 모두 충족될 경우에만 자기 조절이 가능하다.

브랜든 슈마이켈(Brandon J. Schmeichel), 로이 바우마이스터(2004)는 자기 조절은 약화될 수 있는 힘이라고 했다. 즉 자기 조절력은 일종의 힘이기 때문에 그 힘에는 한계가 있다는 것이다. 실제로 한 영역을 통제하면 다른 영역에서의 행동이 잘 통제되지 않는다. 이 연구자들은 초콜릿 옆에서 야채를 먹게 한 실험 참여자들이 나중에 어려운 과제를 수행했을 때, 자기 통제가 없었던 참여자들에 비해 과제를 더 쉽게 포기한다는 사실을 발견했다. 이런 실험 결과는 행동을 조절하기 위해서는 적합하면서도 현명한 전략이 필요함을 보여준다.

(4) 성격

마이클 샤이어(Michael F. Scheier)와 찰스 카버(Charles S. Carver)(1987)는 스스로의 행동이 미래에 영향을 미칠 때 그 결과가 이로울지 해로울지를 사람들에게 물었다. 낙관적인 사람들은 인간관계가 좋아지고 사회적 지위도 향상되며 역경이 닥쳐와도 잘 헤쳐나갈 수 있을 거라고 대답했다. 연구 결과를 토대로 이들은 선천적 낙관주의(dispositional optimism) 개념을 제안했는데, 이런 특성을 띤 사람들은 건강을 잘 유지할 가능성이 높았다. 또한 낙관적인 사람들은 비교적 단순하며 통제가 가능한 단기간의 스트레스에 대해서 높은 면역력을 보였다.

한편 엄청난 양의 스트레스에도 불구하고 스트레스에 잘 굴복하지 않고 오히려 상황에 잘 대처하면서 비교적 건강을 유지하는 관리자나 실무자의 성격 특성을 연구한 수잔 코바사(Suzanne C. Kobasa)(1979)는 이 집단에게 '심리적 강건함(psychological hardiness)'이라는 명칭을 붙였다. 그녀는 전념(commitment), 통제(control), 도전(challenge)을 스트레스에 저항하는 자원으로 꼽았는데, '전념'이란 호기심과 관심을 가지면서 삶을 적극적으로 살아가는 것을 말한다. '통제'란 자신의 노력이 주변 환경에 영향을 미칠 수 있다는 믿음을 말하며, '도전'이란 삶이 당연히 변화한다고 생각하고 위기를 기회로 해석하는 경향성을 말한다. 심리적으로 강건한 사람들은 이 세 가지 요인이 높게 나타나는 경향이 있다. 허버트 벤슨은 여기에 남을 도와주려는 '친밀감(closeness)'을 추가했다.

2) 명상과 스트레스 조절

자신의 마음을 조절하는 수단으로서 동양의 선비, 성현, 수행자들은 매일매일 명상을 실천해왔다. 40여 년 전부터 서양의 심리학 및 정신건강 분야에서 새로운 치료 수단으로 등장한 마음챙김 명상이 스트레스를 낮추고, 삶의 질을 높이며, 불안과 우울에 효과가 있음은 잘 알려진 사실이다. 하루에 15~30분 동안 꾸준히 명상하면, 혈중 코르티솔 농도가 낮아지고 부교감신경이 활성화되어 건강에 해로운 스트레스 반응을 약화시킬 수 있다. 리처드 데이비슨(Richard J. Davidson)과 그의 동료들(2003)은 수년 동안 명상 수행을 지속해온 불교 승려들의 경우 좌측 전두엽의 활동이 증가함을 보고했는데, 이 부위는 긍정적인 정서와 관련이 있는 뇌 부위다. 이런 연구 결과는 꾸준히 명상을 실천한다면 부지불식간에 빠져들 수 있는 부정적 감정 습관에서 벗어나 안락함, 고요함, 이완 같은 긍정적 정서를 계발할 수 있음을 보여준다.

지난 20여 년 동안 마음챙김 명상이 자기 조절을 높인다는 연구 결과들이 축적되어왔다. 커크 워렌 브라운(Kirk Warren Brown)과 리처드 라이언(Richard M. Ryan)(2003)은 마음챙김을 실천하면 자동적으로 일어나는 무의식적 사고, 생활 습관, 건강하지 않은 행동 패턴에서 벗어날 수 있다고 했다. 샤피로 샤우나(Shapiro L Shauna) 등(2006)은 자기 조절은 피드백 고리로 순환하며, 마음챙김을 훈련하면 피드백 시스템이 향상되어 몸과 마음에 이로움을 준다고 했다. 즉 마음챙김을 통해 의도를 갖고 비판단적 주의를 계발함으로써 건강에 도움이 되는 새로운 연결을 형성하여 질서를 회복하고, 조절 장애로 인한 질환을 피할 수 있다는 것이다. 자기 조절 요소를 구성하는 자기 개념과 자존감은 보통 다양한 상황에서의 자기 평가에 의존한다. 마음챙김 명상을 훈련할 경우, 과거의 왜곡된 자기 평가가 아니라 지금 이 순간에 일어나는 실재를 바탕으로 스스로를 평가함으로써 자기 개념과 자존감 향상에 도움을 줄 수 있다(Segall, 2005). 또한 사회적 명상이라고도 불리는 자애 명상은 심신의 안정과 함께 다른 존재를 수용하고 행복하기를 바라는 자애심과 함께 긍정의 에너지와 본연의 기쁨, 다른 존재와의 연대감 그리고 연민을 통하여 낙관, 사회적 지지 등에 도움을 줄수 있다(정연주, 김영란, 2008).

(1) 생리적 작용

명상이 스트레스를 감소시켜 평화롭고 평온하게 하는 효과는 대부분 무의식적으로 작동되며 호흡을 포함한 신체의 다양한 작용을 조절하는 자율신경계의 조절로부터 나온다. 자율신경계의 큰 두 개의 축은 투쟁 - 도피 반응을 조절하는 교감신경계와 휴식과 소화를 조절하는 부교감신경계다. 부교감신경을 자극하면 불안이 감소되며 이완된다. 여기에 뇌부터 시작하여 배로 주행하는 미주신경에 작용하는 다양한 명상을 사용할 수 있다. 연구에 따르면 다양한 형태의 집중명상은 부교감신경 활성도를 증가시켜 자율신경계의 안정을 가져오며 면역계, 내분비계를 조절하여 신체적 증상을 완화시키는 효과가 있어 스트레스로 인해 발생하는 '소화가 잘 되지 않는다', '머리가 아프다', '목이 간질간질하다', '잠이 오지 않는다'는 등 신체적 증상에도 효과가 있다(Goleman, Davidson, 2017).

(2) 통제, 자기 조절

일상의 변화, 자신의 통제에서 벗어난 외부 사건들은 스트레스가 되어 사람을 불안하게 만든다. 일상의 변화는 미래의 불확실성을 가져오고, 이는 평소 익숙해져 있던 상황에 아무런 고민 없이 빠르게 적용할 수 있었던 조건반사적 반응, 즉 자동화된 반응의 무력화를 의미한다. 스스로 조절할 수 있었던 것들이 점점 자신의 통제에서 벗어난다. 이런 변화로 인하여 미래의 위협을 예측하지 못하는 상황이 발생하면 몸은 자동적으로 예기치 못한 상황에 대비하기 위한 준비 태세에 들어간다. 정신적으로 긴장하게 되며 위협에 대한 준비 혹은 회피 행동을 준비해 과잉 각성하게 되고 육체는 이에 맞춰 근육을 긴장시킨다. 그리고 위협되는 상황이 종료되면 각성 상태를 낮추고 다시 이완하면서 평상시 상태로 돌아간다. 하지만 감당할 수 없을 만큼 큰 자극이 오거나 일정한 시기를 넘어 지속적으로 이런 작용이 계속되면 긴장 상태를 만들며 종국에는 사람을 불안하게 만들고 만성적으로 소모시킨다.

어떤 생각이 나를 긴장하게 만드는가를 알아차리는 것이 중요하다. 인지, 감정, 사고와 신체적 반응의 관계를 알아차리는 것은 곧 생각을 조절함으로써 신체적 반응을 조절할 수 있는 기초 작업이 된다. 정적 명상 등을 통하여 스스로를 편안하게 하는 생각을 반복하여 통제, 자기 조절을 시도해볼 수 있지만, 과긴장 상태가 지나쳐서 다른 생각을 쉽사리 떠올릴 수 없다면 신체적인 편안한 자극에 집중하는 동적 명상들이 도움이 된다. 가볍게 걸어보는 등 생각을 잠시 내려놓을 수 있는 행동을 할 수 있다.

명상을 포함한 대부분의 심신중재법은 감당할 수 없다고 생각되는 스트레스로부터 유발된 과긴장 상태를 풀어내는 것을 전제로 하므로 포괄적인 적용이 가능하며, 특히 이완법으로 분류되는 점진적 근육이완법, 자율훈련법 등을 활용해볼 수 있다.

(3) 연대감, 낙천성

스트레스 상황에서 신경을 날카롭게 유지하고 몸의 에너지를 지속적으로 소모하는 불안, 공포와 같은 긴장 상태는 사람을 탈진 상태에 이르게 하며 환경에 적응할 에너지마저 없애버리고 결국에는 작은 자극에도 대항하지 못하고 항복하는 상태에 이르게 한다. 또한 스트레스로 인한 업무의 능률 저하 또는 유의미한 활동의 중단은 사람의 삶을 무너뜨려 사람을 더욱 슬프게 하거나 우울하게 만들 수 있다. 이러한 상태가 지속될수록 지루함과 외로움이 더 잘 생긴다. 이러한 내적 단절과 함께 고통으로 발생한 일상과의 단절은 우울함, 지루함, 고통에 대처하기 위한 방법인 운동, 종교적 활동, 문화생활과 같은 전략들을 사용하지 못하게 만들어 사람들을 더 우울하고 무기력하게 한다. 결국 우울감을 극복할 수 있는 요소는 각자의 마음에 있는 낙천성이며 주변과의 연대이다. 이를 위해 나와 다른 사람들을 사랑하고 공감할 수 있는 자애와 자비의 마음을 유발해볼 수 있다. 자애·자비명상 같은 방법으로 나와 다른 사람들이 행복하기를 바라는 마음, 나와 다른 사람들이 고통받지 않기를 바라는 마음은 개인이라는 벽을 넘어 주변과 연대할 수 있게 해주고 내재된 긍정성을 이끌어낸다(Segall, 2005).

의료장면에서 명상

정선용 (강동경희대학교 한방병원 한방신경정신과 과장/ lovepwr@khu.ac.kr)
김종우 (경희대학교 한의과대학 교수/ aromaqi@naver.com)

명상은 인간을 건강하게 하고 질병을 극복하는 데 도움이 된다는 점에서 동서양을 막론하고 고대로부터 의학 분야에서 활용되어왔다. 그러다가 서구의 의학이 자연과학의 하나로 범위가 설정되고 과학적 검증과 환원주의(reductionism)에 근거한 것만을 정통 의학 분야로 받아들이면서 명상은 자연스럽게 의학과 멀어지게 되었다. 그렇지만 인간의 고통은 여전히 해결되지 않았고, 몇 가지 측면들은 오히려 소홀히 다뤄지게 되었다. 신체의 급성질환은 자연과학의 발달에 따라 상당 부분 해결되었지만, 지나치게 신체에만 초점을 맞추다 보니 정신 그리고 인간 그 자체에 대한 관심은 줄어들고 질병만 남게 되었다. 급성질환의 해결에만 집중하면서 만성적, 정신적 질환들은 기존의 급성 그리고 신체 질환에 초점을 맞춘 질병관만으로는 설명이 어렵게 되었다. 이에 고통받고 있는 인간에게 중점을 두고 정신과 육체가 서로 영향을 미친다는 관점이 대두되기 시작했고, 스트레스 이론과 육체와 정신의 통합적 접근을 기반으로 하는 심신의학(Mind-Body Medicine)이라는 분야가 의학의 한 축을 형성되게 되었다. 또한 심신의학과 함께 다양한 의학적 접근을 시도하는 보완대체의학과 통합의학이 새로운 의학의 영역으로 자리를 잡아가고 있다.

2014년 1월 미국의학협회지 《내과학(JAMA Internal Medicine)》에 명상의 의학적 효과에 대한 체계적 문헌고찰 연구가 실렸다(Goyal et al., 2014). 주 저자인 존스홉킨스대학교 의과대학의 마다브 고얄(Madhav Goyal) 교수는 인도 농촌에서 낮은 비용으로 건강을 증진시키기 위한 수단으로서, 또한 만성통증과 스트레스를 감소시키기 위한 수단으로서 명상의 효과를 계속 연구했다. 그는 이번 연구에서 47개 임상시험을 리뷰하여 경도 불안과 우울이 있는 3500명의 대상자가 마음챙김 명상을 시행했을 때 플라시보그룹에 비해 불안은 5~10%, 우울 증상은 10~20% 개선됨을 확인했다. 고대 동양의 전통이었던 마음챙김 명상이 환자들의 우울, 불안, 통증을 실제로 감소시킬 수 있다는 것이다. 뇌에 대한 명상의 영향을 측정할 수 있게 되면서, 마음챙김 프로그램이 실제로 더 많은 행복감을 느끼게 하고 정서적 회복력을 높여준다는 것도 밝혀졌으며 이환(罹患) 기간도 줄인다는 것을 보여주었다. 이 연구를 다룬 《타임(TIME)》 기사에서는, 의사들이 명상을 처방하지 않을 이유가 없다(why aren't doctors prescribing it?)고까지 말하고 있다(Jacoba, 2014).

1 신체증상

1) 심혈관계 질환 (관상동맥질환 및 고혈압)

명상을 정기적으로 수련한 사람들은 명상 상태에서 산소소비량이 감소하고 심장박동수가 떨어지며 수면 직전에 증가하는 뇌의 세타파가 증가한다. 미국의 심장내과 전문의였던 허버트 벤슨은 이것을 토대로 연구를 지속하여 명상은 자율신경계를 조절, 특히 부교감신경계를 활성화하여 이완반응을 일으킨다는 것을 밝혔다. 나아가 명상을 건강인, 고혈압 환자, 관상동맥질환 고위험군 환자들에게 적용했다. 그 결과 명상을 시행하면 혈압이 감소하고 협심증으로 인한 통증이 줄어들며 관상동맥 우회 수술의 필요성도 감소한다는 것을 밝혔다(Benson, & Proctor, 1994). 이러한 연구는 추후 많은 의과학자의 연구에서 반복적으로 증명되었다. 명상을 시행한 관상동맥질환 환자들을 장기 추적하여 관찰한 연구에서는 사망률, 심근경색 발생률, 뇌졸중 발생률도 감소시킨다는 것이 밝혀졌다(Robert et al., 2012).

2) 소화기계 질환

전 세계 인구의 7~10%에 영향을 미치는 것으로 알려진 과민성대장증후군은 완하제, 지사제, 진경제 및 항우울제 사용이 표준치료이지만 전체 환자의 50% 미만만 표준치료에 만족하기 때문에 많은 대안이 연구되고 있다(Kearney, & Brown-Chang, 2008). 연구에 따라 다르지만 과민성대장증후군 환자들에게 마음챙김 명상을 적용하면 관련

증상이 23~42% 감소하는 것으로 나타났다(Monique et al., 2014). 그 기전은 다음과 같다. 과민성대장증후군 환자들은 위장관이 팽창되는 느낌에 민감해져 있어 약간의 팽창감에도 쉽게 불안을 느낀다. 또한 불안과 같은 부정적인 정서는 그 자체로 불쾌한 신체 감각이나 통증이 더 크게 느껴지도록 만드는 악순환에 빠진다. 이 과정은 빠르고 자동적으로 일어난다. 마음챙김 명상 훈련은 환자들에게 팽창감이나 통증에 대한 민감성을 줄이고, 부정적인 정서에도 잘 대처하게 만든다. 따라서 과민성대장증후군 증상이 감소할 뿐 아니라 증상에 대한 재앙적인 사고 또한 감소하여 삶의 질이 향상된다. 마음챙김 명상 훈련은 인지, 정서, 신체 감각에 대한 반응의 패턴을 바꾸는 것이기 때문에 그 효과도 최대 60개월까지 이어지는 것으로 나타났다(Gaylord et al., Garland, & Gaylord, 2012).

3) 통증

존 카밧진이 MBSR을 처음 시행했을 때 그 주된 대상 중 하나가 바로 만성통증 환자였다. 만성요통과 섬유근육통, 류마티즘 등 통증 호소가 주를 이루는 만성질환에서 마음챙김 명상을 시행하면 통증이 감소한다. 마음챙김 명상은 기본적으로 수용의 태도를 배우게 한다. 수용을 통해서 통증이 같더라도 그 고통 정도를 감소시킨다. 즉 삶의 질을 향상시키고 통증을 감소시킬 수 있는 여러 행동을 하도록 한다. 다른 한편으로 마음챙김 명상이 통증을 직접 감소시킬 수도 있다. 기전에 대하여는 통증 경로에 대한 연구가 더 필요하겠지만, 통증 환자들을 대상으로 마음챙김 명상을 시행하면 통증이 평균 6.5~49.4% 감소했다(Reiner, Tibi, & Pipsitz, 2013). 또한 고도로 숙련된 선 명상가들은 통증 민감도가 낮았으며(Grant et al., 2010), 심지어 일반인이 명상 훈련을 3일만 수행하여도 전기 자극에 대한 통증을 더 적게 느끼는 것으로 나타났고(Zeidan et al., 2009), 명상 훈련이 심상 안내(guided imagery)와 비교했을 때에도 더 강력하게 냉자극에 대하여 내성을 보였다는 연구(Kingston et al., 2007)는 명상이 단순히 우울감을 줄여서 통증 환자들의 증상을 개선한다고 믿었던 기존의 인식에 비해 한 발짝 더 나아갈 수 있게 해준다.

2 정신 증상

1) 인지기능 개선

명상을 하면 머리가 맑아지고 주의집중력이 향상된다고 보고하는 사람들이 많다. 명상을 시행하면 실제로 기억력과 주의력 등 인지기능 검사 결과가 개선된다. 특히 주의집중력 기르기에 초점이 맞추어진 초기 훈련 단계에서는 선택적 주의, 실행 주의가, 내부 및 외부 자극에 대한 개방적 관찰에 초점이 맞추어진 중기 훈련 단계에서는 비특정 지속적 주의(unfocused sustained attention)가 향상된다.

2) 정신과 질환

정신질환을 명상으로 치료할 수 있는가에 대해서는 아직 논란이 있다. 그러나 체계적 문헌 고찰에 따르면 우울증, 외상 후 스트레스 장애(PTSD), 불안장애, 만성통증, 물질남용, 불면증에 명상이 효과적이고 안전한 치료가 된다고 언급하면서 중등도(Moderate)의 권고 등급으로 권고하고 있으며 대부분 증상을 완화시키고 재발을 막는 데에 도움이 된다. 특히 마음챙김을 기반으로 한 인지치료(MBCT)는 마음챙김 명상 수련과 인지치료를 병행하도록 되어 있는데, 이는 우울증 재발을 방지하는 데에 항우울제만큼 효과적이며 부작용은 더 적어서, 영국 국립보건임상연구원(The National Institute for Health and Care Excellence, NICE)의 임상 진료 지침에서 우울증 재발 방지를 위하여 가장 우선적으로 권고되는 치료다.

3 심신통합 증상

고대에는 서양이나 동양이나 모두 몸과 마음의 복합체로 인간을 인식했고, 치료 과정에서도 몸과 마음을 전체적으로 보려는 경향이 강했다. 그러다가 중세를 지나 르네상스 시대를 거치면서 서양에서는 자연과학이 발달했고, 환원주의에 입각한 의학의 발달과 세균과 항생제의 발견 등을 통해 감염성 질환이나 급성기 질환에 대한 치료법이 발전했다. 그리고 이를 토대로 모든 질병은 기질적인 원인에 의해 발생하는 것으로 보는 견해가 강해졌다. 그러다가 20세기 후반에 들어서 정신분석과 긴급반응, 조건반사 등의 연구를 통해 인간의 심리나 행동을 이해하는 실마리가 마련되면서 심신의학이 탄생하게 되었다. 기존 의학으로는 만성질환을 예방하지 못하고, 정신사회적 요인들이 건강과 질병에 있어서 다양한 변수로 작용한다는 인식이 증가하며, 명백한 기질적 원인이 없는 신체 증상들에 대한 보다 나은 설명이 요구됨에 따라 심신의학은 점차 의학계에서 받아들여지게 되었다 (Kligler, & Lee, 2004). 심신의학은 전환장애나 불안장애 등의 신경증을 대상으로 한 정신과 신체의 상관관계에 대한 연구로 시작되었다. 이후 점차 두통이나 천식, 소화기 궤양성 질환 등이 심리사회적인 요소들과 밀접한 관련이 있다는 것이 밝혀지면서 영역이 확장되다가 최근들어서는 모든 질환에서 정신과 신체를 종합적으로 보고 전인적 의료를 행하는 방향으로 넓혀지고 있다.

1) 심신의학의 정의

심신의학이란 신체적 질병과 정신적 증상이 동시에 나타나거나, 정신적 요인이 신체적 질병의 유발 요인으로 작용하거나, 질병의 악화, 회복의 지연, 재발에 영향을 끼치는 분야를 다루는 의학을 말하는, 즉 정신적 요소들이 신체적 질병에 영향을 끼치는 심인론적, 인과론적 관점의 영역을 말한다. 그러나 그 영역이 점차 넓어져서 최근에는 육체와 정신이 한 연합체라는 관점에서 출발하여 신체적, 심리적, 사회적인 여러 인자의 상호작용을 고려하는 다인자적(polygenic) 관점에서의 전인적 의료 경향을 말하고 있다.

의학의 발전은 르네상스 이후 자연과학이 발달하고 이를 의학에 도입함으로써 신체적 질병의 치료에 비약적인 발전을 이루었으나, 그에 따른 반대급부로 인간은 없어지고 질병만 남는 경향이 심해졌다. 심신의학은 이러한 생물의학적 모델에서 벗어나 환자와 질병, 그와 관련된 생물정신사회적 모델에 근간을 두고 있다. 또한 심신의학은 행동의학이라는 개념도 포함한다. 행동의학이란 '건강과 질환에 대해서 행동의학과 생물의학의 지식과 기술을 발전 통합시키며, 이 지식이나 기술을 예방, 진단, 치료 및 재활에 응용하는 학술적 분야'이다. 기존의 심신의학이 주로 환자의 인격이나 정신적 갈등을 중시하여 이에 대한 통찰을 통해 인격의 성숙을 최종적인 치료 목표로 삼았다고 한다면, 행동의학에서는 반대로 학습이론에 기초를 두고 외적으로 표현되는 구체적인 행동을 중시하여 행동의 변화를 통해 인격이나 정신적 갈등의 해결을 목표로 한다. 치료적 접근 방향은 상반되나 신체적인 표현과 정신적 측면 둘 다의 건강을 목표로 한다는 점에서는 넓은 의미의 심신의학이라고 볼 수 있다.

2) 심신의학의 적용

(1) 정신신체장애

심신의학에서는 의학에서 다루는 대부분의 질환을 다루고 있지만, 정신과 신체가 밀접하게 연관되는 질병을 '정신신체장애'라고 별도로 정의하여 설명하고 있다. 정신신체장애란 정신적인 요소가 질병에 영향을 미치는 장애를 말한다. 신체 증상의 분명한 기질적 원인이 있고, 이러한 신체 증상이 일차적 이득(primary gain) 없이 오히려 불안과 고통을 증가시키며, 자율신경계의 지배를 받는 기관이나 내장 장기에 증상이 나타나고, 정신적인 요소가 질병의 발생에 부분적으로 기여하지만, 내적 갈등이나 정신적 욕구의 상징성은 거의 나타나지 않는다는 특징이 있다.

정신신체장애에서 신체 증상을 일으키는 기질적 원인은 다양한 외부 자극과 신체 변화에 의해 자율신경계, 내분비계, 면역계가 반응을 일으켜 증상을 유발하는 것이라 할 수 있다. 신체는 주위 환경으로부터 자극을 받으면 그 자극에 대한 반응으로 스트레스 반응을 일으키게 되는데, 자율신경계는 시상하부를 거쳐 교감신경이 자극되어 심박수가 빨라지고, 심장박출량이 증가하며, 혈압이 올라가고, 호흡도 빨라지며 불안, 어지러움, 발한, 근육긴장 등의 증상을 유발한다. 이런 증상이 장기간 지속되면 고혈압이나 심장질환을 유발하게 된다. 또한 내분비계와 면역계는 시상하부 - 뇌하수체 - 부신피질(HPA)축을 통해 부신피질에서 코르티솔 분비를 촉진시켜 심박수가 빨라지고, 호흡도 빨라지며, 근육을 긴장시키고, 정신을 또렷하게 하며, 감각기관을 예민하게 하고, 포도당을 뇌로 많이 공급되게 하는데, 장기간 지속되면 식욕 증가와 지방의 축적, 고혈압, 만성피로, 두통, 불면, 면역기능 저하 등의 증상을 일으키게 된다. 이렇듯 외부 자극에 의한 스트레스는 자율신경계, 내분비계, 면역계에 영향을 미쳐 신체적인 증상을 유발하면서 정신적으로도 퇴행하게 되어 스트레스에 취약한 상태를 만든다.

정신신체장애에서 신체 증상을 일으키는 정신적 원인으로는 성격적인 요인과 과거의 경험, 스트레스 대처 전략 등이 복합적으로 작용한다. 대표적인 성격 특징으로는 경쟁적이고 공격성이 두드러지는 것을 꼽아볼 수 있는데, 이러한 성격은 자주 화를 내어 심장을 흥분시켜 관상동맥질환을 일으킬 위험이 높은 것으로 알려져 있다. 대처 전략 면에서 보면 스트레스를 받았을 때 음주나 흡연, 기타 다른 약물을 사용하는 대처 전략을 사용한다든가 폭식하는 행동양식을 보이는 경우에는 신체에 직접 영향을 주어 병을 일으키는 것이 그 예가 되겠다.

정신신체장애의 원인으로 사회문화적 요인도 고려해야 한다. 개인은 사회 속에서 살기 때문에 사회와의 관계에서 여러 스트레스를 받는다. 특히 현대 사회는 고도의 경쟁 사회다. 그에 따라 개개인이 학업, 직업 등에서 받는 스트레스는 이전에 비해 과중해졌고, 주위의 지지기반은 부족해졌다. 이러한 지속적이고 과도한 스트레스와 부족한 지지기반으로 인해 부정적인 감정 상태가 오랜 기간 지속되면 생리적인 변화를 일으켜 질병을 발생시킬 수 있다.

이렇게 정신신체장애의 원인은 기질적, 정신적, 사회문화적 요인을 모두 고려해야 한다. 정신신체장애의 치료에 기질적인 부분만 고려한다면 제대로 치료가 되지 않을 수도 있다. 정신신체장애에서 대표적인 질병으로는 암, 심혈관 장애가 있고, 이런 질환에 대해 정신적인 요인도 고려하는 정신종양학, 심혈관 정신의학 등의 학문이 필요하다고 인식하게 되었고, 이 분야의 치료에서는 명상을 포함한 심신중재법이 중요한 역할을 한다.

(2) 암

암은 한국인 사망 원인 1위인 질환으로, 그 이름이 아무리 익숙 해졌다고 해도 암 진단을 받는다는 것은 그 자체로 큰 트라우마 사건 이 된다. 많은 암 환자들은 암을 진단받는 순간 충격을 받고 암에 걸 렸다는 사실을 부정하다 이내 우울에 빠진다. 암을 치료하는 과정에 서 항암제 복용이나 수술 등을 여러 번 하는 것은 반복적인 스트레스 가 되며 체력과 면역력이 저하된다. 다행히 수술이나 항암치료로 일 차적 문제가 해결되었다고 하더라도 언제 다시 재발할지 모른다는 불 안감을 최소 5년간 또는 그 이상 겪는다. 면역력과 체력의 저하, 우울 과 불안은 오랜 시간 암을 치료하고 관리해나가야 하는 환자들의 예 후에 좋지 않은 영향을 미친다. 따라서 암의 치료와 관리에서 단순히 암세포를 죽이는 것만이 아니라 건강한 몸 상태를 유지하고 거기에 대처해나갈 수 있도록 정신건강을 관리하는 통합치유 패러다임은 이 제 선택이 아닌 필수가 되었다. 이러한 치료 패러다임에 적절하게 활 용되는 것이 심신의학으로, 세계 유수의 대학병원 암센터들은 통합의 학과 심신의학을 전면에 내세우고 있다(김완석, 2016).

임상 현장에서 활용하고 있는 명상 프로그램의 근거는 매우 많 다. MBSR 프로그램은 암 환자의 불안, 우울, 재발에 대한 두려움을 경감시킨다. 또한 피로감을 줄이고 생리적 기능을 활성화하며 건강 정도를 향상시킨다. 그뿐만 아니라 일반 치료를 받는 환자들에 비해 서 삶의 질을 더 좋게 만든다(Sarah, & Manoj, 2016). 한편 유방암 진단 이후 항암치료로 면역력이 저하된 환자에게 MBSR을 시행하게 했더니 활성 T세포와 헬퍼T1세포 · 헬퍼T2세포 비율이 향상되었다. 즉 명상은 항암치료로 저하된 면역력을 더 빠르게 끌어올려 유방암 치료 후의 환자들이 건강한 일상으로 빠르게 회복하고 치료 과정을 더 잘 수행하도록 돕는다(Cecile et al., 2011). 명상으로 암을 치료할 수 있는가 는 아직 유보적이다. 그러나 명상은 암 치료에 따르는 환자의 불안과 스트레스를 잘 다룰 수 있게 해주어 암과 함께 살아가는 동안 삶의 질 을 높여줄 수 있다(Kligler, & Lee, 2004).

4 예방과 명상

명상이 가지고 있는 질환의 예방 효과는 이완반응을 통한 스트 레스 반응 통제와 면역체계 조절, 노화 억제에 있는 것으로 보인다. 면 역계는 세포, 조직, 기관이 짝을 이루어 작동하는, 감염으로부터 몸을 보호하기 위한 복잡한 네트워크 시스템이다. 유전자도 어느 정도의 역할을 수행하지만 쌍둥이 연구가 보여주듯이 면역계는 비유전적 요 인에 더 큰 영향을 받는다. 우리의 면역계가 평생에 걸쳐 세균으로부 터 영향을 받듯이 스트레스, 수면, 식이, 운동과 같은 일상생활 요인들 도 우리의 면역반응 강도에 영향을 미친다. 면역계를 극적으로 좋게 할 수는 없지만 명상은 면역 시스템이 여러 질환으로부터 우리를 보 호해줄 수 있게 면역계가 본래의 역할을 잘 수행하도록 도와줄 수 있 다(Petter et al., 2015).

스트레스는 면역계를 취약하게 만들고 신체의 회복력을 감소시킨다. 여러 돌발 상황들은 우리의 일상을 파괴하며 스트레스 수준을 높인다. 스트레스와 감염의 관계를 파악하기 위해 미국 카네기멜론대학교(Carnegie Mellon University)에서 20년간 진행한 시리즈 연구는 자원자들을 인위적으로 감기 바이러스에 노출시킨 뒤 관찰을 위해 격리시켰다. 연구에서는 자원자들이 일상 속에서 스트레스를 적게 받을수록 감기 증상이 더 적게 발현되는 것이 관찰되었다(Cecile et al., 2011).

미국의 오하이오 주립대학교에서 진행된 또 다른 시리즈 연구에서는 부부간의 갈등이 면역계에 상당한 부담을 주는 것으로 나타났다. 연구자들은 자원자의 팔에 작은 상처를 낸 다음 커플들에게 각각 좋거나 나쁜 주제를 이야기하라고 지시했다. 커플이 싸운 경우가 그렇지 않은 경우보다 회복되는 데 평균 1일 이상 더 걸렸다. 특히 높은 적대감을 표출한 경우 상처가 치유되는 데 2일 이상 더 소요되었다(Tara, 2010).

결론적으로 신체가 스트레스를 덜 받을수록 질병에 더 잘 저항하며 상처를 더 빨리 치유시킨다. 명상을 통한 스트레스 감소는 면역계를 건강하게 유지하는 데 도움을 준다.

또한 마음챙김 명상이 면역계에 주는 효과를 알아보기 위해 20개의 무작위 대조 임상시험(randomized controlled trial, RCT) 1602명에 대한 데이터를 분석한 문헌 고찰(Black, & Slavich, 2016)에서 마음챙김 명상이 면역계 활성과 연관된 바이오마커의 변화와 관련이 있다는 증거가 나왔다. 분석에 의하면 마음챙김 명상이 면역에 일관적인 경향성

(trend-level) 또는 용량 의존적(dosage-dependent) 효과가 있다고 했고 이 효과는 NF-kB(핵인자 카파B)의 전사활동 감소, C-반응성 단백질(CRP)의 혈중농도 감소, 헬퍼T세포(CD4+ T cell)의 증가, 텔로머레이스에 의해 나타난다고 분석했다.

명상은 NF-kB의 전사활동 감소, CRP의 혈중농도 감소, 헬퍼T세포의 증가를 통해 신체에서 일어나는 염증 감소와 면역반응에 대한 조절 능력을 향상시키고 텔로머레이스의 활동성을 증가시킴으로써 노화를 예방하는 것으로 보인다. 만약 명상의 이러한 효과가 확실하고 지속적으로 나타난다면, 조절되지 않거나 과민한 면역 시스템을 가진 개인들에게 병균과 바이러스에 대항하는 면역 시스템의 방어 능력을 강화하고 노화와 관련된 질병으로부터 몸을 보호하여 잠재적으로 건강에 도움을 줄 수 있을 것으로 보인다.

이처럼 명상은 면역력을 향상시키고, 인지기능을 개선시키며, 심혈관계 질환, 소화기계 질환, 정신과 질환의 증상을 경감시키고 건강을 유지시키는 데 일정한 효과가 있었다. 다만 존 카밧진은 명상이 반드시 모든 질병을 낫게 하는 것은 아니며, 명상을 하다 보면 부수적으로 건강과 질병으로부터의 회복이 이루어진다는 것을 강조했다 (Kabat-Zinn, 2005).

심리치료에서 명상

박성현 (서울불교대학원대학교 상담심리학과 부교수/ qchoi@hanmail.net)

마음챙김을 심리치료에 통합하는 방식은 크게 두 가지로 분류된다. 하나는 명시적으로 참여자에게 마음챙김 수련을 가르치는 방식으로 이를 '마음챙김에 근거한 심리치료(mindfulness-based psychotherapy)'라고 부른다. MBSR 외에 마음챙김에 근거한 인지치료(Mindfulness Based Cognitive Therapy, MBCT), 변증법적 행동치료(Dialectical Behavior Therapy, DBT)가 여기에 포함된다. 다른 하나는 마음챙김에 관한 심리학적 발견이나 통찰에 바탕을 둔 이론을 치료에 응용하는 방식으로 이는 '마음챙김 원리를 응용한 심리치료(mindfulness-informed psychotherapy)'로 불린다. 수용전념치료(ACT)가 대표적인 프로그램이다. 이 두 종류의 접근법 모두는 '마음챙김 지향 심리치료(mindfulness-oriented psychotherapy)'에 포함된다(Germer, 2005).

1 마음챙김에 근거한 인지치료(MBCT)

MBCT는 원래 우울증의 재발 방지를 목표로 개발된 프로그램
이다(Segal, Williams, & Teasdale, 2002). 우울증의 높은 유병률(여성 20~25%,
남성 7~12%)의 최대 요인은 높은 재발률이라고 할 만큼 재발 예방은
우울증 치료의 중요한 과제라고 할 수 있다. 연구자들은 우울증 재발
의 특성과 원인 및 기존 치료의 문제점을 다음과 같이 보고하고 있다.

우울증 재발의 특성을 살펴보면, 우울증에서 회복한 사람들의
50%가 이후 적어도 한 번의 우울증을 경험하는데, 특기할 만한 것은
과거 두 번 이상의 우울증 병력이 있는 환자들의 재발률은 70~80%에
달한다는 것이다. 이에 따라 향후 우울증 재발의 가장 신뢰할 만한 예
측 요인은 과거 2회 이상의 우울증을 경험했는가 아닌가가 된다. 이
는 재발성 우울증을 경험하는 우울증에 취약한 사람들은 단발성 우울
증을 경험한 사람들과는 다른 심리적 기제를 가지고 있다는 의미이
다. 연구자들은 재발성 우울증의 특징으로 우울증의 초기 삽화(揷話)
에는 중요한 부정적 사건(가족, 재산, 명예의 상실 등)이 선행하지만, 우울
증 삽화가 많아질수록 스트레스 사건이 차지하는 비중은 점점 줄어든
다는 연구를 제시한다. 이 연구에 따르면 기존의 반복적인 우울증 삽
화는 새로운 우울증 삽화의 시작과 관련된 심리적 과정을 보다 자동
적으로 만들어준다고 한다.

티스데일(Teasdale), 시걸(Segal)과 윌리엄스(Willams)(1995)는 이와
같이 우울증에 취약한 사람들의 특징을 '차별적 활성화 가설'을 통해
설명했다. 차별적 활성화 가설은 과거에 우울증을 반복적으로 경험했

던 사람들은 그렇지 않은 사람들과 비교하여 약간만 기분이 저조해도 사고 패턴의 급격한 변화(전반적이면서 부정적인 자기 판단)를 보인다는 것이다. 이와 같이 재활성화된 부정적 사고는 저조한 기분을 유지하고 강화하게 된다. 연구자들은 사소한 기분 변화에도 부정적인 사고가 크게 증가하는 경향성을 '인지적 반응성'으로 칭했다. 연구자들은 인지적 반응성을 일으키는 인지적인 반응 양식을 '반추적 반응 양식(Nolen-Hoeksma, 1991)'으로 보았다. 반추적 반응 양식을 가진 사람들은 기분이 저조할 때 자기 자신에 대해 끊임없이 주의를 기울이고 왜 자신이 이런 경험을 하는가를 생각하여 오히려 지속적이고 강렬한 우울 기분을 유발한다. 이러한 논리에 따르면, 우울증 재발을 예방하기 위해서는 인지적 반응성을 우선적으로 다루어야 한다.

우울증의 최우선 치료법이라고 할 수 있는 항우울제 요법은 복용 시에는 우울한 기분의 감소 등 효과가 나타나나 복용 중단 시 재발률(50~78%)이 높으며, 항우울제에 대해 부작용이 있거나 임산부와 같이 복용이 어려운 대상이 존재하는 등의 문제점을 가지고 있다. 이에 비해 인지치료는 약물치료에 비해 재발률이 낮으며(20~36%), 부작용이나 이용이 불가능한 대상 또한 약물치료에 비해 적다. 이러한 이유로 연구자들은 인지치료가 급성 우울증 삽화의 치료뿐 아니라 우울증의 재발 예방법으로서도 유용할 것으로 판단했다.

MBCT 연구자들은 우울증 재발 방지의 핵심적인 과제를 환자들이 저조한 기분에 빠질 때 반추적인 방식으로 기분을 다루려는 경향성, 즉 인지적 반응성을 줄이는 것으로 보았다. 또한 인지치료가 약물치료에 비해 우울증 재발률을 낮추므로 인지치료의 치료 원리를 활용함으로써 우울증 재발 예방 프로그램을 개발할 수 있을 것으로 생각했다.

인지치료의 우울증 인지 모델은 선행 사건에 대한 부정적, 역기능적, 비합리적 사고가 우울증을 일으키고 지속시킨다고 가정한다. 따라서 역기능적인 태도나 신념을 재구조화하는 개입이 치료의 핵심이 된다(그림 4-2 조절 모델). 그러나 앞서 설명했듯이 재발성 우울증은 특별한 선행 사건이 없이 발생하며, 저조한 기분 상태가 촉발 원인이 되는 경우가 많다. 그러므로 부정적인 기분이나 이에 따른 반추적 인지 과정을 조절할 수 있는 방법이 요구된다. 즉 사고의 내용을 바꾸는 것이 아니라 기분이나 사고를 다루는 방식 혹은 관계하는 방식을 바꾸는 것이 초점이 된다. 그림 4-2의 보완적 기술 모델은 인지치료가 상위인지기술(meta-cognitive skills)을 사람들에게 가르침으로써 자신의 부정적

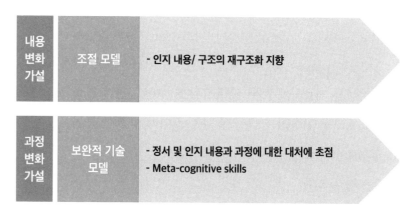

그림 4-2: 우울증 재발 예방에 대한 인지치료 모델

인 정서와 사고에 휩싸이지 않고 우울증 재발에 빠지는 것을 막을 수 있다고 제안한다. 상위인지기술이란 우울증과 관련된 기분이나 사고와 안전한 거리를 두고 더 넓은 관점에서 바라볼 수 있는 역량이라고 할 수 있다(Teasdale, 1999; Teasdale, Williams, Soulsby, Segal, Ridgeway, & Lau, 2000).

연구자들은 기분이나 사고 내용을 바꾸는 것만을 목표로 하지 않고 그것들과의 관계를 변화시키도록 도울 수 있는 방법을 찾기 시작했고, 존 카밧진과의 만남을 통해 마음챙김을 접하게 되었다. 마음챙김은 의도를 갖고 현재 순간에 비판단적으로 주의를 기울이는 훈련이다(Kabat-Zinn, 1990). 연구자들은 MBSR에 참여하면서 마음챙김 훈련이 넓은 관점에서 정신적 내용과의 관계를 변화시킬 수 있는 기술이라는 것을 발견하게 된다. 또한 집단 치료가 가능하여 비용 대비 효과적인 방식이란 장점도 있었다.

우울증 재발 예방 프로그램의 핵심 치료 요인으로서 마음챙김의 가능성을 확인한 연구자들은 MBSR의 기본 틀에 인지치료 요소들을 결합하여 마음챙김에 근거한 인지치료(MBCT)를 개발하기에 이른다. MBCT의 목표는 환자들에게 깊은 수준에서 이해의 변화가 일어나 우울증을 재발하게 하는 생각과 감정, 그리고 신체 감각과의 관계가 근본적으로 변화될 수 있도록 돕는 것이다. 이러한 근본적인 변화는 상위인지적 통찰로 표현된다. 상위인지적 통찰은 다음 그림과 같이 사고와 느낌들을 실제에 대한 반영이 아니라 하나의 정신적 사건으로 인식하는 관점을 가지는 것이며 이러한 관점을 매 순간의 정신

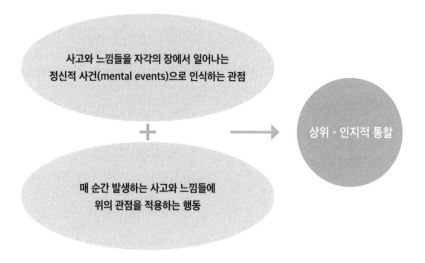

그림 4-3: 상위인지적 통찰

적 내용들에 적용할 수 있는 역량이다. 예를 들어 우울한 기분과 함께 '나는 엉망이다'와 같은 생각이 떠올랐을 때 이것을 사실로 받아들이 는 것이 아니라 자신에게 습관적이고 자동적으로 일어나는 정신적 사 건으로서 관찰할 수 있다면 그 사람은 상위인지적 통찰을 사용하는 것이다(그림 4-3).

　　MBCT에서는 느낌, 정서, 사고와의 관계를 변화시키기 위해 정 신적 내용에 대한 두 가지의 태도를 구분할 것을 강조한다. 행위 양식 (doing mode)과 존재 양식(being mode)이다. 행위 양식은 실제 일어난 상 황과 상황이 어떻게 되기를 바라는 것 또는 어떻게 되어야만 한다고 생각하는 것 사이의 불일치를 감지했을 때의 마음의 태도이다. 행위 양식에서는 불일치를 줄이기 위해 습관적인 마음의 패턴이 가동되며 자동적으로 부정적 감정이 유발된다. 만약 불일치를 줄이기 위해 취해야 할 행동이 분명치 않거나 즉각적으로 실행될 수 없는 경우, 행위 양식에 갇힌 사람들은 불일치에 초점을 두고 불만족감을 반복해서 경험하며 차이를 줄이기 위한 지속적인 모니터와 평가를 하게 된다. 또한 과거나 미래를 분석하는 데 몰두해서 현재 경험에 초점이 맞춰지지 않고 일어나는 생각들은 정신적으로 '실제'처럼 경험된다.

이에 비해 존재 양식은 특정한 목표를 성취하기 위해 동기화되지 않은 마음 상태이다. 존재 양식에서는 실제 상황과 바라는 상황의 불일치를 제거하기 위한 모니터와 평가를 하지 않으며, 경험되는 것을 바꾸려는 압박감을 느끼지 않고, 있는 것을 그대로 '수용'하고 '허용'한다. 존재 양식은 순간순간의 경험을 알아차리고 현재에 충분히 머물게 해주며, 경험을 개념을 통해서가 아니라 직접적이고 즉각적이며 친밀하게 접촉할 수 있게 한다. 존재 양식에서 생각과 감정은 마음속에서 일어나서 알아차림의 대상이 되었다가 사라지는 지나가는 사건으로 인식된다. MBCT에서는 행위 양식과 존재 양식을 '정신적 기어 레버'로 활용한다. 자신이 습관적인 행위 양식에 사로잡혀 있는 것을 알아차렸을 때 정신적 기어를 존재 양식으로 변환함으로써 현재 순간의 경험을 판단하지 않고 마음챙김을 하는 것이다.

MBCT는 8회기 프로그램으로 보디스캔, 좌선, 요가, 걷기 명상 그리고 일상생활에서의 비공식적인 마음챙김 수행 모두를 포함하고 있다. 우울증에 대한 강의와 재발을 예방하기 위한 행동적 계획 그리고 전통적인 인지치료에서 사용하는 기법들(자동적 사고에 대한 탐색

등)도 포함된다. 그러나 전통적인 인지치료와는 달리 부정적이고 자동적인 사고에 대해 더욱 합리적인 사고를 개발하는 것과 같은, 사고를 바꾸려는 시도를 하지 않는다. 대신 사고에 대한 탈중심적인 접근(decentered approach)을 강조한다. MBCT에서는 부정적으로 왜곡된 사고를 합리적으로 교정하는 것보다는 사고라는 것이 단순히 의식의 장에서 벌어지는 정신적 사건일 수 있음을 경험하게 하는 데 더 초점을 둔다. 이러한 생각과 실재 사이의 동일시에서 벗어나게 하는 탈동일시(dis-identification)를 우울증 재발을 방지하는 치료 요인으로 가정한다.

2 수용전념치료(ACT)

ACT는 마음챙김 - 수용 과정과 행동 - 변화 과정을 통합하는 데 초점을 두며, 다양한 범위의 문제와 장애에 적용될 수 있는 포괄적 심리치료 접근 방법이다. 정신병리에 대한 ACT의 중심 개념은 인지적 융합(cognitive fusion)과 경험 회피(experiential avoidance)이다(Hayes, Wilson, Gifford, Follette, & Strosahl, 1996).

ACT는 심리적 건강에 대해 '파괴적인 정상성 가정(assumption of destructive normality)'이라는 독특한 입장을 갖고 있다. 파괴적 정상성이란 인간의 삶에서 "질병이 있는 것이 정상이다(normality is a disease)"라는 의미를 내포하고 있다. 신체적이든 심리적이든 질병과 증상을 비정상으로 가정하는 의학적 모델과 달리 ACT 모델에서는 심리적 고통의 경우 인간 생활에서 보편적이고 정상적이며 때로는 생존에 필수적이라 가정한다. 이러한 가정은 인간에게는 동물과는 달리 괴로움을 피할 수 없게 만드는 파괴적인 심리적 과정이 있음을 암시한다. ACT 에서는 인간만이 가진 독특한 심리적 과정을 언어, 이미지, 개념들을 사용하는 고차적인 상징 활동으로 본다(Hayes, Strosahl, & Wilson, 1999).

우리는 언어를 통해 과거를 회상하고 먼 미래를 상상한다. 기억, 판단, 추론, 분석, 예상 등등. 이 모든 활동은 언어와 개념을 사용한 상징 활동의 일부이다. 인간의 고차적인 상징 능력은 인간을 만물의 영장으로 만들고 찬란한 문명을 건설하는 원동력이 된다. 반면 인간은 이러한 상징 능력으로 인해 다른 동물들이 상상할 수 없는 고통을 당한다. 사자의 발톱을 아슬아슬하게 피해 살아남은 얼룩말을 생각해보자. 죽음을 겨우 피한 얼룩말은 다시 무리로 돌아가 아무 일 없었다는 듯이 평화롭게 풀을 뜯는다. 만약 어떤 사람이 이런 일을 당했다고 생각해보자. 그 사람은 아마도 평생을 트라우마 속에서 고통받을지 모른다. 이것은 인간이 가진 사고 능력 혹은 상징 능력으로 인한 것이다.

ACT의 기본 철학은 '기능적 맥락주의(functional contextualism)'이다. '기능적'이란 어떤 행동이 목표에 부합하는가를 의미한다. 즉 목표에 대한 어떤 행위의 작동성(workability)을 강조한다. ACT에서는 개인의 주관적인 가치(value)를 명료화하고 이를 행위의 목표로 삼는다. 다른 심리치료와 달리 ACT의 치료 목표는 내담자가 자신의 가치를 실현하는 삶에 뛰어드는 '행동'을 실천하는 것이다(그림 4-4).

맥락주의는 특정 행동의 의미는 그 행동을 둘러싼 맥락에 의해 결정된다는 점을 강조한다. ACT는 내담자의 행동을 정신병리와 같

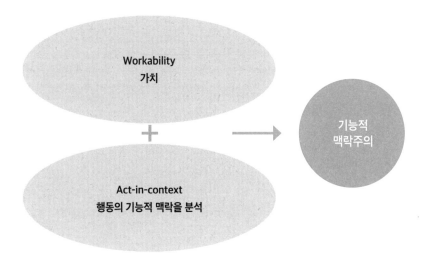

은 기계적 진단으로 평가하는 방식을 문제시한다. 이보다는 특정 행동이 그 사람의 환경이나 역사의 맥락에서 어떻게 형성되었는가를 이해하려고 하며, 또한 현재의 삶의 맥락에서는 어떤 방식으로 기능하고 있는가, 즉 자신의 가치에 효과적인 방식으로 작용하는가 아니면 회피나 방어의 목적으로 사용되고 있는가를 분석한다.

ACT는 인간의 언어 능력을 포함한 상징 능력이 어떻게 고통을 만들어내는가를 설명하는 관계구성틀 이론(relational frame theory)을 제안한다. 그림 4-5와 같이 관계구성틀 이론은 규칙 - 지배 행동(rule-governed Behavior)과 관계적 학습(relational learning)으로 구성된다. 규칙 - 지배 행동이란 사회의 교육이나 주류 문화에 의해 개인에게 내면화된 언어적 규칙을 말한다. "화내는 것은 나쁘다", "여자가 목소리가 크면

안 된다", "성적 충동을 느끼는 것은 죄악이다"와 같은 규칙이 내면화된 경우 이러한 언어적 규칙들이 행동을 지배하게 된다. 규칙 - 지배 행동을 내면화한 사람은 화를 참고, 목소리를 줄이고, 성적 충동을 부인하려 할 것이다.

관계적 학습은 근본적으로 인간이 언어를 학습하는 방식을 보여준다. '양방향성'이란 언어 능력을 통해 특정 사건에 임의적으로 의미를 부여하는 것을 말한다. 인간은 언어 능력을 통해 특정 사건을 비교, 평가, 추론할 수 있다. 예를 들어 엄마에게 거부당한 아이는 자신을 하찮게 버려진 쓰레기와 같다고 추론할 수 있다. 그는 자신감 있는 다른 아이들과 자신을 비교하면서 열등감에 시달리게 될 수도 있다. '가산적'이란 한 번 형성된 언어적 관계(양방향적 관계)는 가산적으로 더해질 뿐 새로운 관계가 이전의 관계를 대체할 수 없다는 뜻이다. 이는 인간이 언어적으로 상징화한 관계가 매우 견고해서 쉽게 다른 방식으로 대체하기 어렵다는 것을 의미한다. 자신에게 반복적으로 찾아오는 습관적이고 자동적인 사고 패턴을 생각해보면 이와 같은 언어의 가산적 특성을 유추해볼 수 있을 것이다. 마지막으로 '자극 기능의 변화'란 언어적으로 구성된 관계를 통해 중립적인 사건이나 단어 또는 이미지가 특정한 감정적 기능을 획득하게 되는 것을 말한다. 예를 들어 어떤 사람이 공중화장실에서 불량배들에게 돈을 빼앗겼다면 원래 중립적이었던 공중화장실을 떠올리는 것만으로 두려움과 분노를 경험하게 될 것이다. 과거의 아픈 기억들을 고려해보면 실제 사건은 이미 지나갔고 우리는 그 사건과 연관된 단어들을 떠올릴 뿐이지만, 그 단어는 그 사건이 일으켰던 부정적 감정을 전달하는 기능을 갖게 된 것이다(그림 4-5).

　관계구성틀 이론은 인간의 언어를 통한 상징 능력이 어떻게 인간의 심리적 고통에 영향을 끼치는지를 원리적으로 보여준다. 이러한 상징 능력이 인간의 고통에 보다 직접적으로 관여하는 것은 인지적 융합과 경험 회피를 통해서이다.

　ACT는 심리적 아픔(psychological pain)과 심리적 고통(psychological suffering)을 구별한다. 삶의 다양한 스트레스 사건을 통해 사람들은 다양한 심리적 아픔을 경험한다. 슬픔, 두려움, 분노, 질투, 우울 등등. 그러나 이러한 심리적 아픔이 곧 정신병리와 같은 심리적 고통을 낳는 것은 아니다. ACT에 따르면 심리적 아픔을 심리적 고통으로 악화시키는 심리적 과정은 인지적 융합과 경험 회피이다.

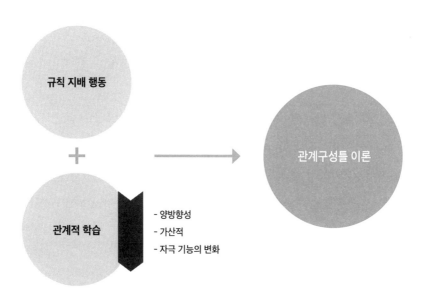

그림 4-5: 관계구성틀 이론

인지적 융합이란 생각이 실제의 경험이나 사실을 압도하는 경향이다. 이는 지금 - 여기의 경험에 의해서가 아니라 언어적으로 형성된 법칙(주로 과거와 미래에 대한 기억이나 걱정)에 의해 사고 과정이 지배된 상태이다. 예를 들어 '나는 쓸모없는 사람이야'라는 생각이 강력하게 융합된 사람의 경우 이런 생각을 자신의 삶 속에서 형성된 하나의 언어로 관찰하기보다는 문자적인 사실로 받아들이고 그에 따라 파괴적인 행동을 초래할 수 있다.

인지적 융합은 내적인 경험에 대한 회피를 불러올 수 있다. ACT에서 말하는 경험 회피란 특정한 사적 경험들(신체 감각, 정서, 사고 등)에 접촉하지 않고 그 형태, 빈도, 발생 상황을 바꾸거나 피하려고 시도하는 현상이다. 인간은 유일하게 자신의 내적경험에서 도망치려는 존재이다. '성적 충동을 느끼는 것은 죄악이다'라는 생각에 융합된 사람은 성적 충동을 억압하려 할 것이다. '나는 버려진 존재다'라는 생각에 융합된 사람은 열등감을 자극하는 사회적 상황을 회피하려 할 것이다.

ACT는 인지적 융합과 경험 회피는 정신병리로 고통받는 사람들의 공통적인 경향이라고 주장한다. 상실로 인한 슬픔(심리적 아픔)을 피하기 위한 반추적인 사고 양식(인지적 융합+경험 회피)을 통해 슬픔이 우울증으로 확산된다. 침투적 사고에 대한 불안(심리적 아픔)은 침투적 사고를 제거하려는 강박적 행동(경험 회피)에 의해 강박장애로 발전한다.

따라서 ACT에서는 생각을 문자적 사실로 믿어버리는 인지적 융합과 심리적 아픔을 통제하려는 경험 회피의 경향을 변화시키는 것을 중요한 치료 과제로 삼는다. 정신병리에 관한 ACT 이론은 그림 4-6의 심리적 경직성 모델로 불린다(그림 4-6).

심리적 경직성 모델에 따르면 정신병리는 인지적 융합과 경험 회피를 포함하여 언어적으로 개념화된 경직된 자기 개념, 현재 경험보다는 언어적으로 형성된 과거의 기억이나 언어적으로 추론한 미래의 걱정에 지배된 상태, 삶의 주관적인 가치의 불명확성과 가치를 실현할 수 있는 구체적인 행동 목록의 부재에 따른 것이 된다. 이러한 여섯 가지 요소들은 상호작용하며 심리적 경직성을 강화하고 삶의 범위를 제한하게 된다.

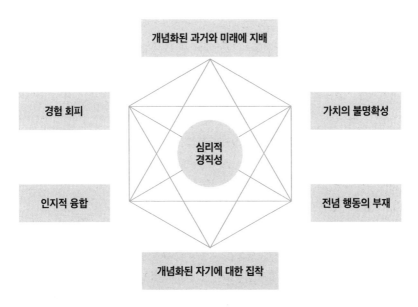

그림 4-6: 심리적 경직성 모델

이에 비해 ACT의 치료 모델이라고 할 수 있는 그림 4-7의 심리적 유연성 모델은 마음챙김과 수용 과정을 통해 인지적 탈융합과 경험의 수용 능력을 배양하고, 개념화된 자기를 벗어나 경험이 일어나는 장으로서의 자기를 확립하게 돕는다. 전념과 행동 변화 과정은 삶의 가치를 명료화하고 가치 실현에 도움이 되는 전념 행동을 발견하고 과거와 미래에 지배된 경직된 사고 패턴에서 벗어나 현재 순간에 접촉하도록 돕는다(그림 4-7).

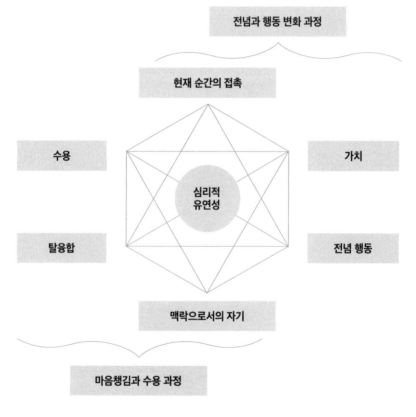

그림 4-7: 심리적 유연성 모델

헤이즈(Hayes)(2002)는 심리적 유연성을 변화와 수용 전략 간에 균형을 유지하는 것으로 표현했다. ACT의 치료 과정은 싸우고 있는 '심리적 내용'과 의식을 지닌 인간으로서의 '자기'를 구별하고, 그 내용이 말하는 대로가 아니라 그것이 존재하는 그대로의 심리적 내용을 방어 없이 충분히, 기꺼이 경험하면서 이 순간과 이 상황에서 자신이 선택한 가치에 따라 목적이 이끄는 방향으로 나아가게 하는 행동을 하는가를 성찰하는 것이다.

ACT의 여섯 가지 핵심 치료 과정을 살펴보면 다음과 같다.

첫째, 수용은 비판단적인 자각의 태도로 발생하는 사적 경험을 능동적으로 껴안는 것이다. 특히 자신이 원하지 않는 사적 경험을 기꺼이 경험함으로써 경험과의 '관계'를 변화시키는 것이 목적이다. 내담자는 수용의 경험을 통해 사적 경험을 있는 그대로 경험할 경우 유해하지 않다는 것을 발견할 수 있다.

둘째, 인지적 탈융합은 관계 구성적 학습으로 인해 해로운 기능을 하게 된 언어 규칙의 맥락을 변경하는 것이 목적이다. 생각을 문자 그대로 혹은 그것이 지시하는 대로가 아니라 단지 '생각'으로 관찰하는 훈련을 한다. 이를 통해 생각으로부터 세상을 보는 것이 아니라 생각 자체를 보는 힘을 키운다.

셋째, 맥락으로서의 자기(self as context)는 경험의 내용과 자신을 동일시하는 것이 아니라 '지금 - 여기'의 경험을 '조망하는 자기' 혹은 '관찰하는 자기'를 계발함으로써 경험이 일어나는 장이나 맥락으로서의 자기에 대한 확장된 인식을 갖게 한다.

넷째, 현재에 존재하기(being present)는 매 순간 일어나는 환경으로부터의 자극과 사적 경험의 존재를 관찰하고 자각하도록 훈련하여 과도한 판단이나 평가 없이 현존하는 경험을 기술하는 능력을 배양한다.

다섯째, 가치(value)는 자신이 바라고 실현하고자 하는 삶을 명료하게 그리는 작업이다.

여섯째, 참여 행동(committed action)은 가치에 따라 구체적 영역에서 행동의 목록을 정한다.

ACT의 치료 과정을 살펴보면 첫 단계에서는 내담자가 자신의 문제에 대해 취해왔던 통제 전략을 발견하려고 한다. 흔히 내담자는 자신의 심리적 고통을 통제하고 회피하려 여러 전략을 사용하고, 그로 인해 문제를 악화시킨 채 치료를 받으러 온다. 치료자는 이런 내담자에게 경험 회피 같은 통제 노력이 오히려 문제라는 점을 일깨우고 통제 전략의 대안으로서 수용과 기꺼이 경험하기를 제안한다. ACT에서는 다양한 은유를 통해 내담자가 스스로 자신의 문제의 원인을 통찰할 수 있도록 돕는다. 모래 늪 비유를 들어보자. 모래 늪에 빠졌을 때 빠져나오기 위해 몸부림치면 오히려 더 깊이 빠지고 만다. 가장 효과적인 탈출 방법은 몸을 펼쳐서 모래 늪과의 접촉면을 최대한 넓히는 것이다. 이러한 은유는 내담자가 자신의 고통과 투쟁하는 대신 고통과의 접촉면을 넓히고 기꺼이 경험하도록 격려할 수 있다.

인지적 탈융합은 주로 자신의 생각을 관찰하는 연습을 통해 이루어진다. 마음 - 기차 연습은 다리 위에서 아래로 지나가는 마음 - 기차를 상상하면서 마음 - 기차에 실려 있는 생각, 감정, 충동들을 자각하는 은유이자 연습이다. 생각에 이름 붙이기, 생각을 가지고 다니기, 생각하면서 다르게 행동하기 등 생각을 알아차리고 생각에 따라 행동하는 것이 아니라 자신이 생각보다 더 큰 존재라는 것을 체험적으로 자각하는 훈련 등이 포함된다.

마음챙김은 현재 순간에 접촉하고, 개념화된 자기에서 벗어나 맥락으로서의 자기를 체험하게 하는 중요한 기술이다. ACT에서는 자기의 세 가지 측면에 대해 설명한다.

첫째, '개념화된 자기'는 언어적으로 융합된 자기에 대한 생각을 문자 그대로 받아들임으로써 형성되는 자기이다. 개념화된 자기는 대개 평가적이고 규정적인 언어를 사용한다. 나는 '불안한 사람이다' 같은 생각을 스스로와 동일시할 경우 이것이 일종의 필터로 작용해서 타인의 반응을 왜곡해서 해석하게 되며 회피와 괴로움의 근원으로 작용한다.

둘째, '연속되는 자각의 과정으로서의 자기'는 현재 순간에 유동적이고 연속되는 경험으로서의 자기를 말한다. 이러한 자기는 기술적이며 비평가적인 언어를 사용한다. "나는 불안을 느끼고 있다"라는 표현은 현재 순간에 일어나고 있는 불안한 느낌을 경험하는 자기를 보여준다.

셋째, '관찰하는 자기'는 맥락으로서의 자기, 초월적 자기로도 불린다. 관찰하는 자기는 마음의 사건들이 진행될 때 그것을 바라보는 사람으로서 자기를 인식한다. 자기는 더 이상 언어나 개념으로 규정할 수 있는 대상이 아니다. 마음속에서 일어나는 자기에 대한 생각들은 단순히 관찰의 대상이 되며, 자기는 이러한 경험들이 일어나는 장으로서 경험들을 품고 있는 존재로 인식된다(그림 4-8).

　가치 작업은 묘비명 쓰기나 자신의 장례식에 참여하기 등의 심상기법을 통해 이루어진다. 삶의 궁극적인 방향과 의미를 제공해주는 가치 작업은 내담자들이 겪는 심리적 고통을 회피하지 않고 수용할 수 있는 중요한 맥락을 제공한다. 가치의 실현은 고통이 없는 좋은 느낌이라기보다는 고통을 감내하면서도 의미 있는 목적을 위해 헌신하는 것이기 때문이다. 사회불안을 가진 사람이라 하더라도 사회적 참여가 갖는 중요한 가치를 인식했을 경우 불안을 감내하고서라도 참여할 수 있다. 가치를 향한 행동을 방해하는 장애물은 사람들의 심리적

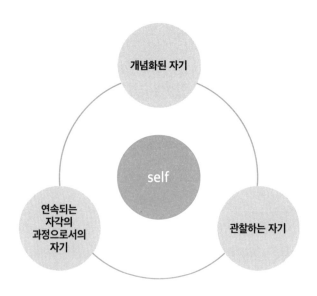

그림 4-8: ACT의 세 가지 자기

인 고통 때문인 경우가 많다. 우울해서, 불안해서, 두려워서, 화가 나서 등등의 이유로 가치 실현에 기여하는 행동을 포기하게 된다.

　　이러한 이유로 ACT는 구체적인 삶의 영역에서 자신의 가치를 명료화하고 가치의 실현을 위한 구체적인 행동 레퍼토리를 작성하게 한다. 그림 4-9는 가치 명료화와 전념 행동을 작업하기 위해 사용되는 기록지의 예를 보여준다.

영역	가치	중요도	실행도	편차	가치에 기초한 행동	심리적 장애물
결혼/커플						
부모 역할						
가족관계						
우정						
직업/경력						
개인적 성장						
휴식/레저						
영성						
시민						
건강						

그림 4-9: 가치 명료화 및 전념 행동 기록지

참여자들은 10개의 영역 중 자신에게 해당되는 영역에서 자신이 주관적으로 의미 있다고 생각하는 가치를 기술한다. 예를 들어 결혼/커플에서의 가치는 함께 어려움을 나누고 성장하는 동반자 되기가 될 수 있다. 중요도와 실행도를 평가해봄으로써 편차를 통해 자신이 삶의 전반적인 영역에서 어느 정도 가치에 충실한 삶을 살고 있는가를 볼 수 있다. 가치에 기초한 행동에는 실행 가능한 구체적인 행동을 기술한다. 예를 들어 하루 한 번 안부 전화하기 등이 있다. 심리적 장애물에는 가치에 기초한 행동을 할 때 이를 방해하는 생각이나 감정 혹은 괴로움 등을 적는다. 가치의 맥락에서 심리적 장애물을 통제하려는 시도를 멈추고 가치 실현을 위한 행동에 뛰어드는 삶이야말로 ACT에서 목표로 하는 건강하고 유연한 삶이다.

기업과 조직, 대중에서 명상의 적용

4

김권수 (휴먼경영전략연구소 대표교수/ kskim@gnu.ac.kr)

1 기업과 조직에서 명상의 흐름

명상이 종교를 벗어나 대중으로 뿌리를 내리기 시작한 것은 존 카밧진 등의 과학적 연구 작업에서부터라고 할 수 있다. 심리학, 철학, 종교학 분야에서 다루어지던 명상과 마음챙김 연구가 의료 분야를 중심으로 실행되었고 2000년 이후에는 기업을 중심으로 한 인사, 조직 및 조직 행위 분야로 광범위하게 진행되었다. 미국의 시사주간지《타임》은 2003년 '명상의 과학'을 주제로 한 커버스토리에서 명상이 문화적 차원을 넘어 의학적으로 관심을 모으고 있다고 밝혔다. 그동안의 명상의 과학적 접근과 함께 명상이 몸과 마음 건강에 도움이 된다며 미국의 '명상 붐'을 소개했다. 2013년《뉴욕타임스》는 대기업이 마음챙김 훈련을 도입하기 시작했다고 알렸고 2014년 《타임》은 다시 커버스토리로 '마음챙김 혁명(Mindful Revolution)'을 다루면서 명상이 기업과 학교, 가정까지 확대되며 대중화되었음을 보도했다.

명상은 미국의 구글을 중심으로 실리콘밸리 IT기업들로 확산되면서 비즈니스 리더들의 주목을 받기 시작했다. 대표적으로 구글과 애플, 야후, 나이키, AOL, P&G(Procter & Gamble), 페이스북, 아마존, 트위터뿐만 아니라 도이치뱅크, 맥킨지 등의 기업이 주도적이었다. 이들 기업은 자체 명상실과 명상 프로그램을 만들어 운영하고 구성원들은 동호회를 조직해 명상을 적극적으로 활용하고 있다. 우리나라에서도 2010년 이후 삼성, LG, SK 등 대기업을 중심으로 명상을 적극적으로 도입하기 시작했고 2020년 현재는 교원, 대상그룹, 라이나생명보험, 오뚜기, 유한킴벌리, 현대상선 등 대부분의 기업에서 인적자원 관리와 HRD 전략 실행으로 명상을 도입하고 있다.

기업에서 명상을 주목한 것은 스트레스 대처에 대한 관심과 필요성 때문이다. 심한 경쟁과 과도한 업무 속에서 스트레스로 인한 긴장과 불안, 우울증 환자가 늘어나고 업무와 생활에 지장을 주었다. 명상은 스트레스 해소에 효과적이며 집중력과 평정심을 유지하는 데에도 좋은 영향을 끼쳐 조직의 생산성과 리더십 향상뿐만 아니라 개인의 웰빙을 함께 달성할 수 있다는 기대감이 높았다. 그렇기 때문에 지금은 심신의 안정과 휴식에 그치는 것이 아니라 의사 결정, 생산성, 직무 만족, 창의력, 혁신 등 인적자원 관리법으로 인정받고 확대되고 있다.

2 기업과 조직의 명상 촉매제

1) 구글의 내면검색 프로그램

기업에서 마음챙김 명상이 확산된 계기는 2007년부터 시작된 구글의 '내면검색' 프로그램으로 볼 수 있다. 내면검색 프로그램은 구글의 엔지니어 출신 차드 멍 탄(Chad-Meng Tan)이 존 카밧진의 마음챙김에 기반한 스트레스 감소 프로그램(MBSR)과 대니얼 골먼의 감성지능(Emotional Intelligence) 이론 등을 참고하여 만들었다. 종교적 영역의 명상이 엔지니어 중심의 구글에 수용될 수 있었던 것은 그동안 명상에 대한 과학적 접근과 연구 성과들 때문이다. 내면검색 프로그램은 구글의 지원을 받아 세계적인 신경과학자, 심리학자와 티베트 선승들이 참여하여 완성했고, 프로그램의 첫 수업은 명상을 했을 때 나타나는 두뇌의 변화를 과학적으로 보여주었다. 구글 내부에서 명상이 급속도로 인기를 끌었던 것은 뇌과학을 중심으로 한 과학적 근거와 감성 지능을 중심으로 한 리더십 향상 같은 실용성에 있었다고 할 수 있다. 감성 지능과 리더십을 표면적으로 내세우지만 그 내용은 마음챙김 명상을 기반으로 하는 주의력, 자기 인식과 통제력, 자기 동기부여와 공감능력 개발을 위한 대중적인 방법론을 활용하고 있다. 이것은 실용적이고 대중적으로 접근할 수 있는 명상 모델을 제공한 것이며 주변의 기업과 대중에게 확산될 수 있었던 중요한 지점이라고 할 수 있다.

2) 세계경제포럼의 명상 세션 도입

매년 스위스의 휴양지 다보스에서는 경제올림픽이라는 별칭을 가진 '다보스포럼'이 개최되는데, 정식 명칭은 세계경제포럼(World Economic Forum)이다. 세계 각국의 정상과 기업인, 학자들이 모여서 세계 경제와 미래에 대해 논의한다. 여기서 빠지지 않는 이슈와 세션이 바로 명상이다. 마음챙김 리더십(mindful leadership)에서 시작해서 마음챙김 명상 세션이 만들어져 리처드 데이비슨, 존 카밧진, 마티유 리카르 등 세계적인 명상 지도자들과 승려, 학자들이 세션을 진행하며 명상을 알리고 있다. 세션의 주제는 주로 명상이 직장에 어떤 영향을 미치는지를 토론하고 경영진의 성과를 높이는 데 어떻게 도움이 되는지에 초점이 맞추어졌다. 여기서 거론되었던 비즈니스 사례는 명상을 통해 업무에 더 집중하면서 차분할 수 있으며 덜 공격적이고 친절하면서 더 나은 리더가 될 수 있다는 점을 강조한다. 패널리스트들은 명상이 직원들의 스트레스를 줄이고 삶의 질을 개선하며 평온함, 명확성, 창의성을 촉진할 수 있다고 말한다(뉴욕타임스 보도, 2015. 1. 21.). 미국의 클라우드 컴퓨팅 회사인 세일즈포스(Salesforce) 회장인 마크 베니오프(Marc Benioff)와 헤지펀드 회사인 브리지워터 어소시에이츠(Bridgewater Associates) 설립자인 레이 달리오(Ray Dalio)는 정기적으로 명상하며 회사에 '마음챙김 구역(mindfulness zone)'을 설치했는데 직원들이 마음의 휴식을 취하고 잠시 멈춰 평온함과 균형을 유도할 수 있는 장소라고 소개한다. 이를 통해 직원들이 업무에 더 집중하고 차분함을 유지하는 데 도움이 되었다고 말한다(BBC 보도, 2018. 1. 25.).

3) 위즈덤 2.0

기업 등 비즈니스 세계에 명상을 일반화시키는 데에는 소렌 고드해머(Soren Gordhamer)가 설립한 '위즈덤 2.0(Wisdom 2.0)'이 큰 역할을 했다. 2010년 실리콘밸리를 중심으로 시작된 '위즈덤 2.0'은 IT와 명상의 만남을 주제로 하는 연례 콘퍼런스다. 일종의 '명상 콘퍼런스'로 기업에 명상을 확산하고 명상 열풍을 확인하는 자리였는데 실리콘밸리의 대표적 IT기업인 구글, 페이스북, 트위터 등의 기업 출신 참석자들이 많았다. 여기에는 미국 명상계의 대부라는 별칭을 가진 잭 콘필드(Jack Kornfield)와 2007년 구글의 내면검색 프로그램을 만든 차드 멍 탄이 주축이 되어 활동하고 있다. 2015년에는 아시아에서 최초로 'Leadership in Business & Society'라는 주제로 싱가포르에서 개최됐다. 2020년에는 한국에서도 개최하였고, 향후 매년 개최할 예정이라고 한다. 위즈덤 2.0이 글로벌 차원으로 확대되면서 기업은 물론 일반 조직과 대중에게 명상의 효익을 알리고 파급시키는 데 기여하고 있는 것은 사실이다.

3 기업과 조직에서 명상 도입 사례

1) 해외 기업의 사례

미국을 중심으로 직장인들이 점심 식사 전에 명상실에서 명상하는 모습을 쉽게 찾아볼 수 있다. 2000년 초반부터 사회적으로 형성된 명상 붐의 영향과 2007년 구글의 내면검색 프로그램이 주변의 기업들로 알려지면서 명상은 기업과 조직의 무대에서 일반화되기 시작했다. 미국의 많은 기업과 조직이 구성원들의 스트레스 해소는 물론 창의성과 의사 결정 능력, 주의 깊은 업무활동 향상을 위해 마음챙김 훈련을 도입하고 있다. 특히 극심한 경쟁으로 인해 스트레스가 높고 창의성이 요구되는 대기업과 IT기업을 중심으로 검토되었고 모두 최고 경영자들의 적극적인 지지로 명상이 기업문화로 일반화되는 추세다. 페이스북, 트위터, 링크드인, 인텔 등은 명상 전용 방이나 프로그램을 운영하고 직원들끼리 동호회를 만들어 운영하는 등 유행을 넘어 대표적인 기업문화로 자리 잡았다.

인텔은 2013년부터 'Awake@intel'이라는 명상 프로그램을 진행하기 시작했는데 이제는 9~10주 프로그램으로 전 세계 직원을 대상으로 마음챙김과 의도, 감성 지능과 같은 개념을 전달하고 있다. 이를 통해 스트레스 수준을 낮추고 집중력을 높여 생산성을 높이는 데 도움을 주고 있다. 특히 마음챙김이 방해 요소를 걸러내어 예상보다 빠르게 엔지니어링 문제의 해결책을 고안해내고 팀워크와 경청, 창의성, 혁신을 높이는 데 효과적인 것으로 평가하고 있다.

미국의 의료보험회사인 애트나(Aetna)는 'Mindfulness at Work'라는 마음챙김 프로그램을 개발해서 전사적으로 명상을 활용하고 있다. 특히 CMO(Chief Mindfulness Officer)라는 마음챙김 최고 책임자가 있어 마음챙김을 통한 스트레스 감소를 측정하고 생산성에 미치는 영향을 수치적으로 관리하고 있다. 2014년 그들의 조사에 의하면 1인당 연간 3000달러 이상의 생산성 수익, 인지 스트레스 수준 28% 감소,

수면의 질 20% 향상, 통증 수준 19% 감소 등의 효과가 있다고 한다. 또한 6월을 '마음챙김의 달'로 지정하여 마음챙김을 현장에 적용하고 마음챙김 지원 그룹을 만들고 직원들이 쉽게 접근할 수 있는 좌석과 환경을 제공하는 센터를 만들어 마음챙김을 기업문화에 통합하려 노력하고 있다.

IT기업인 SAP도 2013년부터 마음챙김을 전파하는 CMO 직책을 만들고 명상 훈련을 적극적으로 활용하고 있다. 이들 기업은 마음챙김을 통해 기업의 수익률을 수치적으로 측정하고 관리하는데, 약 200%의 투자수익률(ROI)을 달성했다고 보고한다. 제너럴일렉트릭(GE)은 유명한 크로톤빌 연수원에서 리더십 과정 중의 하나로 '마음을 다스리는 코스(Mindfulness)'를 진행한다. 조직 내 팀워크와 협력을 장려하는 리더십 학습을 위해 마음챙김을 활용하고 있다. 극심한 스트레스를 관리하는 방법으로 미국의 월가에서도 마음챙김을 장려하며 활용하고 있는데 맥킨지 앤드 컴퍼니(McKinsey & Company)는 컨설팅 방법론으로 마음챙김을 활용하고 있다.

2) 국내 기업의 사례

2010년 초반부터 국내에서도 명상이 기업과 조직의 연수 프로그램으로 도입되었다. 주로 LG, 삼성, SK 등 대기업을 중심으로 직원들의 직무 연수, 임원 교육, 신입사원 연수 프로그램의 일부분으로 시작했다. 미국을 중심으로 세계적 기업들이 명상을 도입하여 긍정적인 효과를 보고 있으며 날로 확대되어가고 있었던 영향이다. 초반기에는 명상 전문가나 기업 교육전문업체들이 기업의 연수 프로그램의 일부를 담당하다가 직원들의 좋은 반응을 얻었고, 차츰 기업 실정에 맞는 전문 명상 프로그램을 설계하여 운영하기 시작했다. 2015년부터 대기업을 중심으로 사내 명상센터를 만들어 직원들이 상시 이용할 수 있는 환경을 제공하거나 독립적인 명상 교육 및 연수 시설을 건립하여 운영하고 있다.

국내의 기업들이 명상을 도입하고 있는 이유는 스트레스 감소, 온전한 휴식, 감정조절, 자아성찰, 자기돌봄, 창의력 증진, 업무성과 및 생산성 향상, 리더십 향상 등을 기대하기 때문이다. 그래서 기업과 조직의 명상 관련 프로그램에는 '마음', '휴식', '마인드', '힐링', '리더십', '건강', '행복'이라는 개념과 단어들이 많이 들어가 있다. 하지만 명상을 경험한 직원들의 만족도는 '스트레스 감소와 휴식'에 있다. 현재에 집중함으로써 업무로 누적되었던 긴장과 스트레스, 걱정을 내려놓고 경험하지 못했던 평안함과 휴식을 스스로 만들어낼 수 있었기 때문이다.

기업이나 조직에서 이루어지고 있는 프로그램은 내용이나 형식 면에서 복합적이다. 호흡 명상이나 마음챙김 명상을 기반으로 하지만 다양한 명상기법과 도구를 활용하는 세션, 심리 프로그램들을 함께 소개 및 활용하고 있다. 특히 요가나 심신수양기법을 응용한 움직임과 호흡 수련, 스트레칭과 이완요법, 싱잉볼이나 발성을 통한 음악명상, 감정 훈련이나 고백, 회복력이나 긍정심리 훈련의 내용과 명상을 복합적으로 구성하여 진행하고 있다. 다양한 분야의 전문가들이 자체적으로 명상 프로그램을 구성하면서 보다 대중적이고 효과를 즉시 체험할 수 있도록 명상을 응용하려고 노력했다.

최근에는 꼬집어 거론하기 힘들 정도로 많은 기업과 조직에서 직원 교육, 연수에 보편적으로 명상을 도입 및 활용하고 있고 그 대상도 신입사원에서 임직원까지 확대되었다. 삼성전자는 국내에서도 가장 빨리 연수원에 명상 프로그램을 도입했고 2013년부터 미래전략실 주도로 명상자문위원단을 구성해서 경영에 명상을 접목하고 명상센터 건립을 추진해왔다. 그 결과 2017년 경북 영덕에 명상연수원을 개원해서 운영하고 있다. 누구나 입소와 동시에 스마트폰이나 노트북을 반납하고 전문 명상과 숲 체험, 호흡, 걷기, 먹기 명상과 바다 명상, 별빛 명상 등의 프로그램을 체험할 수 있다. LG디스플레이도 경북 문경에 힐링센터를 건립하고 1~2일의 일정으로 명상과 심리 진단, 다양한 테라피 등 힐링 프로그램을 운영하고 있다.

LG유플러스는 건강한 기업문화 구축을 위한 웰니스(wellness) 프로그램의 일환으로 '마인드 스트레칭'이라는 명상 프로그램과 '마음의 숲'이라는 심리 케어 프로그램, '트윈 리더스 명상'이라는 리더십 프로그램을 함께 운영하고 있다. 이들 기업의 특징은 오래전부터 사내에서 명상과 심리상담 프로그램을 운영했고 이를 최고 경영진들이 적극적으로 주도하고 있다는 점이다. 라이나생명보험에서는 점심 시간 전에 직원들이 모여서 30분 정도 명상하는 모습을 볼 수 있다. 사내에 '마음쉼터'라는 명상센터를 마련해서 깊은 휴식을 제공하고 상시 프로그램도 운영 중이다.

4 기업과 조직에서 명상을 도입하는 이유

조직과 기업에서 명상을 도입하는 이유는 명상을 통한 마음챙김이 구성원 개인의 생리, 감정, 인지, 행동을 변화시키고 이를 통해 조직에서 요구하는 개인의 역량을 강화하고 조직 행동과 업무 수행에 영향을 미친다는 연구 결과들 때문이다. 연구 결과들은 생리적으로 스트레스 반응을 감소시키고 감정적으로는 부정적 감정 극복과 긍정적 정서 함양, 감성 지능의 향상 및 회복탄력성, 심리적 안녕감을 증진시킨다. 인지적 측면에서는 마음챙김을 통해 습관적으로 편향된 사고를 극복하고 관점의 전환을 통해 문제해결 능력과 창의성, 전략적 의사 결정 능력을 향상시킨다. 마음챙김 명상을 통한 자기 조절력과 자율적인 행동, 리더십 향상 등에도 영향을 미친다. 그렇다면 기업이나 조직에서 명상과 마음챙김은 직장인들에게 어떤 효과와 영향이 있는지 연구 결과들을 중심으로 살펴보자.

1) 직무 만족과 성과 향상

일하면서 느끼는 만족감인 직무 만족은 기업이나 직원 모두에게 중요하게 다루어진다. 개인의 직무 만족이 높을수록 일이나 조직에 대한 몰입감이 높아지고 성과를 향상시키기 때문이다. 또한 직무 만족은 일을 하는 개인의 웰빙과 복지를 의미하기도 한다. 그래서 기업과 조직은 업무 성과를 높이고 직원의 복지를 향상시키기 위해서 직무 만족도를 높이려고 노력하고 있다. 이 직무 만족도를 높이는 방법이자 솔루션으로 명상이 연구 및 활용되고 있다. 명상은 어떻게 직무 만족을 향상시킬까? 정서사건 이론(Affective events theory, AET)에 의하면 직무 수행과 관련된 정서는 직무 성과와 만족에 영향을 미친다고 한다. 직무 현장에서 느끼는 긍정적 정서의 경험이 직무 만족과 성과에 영향을 미친다는 것이다. 명상을 통한 마음챙김 상태의 진전은 긍정적 정서를 유발하는 뇌 부위를 활성화시키고 부정적 감정을 유발하는 뇌 부위의 활성화도를 떨어뜨려 긍정적 정서를 경험할 빈도를 높인다. 마음챙김 명상에서는 현재 순간에 주의를 집중하여 일어나는 모든 것을 판단하지 않고 있는 그대로 경험하도록 한다. 판단하지 않고 수용적으로 인식하고 경험하는 훈련은 직무 상황을 보다 객관적으로 인식하게 할 뿐만 아니라 스트레스 상황을 극단적으로 평가하는 편견이나 부정적 사고의 영향을 덜 받을 수 있어 스트레스에 대한 적응력을 높인다. 개인의 감정을 객관적으로 관찰하고 수용하는 훈련은 정서조절 능력을 향상시켜 직무 만족에 긍정적인 영향을 미친다. 결론적으로 명상을 통한 마음챙김 훈련은 긍정적 정서, 편견이나 부정적 사고 방지, 스트레스 상황 극복, 감정 조절에 긍정적인 영향을 미쳐 직무 상황에 대한 긍정적 정서와 평가를 촉진할 수 있다는 것이다.

명상은 자신의 호흡이나 감각에 주의를 집중하거나 생각, 감정, 감각에 주의가 끌려가지 않고 관찰하는 훈련을 통해 끊임없이 주의를 조절하는 과정을 거친다. 이러한 훈련은 주의력, 알아차림, 자기 규제를 향상시킨다. 직원들은 일을 하면서 다양한 요구와 도전에 직면하다 보니 정서적 자원이 고갈되기 쉽다. 이때 마음챙김은 자기 규제와 조절된 행동을 통해 정서적 위협과 피로, 스트레스가 많은 직무 상황에 효과적으로 적응하도록 돕고 집중할 수 있도록 하기 때문에 직무 만족과 성과를 향상시킬 수 있다.

2) 감성 지능, 리더십 향상

감성 지능은 '자신과 타인의 감정을 모니터링하고, 그것들의 차이를 구별하고, 생각과 행동에 정서 정보를 이용할 줄 아는 능력'을 말한다. 즉 자신과 타인의 감정을 인식하여 이해하고, 감정을 표현하고 활용하는 능력을 의미한다. 이런 기본적인 감성 지능은 조직생활에서 스스로 동기를 부여하고 공감하면서 원활한 소통과 긍정적인 관계를 만드는 사회적 기술과 연결된다. 무엇보다 갈등을 조정하고 영향력을 행사하는 리더십의 바탕이 되기 때문에 중요하게 다루어진다. 구글을 비롯한 많은 기업에서 이런 감성 지능과 리더십의 개발을 위해 마음챙김 명상을 도입하고 있다. 조직생활에서 타인의 감정과 관점을 이해하는 공감력과 의사 소통, 갈등 조정, 관계 형성, 팀 역량, 리더십과 같은 사회적 기술은 모두 자기 인식과 조절을 바탕으로 한다. 마음챙김 명상은 감정뿐만 아니라 자기 인식과 명확성을 높이고 자기조절력을 향상시킨다. 이는 다른 사람의 감정에 대한 인식과 조절력을 발달시킬 수 있다. 감성 지능을 향상시키는 명상을 통해 기업은 직원과 리더의 친절한 리더십을 발전시키려 하고 있다.

3) 웰빙

웰빙(well-being)을 '심신의 안녕과 행복'으로 정의한다면 개인이 직장에서 일하면서 느끼는 웰빙은 개인과 기업 모두에게 중요하다. 일을 하면서 느끼는 심리적 안정, 행복, 삶의 의미는 개인의 복지와 조직의 성과, 지속 가능한 경영을 보장받을 수 있다. 명상은 어떻게 직원들의 웰빙을 향상시킬까? 명상이 조직 구성원들의 스트레스를 감소시킨다는 연구 결과는 수없이 반복되고 있다. 스트레스의 감소는 구성원들의 번아웃(burn-out, 탈진)을 줄이고 활력과 회복력을 증진시킴으로써 구성원의 웰빙을 향상시킨다. 물론 명상을 통한 긍정적 정서 증가와 부정적 정서 감소는 심리적 안정과 일에 대한 만족을 높여 직장에서 웰빙을 촉진할 수 있다.

4) 의사 결정, 창의성, 혁신행동

마음챙김 명상과 관련하여 기업이나 조직에서 새롭게 관심을 가지는 분야가 의사 결정, 창의성, 혁신행동의 촉진이다. 마음챙김은 사건이나 경험을 판단하지 않고 있는 그대로 인식하는 것을 강조한다. 그래서 개방적이고 수용적이며 호기심 어린 태도로 상황이나 대상을 경험하도록 한다. 이런 사고방식은 혁신에서 중요한 것으로 자주 강조된다. 현재에 일어나는 현상을 판단하지 않고 있는 그대로 인식하는 마음챙김은 기존의 경험이나 편견, 선입견에 의존하지 않고 인식하는 습관을 길러준다. 이는 한 측면에 얽매이지 않고 다양한 측면을 바라볼 수 있는 인지적 유연성을 키워주기 때문에 혁신과 창의성을 높인다. 마음챙김 훈련은 인지적 유연성을 바탕으로 부정적 사건이나 상황 속에서도 부정적 생각이나 반추에 빠지지 않고 결단력과 창의성을 높일 수 있는 기회를 제공한다.

위에서 언급한 마음챙김의 상태는 특히 리더의 의사 결정력을 높인다. 위기 상황에서 감정적 동요 없이 신속한 의사 결정을 내리거나 예측하기 힘든 상황 속에서 어느 한쪽으로 치우치지 않고 있는 그대로 보면서 폭넓게 주의를 기울여 현명한 판단을 내리기 위해서는 마음챙김 상태를 유지하는 것이 중요하다. 마음챙김의 기본적인 속성은 외부 환경에 흔들리지 않고 본질을 파악할 수 있도록 해준다. 복잡한 외부 환경에 흔들리지 않고 문제의 원인을 찾아낼 수 있는 통찰력은 리더의 의사 결정력을 높이고 혁신적인 시도를 촉진하도록 한다.

5 일반 대중과 명상

1) 한국에서 명상의 대중적 접근

국내 일반 대중에게 명상은 가깝고도 멀었다. 불교 전통의 문화적 배경을 가진 우리나라의 경우 종교적 수행법인 명상(참선)은 익숙한 용어다. 또한 국선도, 기천문 등과 같은 선도수행법과 단월드, 마음수련 등과 같이 전통적인 심신수련의 맥을 이은 수행 방법으로 명상이 이루어지고 있었다. 또한 1980년대부터 크리슈나무르티 등 인도 성자들의 명상 서적이 번역되고 전통수련법의 이야기를 소설로 만든 《단》이 대중에게 퍼지면서 명상에 대한 관심이 확대되었다. 하지만 이런 점 때문에 국내에서 명상은 특정 종교나 전통적으로 심신을 수련하는 특정인들의 전용물로 인식되어 대중에게는 진입 장벽이 있었던 것이 사실이다. 그래서 국내에서 명상의 대중화는 종교를 뛰어넘는 과정이나 일부 사람들에게 편중된 편견을 극복하는 과정을 겪어야 했고 이는 지금도 진행 중이라고 할 수 있다.

　미국에서 명상이 대중화될 수 있었던 것은 과학적 분석과 실험을 통해 명상의 유용성이 증명되고 의료나 심리상담, 교육 등에 명상이 적극적으로 활용되었기 때문이다. 많은 연구와 실험, 논문들이 그런 실용적 결과들을 뒷받침했고 명상을 기반으로 하는 다양하고 실용적인 방법과 도구들이 개발되었기 때문이다. 우리나라에도 미국과 서구의 명상 대중화 열풍이 매스컴에 소개되고 기업과 조직에서 활용하기 시작함으로써 대중적으로 다가오기 시작했다. 우리나라에서는 2000년대 웰빙, 웰니스, 힐링이라는 단어와 함께 치유와 행복이라는 콘셉트로 TV 프로그램이 만들어지고 유명인들의 이야기가 방영되면서 문화적으로 이슈를 가지기도 했지만 그야말로 콘셉트적인 접근이고 대중화라고 말하기는 어려웠다.

　2010년대에 접어들면서 방송을 통해 명상의 과학적 효과들이 대중들에게 적극적으로 방영되기 시작했다. 대기업을 중심으로 명상이 직원들의 교육과 경영에 본격적으로 접목될 수 있도록 시동을 걸었다. 기업과 조직을 대상으로 명상 전문 교육 기업과 단체들이 활동하기 시작했다. 한국명상학회를 비롯한 명상 관련 학회가 본격적인 조직화를 통해 명상을 교육하고 전문지도자를 양성함으로써 일반인들에게 명상을 확산시키는 교두보를 만들었다. 기업, 교육, 학회, 매체들에 의해 명상이 사회 저변으로 확대되고 자리를 잡아 가면서 일반인들의 관심도 점점 높아졌다. 단월드, 브레인월드, 마음수련 등 대중과 친근한 단체의 확산이 대중화를 위한 다리를 만들었다고 볼 수 있다. 그러다 유튜브와 SNS의 콘텐츠가 경쟁적으로 확산되었고 명상앱이 보급되면서 명상이 라이프 스타일로 자리하게 되어 대중화가 시작되었다고 볼 수 있다.

2) 미디어를 통한 명상의 소개

명상을 대중에게 알리고 명상에 대한 인식을 변화시키는 데 미디어의 파장은 상대적으로 크다. 대표적으로 2011년 1월에 방영된 <KBS 생로병사의 비밀: 내 몸의 고요한 혁명, 명상>은 미국에서 붐을 일으키고 있는 명상을 소개하면서 명상의 효과를 과학적으로 증명해준 방송이다. "바쁜 현대인들의 지쳐 있는 생활, 내 몸과 마음은 휴식을 필요로 한다"라고 강조하면서 명상이 마음뿐만 아니라 신체를 어떻게 변화시키는지 보여줬다. 명상 전후 뇌파의 변화, 동맥경화 등 심혈관 질환의 위험을 낮추는 논문의 내용, 명상 전후 뇌의 활성도와 호르몬 반응의 변화, 암세포를 죽이는 NK(Natural Killer)세포의 활성화를 통한 면역체계의 변화, 이완과 스트레스에 대한 유익한 효과를 문헌과 실험으로 보여줌으로써 명상에 대한 일반인들의 인식을 변화시켰다. 명상의 과학적 접근이 대중적으로 각인되는 계기가 되었다. 이어서 2011년 2월에는 <MBC 스페셜: 마음에 근육을 만들다>가 신비적이고 종교의 양식으로 여겨졌던 명상을 '건강한 마음을 만들기 위한 마음 운동'으로 소개했다. 생각을 멈추고 고요하게 마음의 소리를 듣는 사람들의 진정한 행복과 애플의 스티브 잡스(Steve Jobs), 일본 경영의 신으로 여겨지는 교세라 그룹의 이나모리 가즈오[稻盛和夫] 회장, P&G의 앨런 조지 래플리(Alan George Lafley) 회장 등을 소개하면서 창의적이고 성공하는 사람의 공통된 시크릿으로 명상을 소개하면서 명상의 기대감을 높였다. 또한 명상을 통한 스트레스 완화와 치료적 효과를 과학적 자료들과 함께 소개했다.

2010년대 초반의 이러한 방송은 일반인들에게 명상이 특정 종교나 깨달음을 위한 특정 사람이나 특정 분야의 전유물이 아니라 누구나 행복한 삶을 위해 활용할 수 있다는 대중성과 보편성을 심어주었다고 할 수 있다. 또한 휴식, 마음의 평화, 스트레스 완화, 건강을 위한 질병 예방과 치료의 방법으로 명상 효과를 전함으로써 2000년대의 웰니스, 웰빙, 힐링을 위한 대표적이고 현실적인 실천 방법임을 알려주었다.

2010년대 초반의 방송들이 명상의 효과에 대한 과학적 증거를 중심으로 신체적, 심리적 치료와 치유에 초점을 맞췄다면 중반에서 후반으로 넘어오면서 스트레스와 이완, 휴식, 숨 고르기, 번아웃, 자기성찰과 자기돌봄 등의 주제로 넘어가는 분위기다. 긴장되고 불안한 현대의 삶에서 편안하게 휴식하고 삶의 의미와 자신을 돌아볼 수 있는 성찰의 방법 및 기회로 명상을 소개하고 일상생활에서 실천하는 방법을 알려준다. 2016년 〈KBS 스페셜; 마음〉의 5편에서 "편안한 마음이 좋습니다", 2017년 〈MBC 스페셜; 마음챙김〉, 2017년 〈BTN;

나를 찾는 마음여행 명상〉, 2019년 〈EBS 다큐프라임; 휴식의 기술〉, 2020년 〈KBS 다큐멘터리 3일; 겨울 나를 찾아가는 시간〉 등이 대표적이다. 이런 방송들은 명상에 특별한 관심이 없던 일반 대중에게 명상에 대한 이해, 지식, 새로운 관점과 시대적 흐름을 폭넓게 알려주는 역할을 했다. 명상과 직접적으로 관련이 있는 학회, 교육기관, 단체나 일부 기업과 조직의 구성원들은 명상에 대한 이해와 실행 방법을 배울 수 있지만 일반인들이 명상에 대해 정제된 정보를 접하기는 쉽지 않다. 이런 상황에서 방송은 일반인들에게 명상에 대한 이해와 명상이 활용되는 현실을 전해줄 수 있었다. 하지만 직접 명상을 실천할 수 있는 방법을 제공하지는 못했다.

3) 명상의 대중화

2021년 현재의 대한민국은 원하면 누구나 스마트폰에 명상 앱을 깔고 틈나는 대로 명상을 할 수 있다. 원할 때마다 언제나 유튜브(Youtube)에 접속해서 자연의 소리와 마음을 편안하게 하는 음악과 함께 자신의 취향에 맞는 명상 콘텐츠를 즐길 수 있다. 인스타그램(Instagram)에서 명상 해시태그(#명상)를 치면 26만 개 이상의 게시물을 찾을 수 있고, 마음챙김 해시태그(#마음챙김)를 입력해도 44만 개 이상의 게시물을 확인할 수 있다. 네이버 검색엔진에서 '명상 클래스'라고 입력하면 2만 건 이상의 블로그 포스팅이 나온다. 또한 '마음챙김'을 입력하면 6만 6000건 이상의 블로그 게시물을 확인할 수 있다. 구글에서 '명상'을 키워드 검색하면 900만 건, '마음챙김'은 100만 건 이상의 결과를 볼 수 있다. 온·오프라인으로 명상을 아주 흔하게 접할 수 있는 시대가 되었다.

2004년부터 구글의 검색 관심도를 살펴보면 시기별 이슈에 따라 일시적으로 높은 때도 있지만 2011년 이후부터 관심도의 최저점이 상향되어 지속되고 있다는 것을 볼 수 있다. 일반인들이 가장 많이 접근하는 유튜브에서 보면 대략 2017년을 기점으로 검색 관심도가 50 이상으로 껑충 뛰어올라 유지되는 것을 확인할 수 있다. 검색 관심도가 정확히 모든 것을 설명할 수는 없지만, 명상이 일반 대중에게 예전과 다르게 일상적으로 확대되고 있다는 것은 충분히 확인할 수 있다. 이런 의미는 명상이 하나의 트렌드가 되어 문화나 산업의 주제로 본격적인 자리를 차지해가고 있다는 것이다. 여기에는 명상 관련 학회, 종교, 명상 관련 단체들의 활동뿐만 아니라 대중의 관심을 이끄는 개인들의 활동이 큰 영향을 끼쳤다. 명상 지도자들이 배출되어 개인적인 활동이 커지고, 유튜브 등의 미디어에서 명상 관련 이슈를 올리는 인기 있는 개인 유튜버가 늘어나고 있다. 또한 형식적인 면에서도 전통적인 명상의 형식을 벗어나 대중들의 취향이나 일상과 접목된 명상이 확대되고 있음을 확인할 수 있다. 전통적인 명상이 요가나 운동, 체조, 춤, 재활의학과 연결된 움직임명상이나 싱잉볼, 발성, 다양한 음악 도구를 활용한 사운드명상, 심리상담이나 긍정심리 등과 접목하여 일상에서 쉽게 활용할 수 있도록 변화되고 있다.

명상의 대중화에 따라 발전하고 또한 대중화를 촉진하고 있는 것이 '명상산업'이다. 기업이나 조직에서 명상을 가르치는 명상 교육

전문 업체나 호텔이나 웰니스 클럽의 명상 프로그램, 명상 프로그램을 제공하는 리조트, 명상을 전문적으로 제공하는 휴양시설과 관광 프로그램, 도심의 직장이나 공유 오피스 주변의 명상 및 요가 센터, 명상 전문 출판이나 잡지, 명상 전문 TV채널 등 명상을 활용하거나 접목한 산업이 점점 확대되고 있다.

명상이 일반인들에게 폭발적으로 인기를 끄는 데에는 방송 미디어와 유튜브를 비롯한 SNS 채널, 명상 앱이 큰 역할을 했다. 방송과 같은 미디어에서는 명상에 대한 과학적 증거와 명상의 트렌드를 소개함으로써 관심과 인지도를 확대했고 유튜브는 다양한 형식의 콘텐츠를 제공하면서 일상적인 접근도를 높였다. 언제 어디서나 원할 때 유튜브 영상만 틀면 되기 때문에 시간과 돈을 절약하고 개인적인 접근도 쉬웠다. 명상 앱은 전문가들에 의한 정제된 명상 콘텐츠와 지속적으로 명상할 수 있는 시간 관리, 개인의 취향에 맞는 다양한 방식의 명상을 제공하기 때문에 깊이 있는 명상 체험과 습관화가 가능하다.

명상이 일반인들에게 대중화되는 요인을 정리하면 연구에 의한 명상의 과학적이고 의학적인 효과 입증, 방송 미디어를 통한 일반인들에게로의 전달 및 파급, 학회 등에서의 명상 교육과 자격 과정을 통한 지도자 양성, 스티브 잡스를 비롯한 세계 명사들의 명상 예찬, 미국 기업들의 명상 프로그램 활용에 영향을 받은 국내 대기업의 명상 프로그램 도입, 쉽고 간편하게 명상을 즐길 수 있는 유튜브와 명상 앱의 확산, 자기 계발과 자기 관리의 세련된 라이프 스타일로 젊은 세대들에게 수용된 점 등을 들 수 있다.

4) 명상 앱과 디지털 명상

명상 앱은 일반인들에게 명상을 대중화시키는 데 기여하며 문화적으로 명상이 얼마나 활용되고 있는지 알 수 있게 한다. 명상의 유용함을 알고 있지만 접근하기 힘들었던 일반인들이 장소에 구애받지 않고 틈틈이 편리하게 명상을 접할 수 있다는 장점 때문에 명상 앱을 활용하곤 한다. 전 세계적으로 정신적, 육체적 스트레스를 많이 받는 밀레니엄 세대를 중심으로 건강 및 피트니스 앱이 주목받고 있다. 시장조사기관인 스태티스타(Statista)의 조사에 따르면 2020년 건강 및 피트니스 앱의 사용자는 8억 7850만 명이며 그중에서 명상 앱이 가장 인기라는 것이다. 2019년 상위 10개 명상 앱의 매출액은 1억 9500만 달러로 전년 대비 52%나 증가한 수준이다. 최근 3년간 출시된 명상 앱만 2000개가 넘는다고 한다. 우리나라에서도 삼성전자가 명상 앱 글로벌 1위 기업인 캄(Calm)과 손잡고 5억 다운로드 횟수를 초과한 삼성 헬스에 한국어 서비스를 시작했다. 2019년 8월 혜민 스님이 헤드 티처(Head Teacher)로 참여한 '코끼리' 앱이 출시 3개월 만에 12만 명을 유치했고 2020년 3월 기준으로 20만 명을 넘었다고 한다. 또한 '마보' 앱도 누적 가입자가 15만 명을 넘어서고 있어 일명 '디지털 명상'이 대중적인 문화로 편입되고 있다고 할 수 있다. 울산시 같은 지자체에서도 명상 전문가와 함께 무료 명상 앱인 '마음의 달인'을 운영하며 온·오프라인으로 명상 수업을 진행하고 있다.

뇌파측정기와 연동해서 명상을 할 수 있는 앱도 출시되고 있다. 옴니핏 브레인이라는 기업은 '더(the) 쉼'이라는 앱을 통해 '마음챙김

4주 프로그램' 명상을 서비스하고 있다. 헤드셋 형태의 웨어러블 기기로 뇌파를 측정해서 두뇌 컨디션을 진단하고 마음의 상태에 따라 명상과 음악을 맞춤으로 제공하는 서비스들이 늘어나고 있다.

'디지털 명상'으로 일반인들의 명상에 대한 접근도를 높인 앱들은 새소리, 물소리, 폭포소리, 빗소리 등 자연의 음을 제공하고 전통적인 명상뿐만 아니라 긍정심리와 관련한 다양한 콘텐츠를 제공하고 있다. 여기에 타이머와 행동관리 프로그램으로 명상을 관리할 수 있도록 해서 접근도를 높인 것이 특징이다. 대표적으로 가장 인기 있는 콘텐츠는 호흡 명상과 보디스캔과 같은 감각 알아차리기를 통한 스트레스 완화와 수면과 관련된 내용들이다. '코끼리' 앱의 분석을 보면 여성의 이용률이 높은데 50대, 40대, 30대 순이다. 사용 시간은 다양하지만 출근 전인 아침 7시와 밤 10~11시가 가장 많았다.

5) 일반인들이 명상을 찾는 이유

명상과 관련된 유튜브 콘텐츠, 앱, 서적, 오디오 등이 늘어나면서 일반 대중이 명상을 활용할 기회와 기대가 늘어나고 있다. 이렇게 명상을 활용하는 이유는 스트레스, 휴식, 심리적 치유, 긍정심리, 자기성찰, 의식의 확장, 건강 등 다양해서 분류하기 힘들 정도다. 크게 분류하면 심리적 안정과 건강, 자기 계발로 나누어볼 수 있다. 그중에서 스트레스 극복과 내면적 안정감을 찾는 것이 명상을 찾는 가장 큰 이유로 보인다. 하지만 일반 대중에게 인기 있는 명상은 일상과 밀접한 주제들이며, 이것이 대중적으로 확산하는 방향이라고 할 수 있다. 대중은 일시적으로 부정적 감정을 해소하는 것에서부터 일상생활 속에서 직면하는 문제를 해결하도록 돕는 실용적인 명상 콘텐츠에 반응한다. 숙면, 불안과 분노 관리, 자존감 키우기, 육아, 관계 개선, 집중력 향상에 관한 주제 등이 명상 콘텐츠에 활용되고 있다.

　　2021년 현재 국내에서 가장 인기 있는 명상 앱인 '코끼리'와 '마보'에서 가장 주목 받는 콘텐츠는 수면과 스트레스 완화다. 이러한 현상은 '헤드스페이스'나 '캄'과 같은 외국 앱에서도 마찬가지다. 불안과 걱정, 스트레스와 긴장감으로 새벽까지 잠 못 이루는 현대인의 어려움이 그대로 반영된 현상이다. 또 많은 사람이 유튜브에서 다양한 콘텐츠를 활용하고 있는데 높은 관심을 보이는 콘텐츠가 이너피스 (Inner peace, 내면의 평화) 콘텐츠다. 특히 2030세대에게 인기 있는 주제가 명상이다. 그래서 명상 유튜브를 '마인튜브(Mind+Youtube)'라고 부른다. 마음을 평안하게 해주는 음악과 함께 이루어지는 명상 콘텐츠를 통해 불안과 스트레스를 다스리는 '멘탈 관리법'을 즐겨 사용한다. 이들은 디지털 명상을 통해 마음의 평화를 찾으며 스트레스로 야기되는 불안과 우울, 무기력과 낮아진 자존감을 회복하기를 바란다.

교육에서
명상의 적용

최윤정 (강원대학교 교육학과 부교수/ cyjmom@kangwon.ac.kr)

1 우리나라 교육의 목적과 학교 교육

교육에서 명상을 어떻게 적용할 수 있을지 논의하기 위해서는 먼저 우리나라 교육의 목적과 학교 교육의 내용이 현재 어떻게 구성되어 있는지에 대한 지식이 필요하다. 이 장에서는 우리나라 교육의 목적과 학교 교육을 간략하게 살펴보기로 한다.

1) 우리나라 교육의 목적 (그림 4-10)

우리나라 교육의 목적은 지(智)·덕(德)·체(體)의 조화를 이루는 전인(全人)적 인간을 육성하는 데 있다. 여기서 말하는 '지'란 단순한 지식의 습득이 아니라, 지식을 바탕으로 나도 좋고 남도 좋은 방향으로 지식을 활용할 수 있는 지혜를 의미하며, '덕'은 이를 실천하는

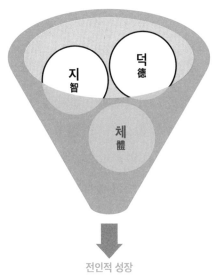

전인적 성장

그림 4-10: 한국 교육의 목적

것이며, '체'는 지혜를 몸에 익히는 과정이라 해석할 수 있다(최윤정, 2020).

　법에 명시된 교육의 목적을 살펴보면, 교육기본법 제2조 "교육은 홍익인간(弘益人間)의 이념 아래 모든 국민으로 하여금 인격을 도야(陶冶)하고 자주적 생활능력과 민주시민으로서 필요한 자질을 갖추게 함으로써 인간다운 삶을 영위하게 하고 민주국가의 발전과 인류공영(人類共榮)의 이상을 실현하는 데에 이바지하게 함을 목적으로 한다"와 인성교육진흥법 제1조 "이 법은 〈대한민국헌법〉에 따른 인간으로서의 존엄과 가치를 보장하고 〈교육기본법〉에 따른 교육 이념을 바탕으로 건전하고 올바른 인성(人性)을 갖춘 국민을 육성하여 국가사회의 발전에 이바지함을 목적으로 한다"에서 전인적 인간의 육성이라는 교육의 목적을 확인할 수가 있다.

이와 같이 교육의 근본이념을 바탕으로 전인적 인간의 육성이라는 교육의 목적을 달성하기 위해서는 학업을 통한 지식 습득뿐만 아니라 학생들의 인성과 사회성 발달을 함께 도모해야 함에도 불구하고 오늘날 우리나라 교육은 지식 위주의 교육이라는 비판을 지속적으로 받아오고 있어 교육 혁신의 목소리가 높다. 그렇다면 우리나라의 실제 교육과정은 어떻게 구성되어 있는지 살펴보고 우리나라 교육이 인간의 삶을 풍요롭게 할 수 있도록 하기 위해서 필요한 교육은 무엇인지 함께 살펴보기로 한다.

2) 학교 교육의 내용 (그림 4-11)

우리나라 학교 교육 제도는 다른 제도와 마찬가지로 광복 이후 근대화 과정과 전쟁으로 파괴된 국가를 재건하는 데 주력했고 미국의 것을 차용했다는 특징이 있다. 즉 우리나라는 1960년대 이후 근대화, 산업화를 위한 국가 인재 양성을 위해 당시 미국의 학문 중심 교육 과정을 도입했다. 당시 소련의 스푸트니크호 로켓 발사를 배경으로 미국의 교육과정은 국가가 주도하는 학문 중심의 교육과정을 바탕으로 한 과학인재 양성이 목표였고, 우리나라 역시 국가 경제 발전을 위한 정부 주도의 인재 양성이 필요했기 때문에 미국의 교육과정을 수입하여 적용하는 데 무리가 없었다. 그러나 문제는 현재까지 우리나라 교육과정은 국가가 지정하는 지식 위주의 교육과정에서 크게 벗어나지 못하고 있다는 점이다.

이에 2015년 창의적 인재 양성을 위한 7차 교육과정이 부분 개편되었는데 학생의 창의적 사고 역량, 지식·정보처리 역량, 의사소통 역량, 심리적 감성 역량, 자기관리 역량, 공동체 역량을 함양하는 것을 목표로 문·이과 통합 교육과정, 중학교 자유학기제 실시 그리고 소프트웨어 수업 강화가 주요 특징이다. 그림 4-11에서 볼 수 있듯이, 우리나라 학교 교육은 크게 '교과교육'과 '학교상담'의 두 영역으로 이루어져 있다. 교과교육은 다시 교과학습 영역과 비교과 영역의 창의적 체험 활동(자율, 동아리, 봉사, 진로 등)으로 진행된다. 전인적 인간의 육성이라는 교육 목적을 달성하기 위한 인성 교육은 교과교육의 비교과 영역에서 다루어지고 있다. 교과교육과는 별도로 학생의 인성과 사회성 발달을 담당하는 학교상담 영역은 최근 학생의 정서·행동 문제가 증가함에 따라서 그 역할과 기능이 확대되는 추세이다.

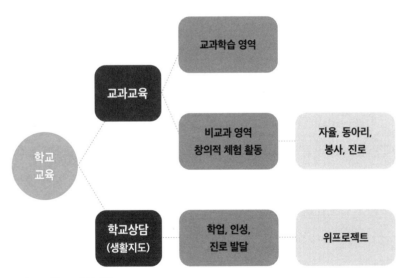

그림 4-11: 학교 교육의 내용

2 교육에서 명상 훈련의 필요성

전인적 인간을 육성한다는 교육의 목적을 성취하기 위해서는 앞서 살펴보았듯이 학생들의 학업 발달뿐만 아니라 인성과 사회성 발달을 향상시킬 수 있는 인성 교육 방안이 필요하다. 학생의 인성 및 사회성 발달을 촉진하는 역할인 학교상담과 생활지도는 학교 전체 차원에서 학생의 사회·정서 역량을 함양할 수 있는 효과적인 방법을 발굴하고 이를 적용할 책임이 있다. 학교 인성 교육의 한 방안으로서 명상 훈련을 도입하는 것은 우리나라 교육 전통인 마음 교육의 맥을 계승할 수 있다는 측면에서도 그 필요성을 찾을 수가 있다.

1) 인성 교육으로서의 학교상담과 생활지도 역할의 증대

우리나라의 초기 학교상담과 생활지도는 미국의 학생 생활지도를 수입하여 그대로 적용한 것이다. 이후 우리나라의 학교상담은 학생 생활지도 활동에서 시작하여 국내 실정에 맞게 발전했으며, 오늘날의 생활지도는 전문적인 학교상담으로서 그 체제가 구축되고 있다 (최윤정, 2020). 생활지도란 학생 개개인이 학교나 가정, 사회에서 최대한 적응하고 발달할 수 있도록 지도하는 전문적 활동과 문제행동에 대한 훈계와 훈육과 같은 비전문적 활동 모두를 포함하는 교육활동이다. 반면 학교상담이란 보다 전문적인 생활지도 방법으로, 학교에서 이루어지는 상담을 의미한다(김계현 외, 2009).

우리나라 청소년들은 스스로를 경제협력개발기구(OECD) 국가 중에서 가장 불행하다고 보고하고 있고(OECD, 2018), 과거에 비해 집단 따돌림과 학교 폭력, 만성적 무력감, 우울 및 자살 등 정서 및 행동 문제가 증가하고 있다. 이런 점에서 학교에서 행해지는, 학생들의 정신적 치유를 목적으로 하는 상담 활동이 그 어느 때보다도 강조되고 있다. 따라서 과거의 훈육과 같은 생활지도의 형태로는 다양한 학생들의 성장과 발달을 조력하는 데에 한계가 있으므로 생활지도 자체 또한 '상담'의 원리와 방법을 바탕으로 보다 전문적으로 이루어져야 할 필요가 있다. 결론적으로 학교상담과 전문적 활동인 생활지도는 중첩되는 개념이지만, 학교상담은 좀 더 심각한 문제행동을 보이는 학생들을 위한 전문적인 개입 활동으로서 정신적 치유의 목표를 포함하는 교육 활동이라 하겠다(최윤정, 2020).

오늘날 학교는 학생의 인성 및 사회성 발달과 정신건강을 위한 사전 예방과 조기 개입에 대한 책임이 늘어나고 있다. 학교 차원에서 실시하는 심리 교육을 통한 '1차 예방'에서부터 심각한 심리·정서적 문제를 예방하기 위해 효과적인 학교상담 프로그램을 개발하고 적용할 필요가 있다. 1차 예방이란 문제가 발생하기 이전에 개입한다는 의미로, 학생들의 사회적 기술과 정서조절 능력을 함양하는 교육적 개입을 통해 학교에서 발생하는 집단 따돌림과 학교 폭력과 같은 심각한 문제를 차단하는 예방법이다.

이상에서 살펴본 바와 같이, 학교 교육의 현실에서 학생들의 건강한 인성과 사회성 발달을 담당하는 학교상담의 역할이 커지고 있고, 이에 따라 학생들의 정신건강을 위한 개입과 예방으로서 명상 훈련을 하나의 인성 교육 방안으로 적용할 필요가 있으며, 그 근거는 우리나라 전통의 유·불교 마음 교육 철학에서 찾을 수가 있다(황금중 2012; 황금중, 2019).

2) 우리나라 전통의 마음 교육: 전심 교육[1]의 계승

우리나라의 전통 마음 교육은 유·불교에 근거한 '전심(傳心) 교육', 즉 마음을 전하는 과업으로 이해할 수 있다(황금중, 2012). 마음을 전한다는 것은 '마음의 의미와 마음의 본래 자리를 깨닫고 실현하는 방법을 전하는 일'로, 스승이 일방적으로 그 방법을 전하는 것이 아니라 배우는 자가 스스로 먼저 깨달은 자인 스승을 안내자로 여기며 자율적이고 창조적인 수행을 통해 깨닫는 과정을 의미한다. 이러한 마음의 의미를 깨닫고 실현하고자 하는 방법론을 심법(心法)이라 하며, 우리나라 교육 전통에서 주자학과 불교는 교육의 핵심을 마음을 돌아보는 일로 삼았다(최윤정, 2020).

(1) 주자학의 심법: 정과 일 (그림 4-12)

주자학은 인심과 도심의 균형 상태를 유지하는 방법으로 '정(精)과 일(一)'의 심법을 제안한다. 인심은 사람들의 사사로운 마음으로 의식, 잠재의식의 세계와 관련이 있고, 도심은 하늘의 본성을 담은 마음으로 초의식 영역에 해당한다고 한다. 사람은 바로 이 두 가지 차원의 마음을 동시에 지니고 있다. 참된 자신은 우리 신체와 연결된 인심과

---

1   최윤정(2020). 학교상담과 생활지도: 학교폭력의 예방(학지사), p. 16-20에서 발췌 수정함.

모든 존재가 공유하는 도심, 즉 우주의 마음 영역을 아우른다(황금중, 2012).

'정'은 잘 살피는 것이요, '일'은 한결같이 머무는 것이다. 도심이 마음의 주인 자리에 있는지 살피는 것이 '정'이고, 도심이 그곳에 계속 있도록 하는 것이 '일'이다. '정과 일'을 통해서 인심의 도심화가 이루어진다면 마음은 지나침이나 모자람이 없는 중(中)의 상태에 이르게 된다. 주희가 교육과 배움에서 강조한 경(敬)과 격물치지(格物致知)는 마음의 본성이 잘 길러지는, 즉 도심을 키워[敬] 도심의 상태에서 세상의 이치를 이해할 수 있는 지혜를 쌓는 공부 방법이다[格物致知]. 우리나라 대표적인 조선 성리학자인 율곡 이이는 이러한 주자학을 바탕으로 거경궁리(居敬窮理)의 수양론을 펼쳤는데, 마음은 늘 도심에

그림 4-12: 주자학의 심법

머무르면서 조심하며 마음을 살피는 생활을 강조했다. 우리 마음 안에서 요동치는 수많은 생각과 판단, 분별의 마음을 늘 살피고 자연의 이치에 맞게 사는 삶을 지향하는 것이야말로 가장 사람다운 모습이라고 보았다. 이러한 마음 교육을 통해서 마음을 도심에 맞춰 생활하는 것이 바로 도덕적인 삶이라 말씀하셨다.

요약하면, 주자학의 심법에 근거하여 인성 교육의 요체인 학교 상담과 생활지도는 학생들 각자가 자신의 마음 상태를 도심을 중심으로 인심을 운용할 수 있는 참된 자신이 되도록 하는 데 목적을 두어야 할 것이며 인심의 도심화를 위한 '정과 일'의 방법 또는 '경과 격물치지'의 원리를 교육에 적용할 필요가 있다. 학생들이 성장하는 과정에서 나타나는 여러 가지 문제행동을 이해할 때, 문제행동 자체를 제거하는 노력보다는 참된 자신을 찾아갈 수 있는 마음 교육이 선행될 때, 스스로 문제행동을 하는 자신의 마음을 들여다볼 수 있는 지혜를 쌓아 건강한 인성 발달을 도모할 수 있을 것이다.

(2) 불교의 심법: 선정과 지혜 (그림 4-13)

주자학과 더불어 마음을 깨우쳐 전하는 우리나라 전심 교육의 핵심을 전한 사상은 불교이다. 일명 '해골 물 설화'로 유명한 원효는 일심(一心) 사상을 통해서 모든 것이 마음에서 비롯된다는 '일체유심조(一切唯心造)'를 설파했다. 해골 물을 보고 구토했던 상황과 해골 물인지 모르고 마신 해갈의 상황을 체험하면서 모든 드러나는 현상은 내 마음이 만들어낸 것이라는 것을 깨닫고, 오염된 마음과 참된 마음이 구분된 것이 아니라 원래부터 본래의 실상을 볼 수 있는 마음인 '일심'을 깨우칠 것을 강조했다. 즉 일심이란 모든 분별을 내려놓고 사물의 실상을 볼 수 있는 정신적 면모다(황금중, 2012).

위와 같이 분별하지 않는 본래의 마음을 닦는 방법에 대해서는 우리나라 선종의 토대를 닦은 지눌의 마음을 닦는 비결이라는《수심결(修心訣)》에 잘 나타나 있는데, 돈오점수(頓悟漸修)와 정혜쌍수(定慧雙修)가 그 핵심 원리이다. 돈오란 단박에 본성을 깨닫는 것이다. 본성을 깨달았다고 끝내는 것이 아니라 점차 마음에 낀 먼지를 닦아가는 점수가 꼭 동반되어야 한다. 지눌은 점수의 방법으로 정혜쌍수를 강조한다. '정'은 선정(조용한 상태)으로 선종에서 강조하는 것이고 '혜'는 지혜(바른 견해)로 교종에서 강조하는 것이다. 선정과 지혜를 함께 닦으면서 지눌은 마음에 낀 먼지를 닦을 수 있다고 생각했다.

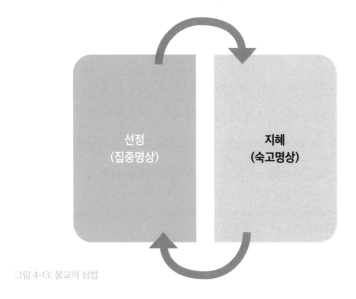

그림 4-13: 불교의 심법

지금까지 간략하게 살펴본 주자학의 심법과 불교의 심법 핵심 개념을 그림 4-12와 그림 4-13에 각각 제시했다.

(3) 마음 교육을 위한 학교와 교사의 역할

마음의 존재와 그 의미를 알아차리고 실현하는 방법을 전하는 전심 교육을 위해서는 스승, 교육과정, 그리고 학교가 있어야 한다(황금중, 2012). 주희에 의하면, 스승이란 하늘이 부여한 본성이 자신에게 있음을 알고 그 본성을 실현한 자이며 스승의 역할은 다른 사람들을 다스리고 본성을 회복하게 하는 것이다. 그리고 학교는 사람들의 본성을 일깨우고 실현하는 곳으로서, 곳곳에 설치되어야 하며 신분을 막론하고 학교에 참여해야 한다고 했다. 이 같은 가르침은 현대의 학교에서 전심 교육을 실시하기 위해서는 학생들뿐만 아니라 교사들의 마음 수행이 전제되어야 함을 알려준다. 학교 폭력이나 심리적 부적응과 같은 다양한 인성의 문제를 해결하기 위해 학생과 교사를 위한 마음 교육 과정이 필요하며, 마음 교육을 수행할 수 있는 도량으로서 학교 본래의 역할을 되살릴 필요가 있다. 교사와 학생의 기계적인 만남이 아니라 스승과 학생의 관계 안에서 하늘이 부여한 본성의 만남이 이루어질 수 있도록 교사들은 끊임없이 자신의 마음을 갈고닦아 학생들에게 건강한 인성 계발의 본보기를 보여줄 필요가 있다.

(4) 현대의 심법: 마음챙김 명상

불교 철학에 근거한 선정과 지혜를 닦는 마음 수련의 방법으로서 마음챙김 명상은 최근 서양의 상담 및 심리치료에서 심신의 고통을 치유하는 실제적이고 과학적인 임상 개입으로 발전하고 있으며(김완석, 2016), 미국 학교에서는 학생들의 정서·사회적 학습을 위한 핵심 방법으로서 마음챙김에 기반한 교육이 실시되고 있다(고형일, 2015). 서양 과학의 힘에 의해 우리 선조들의 마음 교육이 심신의 건강과 정신적 기능 향상 그리고 정서적인 안정에 탁월한 효과가 있다는 것이 밝혀지자 우리는 이제야 선조들의 마음 교육의 가치를 되살리려는 노력을 한다는 점에서 참으로 부끄러운 일이 아닐 수 없다. 전통적인 마음교육의 철학을 바탕으로 오늘날 학생들의 건강한 인성 및 사회성 발달과 정신건강을 위한 예방 교육으로서 명상 훈련을 적용하는 것은 우리나라 교육 전통의 맥을 계승할 수 있다는 점에서 참으로 가치 있는 일이라 하겠다.

3   교육에서 명상 적용의 효과

1) 학생의 변화

국내에서 실시된 초·중·고등학생 대상 학교 기반 명상 프로그램의 효과를 살펴보면 학습과 관련된 인지적 기능 향상, 신체적 통증 완화와 문제행동 개선 그리고 정서적 영역에서 부정적 정서 완화와 긍정적 정서 향상이 보고되고 있다(유현숙, 최윤정, 2020). 이러한 결과가 상당히 많은 수의 연구 결과를 바탕으로 검증된 것은 아니어서 명상 프로그램의 효과에 대한 명백한 증거라고 볼 수는 없다. 하지만 현재까지 진행되고 있는 연구들은 대체로 명상이 학생의 전인적 성장에 충분히 기여하는 교육적 개입이 될 수 있다는 것을 시사한다.

표 4-1은 학교에서 이루어진 33편의 초·중·고등학생 대상 명상 프로그램의 효과 연구에서 보고된 성과 요인들을 정리한 것이다. 학교에서 적용된 명상 프로그램의 종류는 마음챙김 명상, 마음챙김 명상에 기반한 스트레스 감소 프로그램, 마음챙김 명상에 기반한 인지치료, 변증법적 행동치료, 뇌 교육, 신체 알아차림이나 요가, 마음빼기 훈련 프로그램으로 자세한 내용은 유현숙과 최윤정(2020)의 논문을 참조하기 바란다.

인지/학습 영역에서 자아탄력성이 향상되고 자기 조절 능력이 향상된다는 연구 결과는 뇌과학 연구 분야에서도 명상의 중요한 효과로 지지되고 있다(Davidson & Begley, 2012; Lasar et al., 2005; Sanger, & Dorjee). 신체/행동 영역과 정서적 영역에서의 효과를 살펴보면, 마음

표 4-1. 학교 기반 명상 프로그램의 성과(유현숙, 최윤정, 2020)

인지/학습 영역	신체/행동 영역	정서적 영역
- 과제수행력의 향상	- 근골격계 통증 감소	- 불안의 감소
- 읽기유창성의 향상	- 과민성대장증후군 감소	- 우울의 감소
- 자아탄력성의 향상	- 폭식행동의 감소	- 분노의 감소
- 자아존중감	- 공격성 감소	- 자살사고 감소
- 자기효능감의 향상	- 교우관계의 향상	- 낙관성 증가
- 자기조절력의 향상	- 학교생활 적응의 향상	- 심리적 행복감의 증가
		- 심리적 수용의 증가

쟁김 명상 훈련을 통해서 학교생활에서 발생하는 언어 폭력 및 신체 폭력, 집단 괴롭힘, 불안과 우울 같은 심리·정서 및 행동적인 문제의 근본 원인이 되는 정서조절 능력을 개선시키고 더불어 주의집중력을 키워서 학업 성취가 향상될 뿐만 아니라 교우관계 개선과 학교생활 적응을 통해 사회성 발달에도 긍정적인 성과를 가져올 수 있음을 알 수 있다. 요컨대 학생들의 건강한 인성 및 사회성 발달과 학업 성취의 목표를 달성하기 위한 학교상담과 생활지도의 개입으로서 마음챙김 명상 훈련 프로그램은 인지적 영역과 정의적 영역을 모두 아우르는 전인적 교육을 실천할 수 있어 효과적이며 활용 가치가 높다(황금중, 2019).

2) 교사의 변화

학교 기반 명상 프로그램 성과에 대한 연구 동향을 살펴본 유현숙과 최윤정(2020)의 연구 결과에 의하면, 학교에서 이루어지는 명상 프로그램의 효과 대부분은 현재까지 교사나 교육행정가를 대상으로 하기보다는 학생들의 정서적, 인지적, 행동적 영역에서 긍정적인 성과를 보고하는 연구들이 대부분인 것으로 나타났다. 그러나 "교육의 질은 교사의 질을 넘어설 수 없다"라는 말이 있듯이, 자신의 마음을 이해하고 알아차리는 훈련을 받은 교사는 교실에서 학생들과 하는 상호작용의 질이 달라질 것이며 그것으로 인한 교육적 성취를 향상시킬 수 있을 것이다. 비록 국내에서 교사를 대상으로 한 마음챙김 명상의 훈련 효과에 대한 연구가 많이 이루어지고 있지는 않지만, 고등학교 교사를 대상으로 실시된 마음챙김 명상 프로그램은 만성두통의 강도와 스트레스 및 부정적 정서를 감소시키는 것으로 나타났다(김정은, 김정호, 김미리혜, 2015). 이러한 결과는 마음챙김 명상이 교사 자신의 신체 및 정신 건강을 향상시켜 교육의 질을 높일 수 있다는 점에서 의미 있는 결과다.

미국에서 진행된 교사 대상의 마음챙김 훈련에 관한 효과 연구는 교사의 자기 - 돌봄과 성찰적인 교사가 될 수 있다는 것, 그리고 마음챙김에 기반한 교수학습 과정을 통해서 학생들의 학업 및 사회정서학습 역량을 함양할 수 있다는 측면에서 이루어지고 있다(Shapiro, Rechtschaffen, & de Sousa, 2017). 그림 4-14는 교사들의 마음챙김 훈련이 어떤 교육적 성과를 이끌어낼 수 있는지에 대한 교사의 마음챙김 훈련의 성과 모형(Roeser, Skinner, Beers, & Jennings, 2012)으로 이에 대해서 간략하게 살펴보면 다음과 같다.

(1) 자기 - 돌봄

현대의 학교는 교사들에게 많은 것을 요구하고 있다. 이러한 상황에서는 교사들이 과거에 비해 많은 직무 스트레스와 소진을 경험하여 학생들을 위한 교육의 질을 저하시키는 결과를 초래하게 된다(Roeser et al., 2012). 따라서 교사가 자기 자신의 주관적인 웰빙에 주의를 기울이고 학생들에게 공감적인 돌봄을 제공하기 위해서는 자기 - 돌봄을 우선순위에 둘 필요가 있다. 교사의 마음챙김 훈련은 이들이 겪는 직무 스트레스와 소진을 스스로 다루는 수단이 된다(Shapiro et al.,

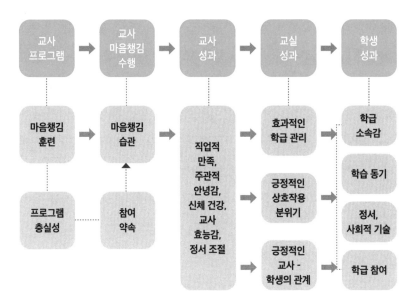

그림 4-14: 교사의 마음챙김 훈련의 성과 모형(Roser et al., 2012에서 인용)

2017). 마음챙김 훈련을 통해서 교사 자신의 성과를 높이게 되면, 교실에서의 성과를 가져오게 된다.

(2) 마음챙김하는 교사 되기

마음챙김 훈련은 주의력, 공감, 정서조절과 같은 효과적인 교수학습의 필수적인 특성들을 높일 수 있다. 즉 마음챙김 훈련은 전문적인 교수 능력을 배양한다(Shapiro et al., 2017). 예를 들어 병원의 현장 실습으로 정신장애와 발달장애인을 돌보는 동시에 12주 동안 마음챙김 명상 훈련에 참여한 학부생들을 대상으로 마음챙김의 훈련 효과를 살펴본 연구(Gokhan, Meehan, & Peters, 2010)에 의하면, 훈련을 받지 않은 집단에 비해서 훈련을 받은 집단이 질 높은 돌봄을 제공하는 것으로 나타났다. 즉 전문적인 교수 능력의 특성들인 자기 - 돌봄, 주관적 웰빙에 관심 기울이기, 자기 - 자각, 공감, 연민 그리고 주의를 집중하고 지속하는 정도가 훈련을 받지 않은 집단에 비해 높은 것으로 나타났다.

위와 같은 연구 결과를 거론하지 않더라도, 교사라면 마음을 챙겨 가르치는 것과 이미 습관이 되어버린 채 자동적으로 가르치는 것 사이의 질적인 차이를 충분히 알 수 있다. 교사가 진정으로 지금 여기에 존재할 때 수업은 효율적이며 에너지가 넘치는 반면, 반대로 마음챙김 없이 기계적으로 가르치는 것은 학생을 지루하게 만들고 학습 분위기를 조성할 수가 없다(David & Sheth, 2009).

(3) 학생의 사회정서학습 역량 함양

마음챙김 훈련을 통해 마음챙김을 할 줄 아는 교사는 마음을 챙기는 교실 분위기를 자연스럽게 조성하여 학생들에게 체화된 마음챙김 훈련의 모델이 될 수 있다. 우리나라의 전통적인 마음 교육인 전심 교육에서 스승은 참본성을 먼저 깨친 선지식으로서 학생들에게 마음 수행의 본보기를 제공하는 역할을 강조한 것과 같은 맥락이다. 학생들이 스스로 자신의 마음을 살피고 이해하여 타인과 연결된 관계에서 배려심을 발휘할 수 있는 사회정서 역량을 키우기 위해서는 교사의 마음챙김 훈련이 선행될 필요가 있다(Shapiro et al., 2017).

이상에서 살펴본 바와 같이 학교에서 학생과 교사 모두를 위한 명상 훈련은 학생의 전인적 성장이라는 교육의 목적을 달성하는 데 유익할 뿐만 아니라, 교사 자신에게는 자기 - 돌봄의 수단이 되며 마음챙김하는 교사가 되어 교실에서의 성과를 도출하여 학생의 성과를 높일 수 있다는 것을 알 수 있다. 즉 마음챙김 명상 훈련에 익숙한 교사는 직접 학생들에게 마음챙김하는 삶의 역할 모델을 제공하고 교육 서비스의 질을 높임으로써 학교의 효과성을 증진시킬 수 있다.

4 학교 교육에서 명상 프로그램의 적용 사례

국내에서는 학교 교육과정으로 명상 교육을 하기보다는 방과 후 프로그램이나 자유학년제 프로그램으로 적용된 사례가 대부분이다. 이 책에서는 2018년 교육부 인성 교육 인증 프로그램으로 선정된 마음빼기 명상교실에서 제공하는 프로그램과 해외 사례로서 미국에서 사회정서학습 프로그램으로 활용되고 있는 마인드업(MindUp) 프로그램의 내용을 간략하게 살펴보기로 한다. 사회정서학습 프로그램이란 타인(또래, 교사, 가족 등)과의 관계와 개인 내 발달을 촉진하고 정서적 측면에서 정서와 감정, 정서와 연결된 인지 등의 사고 능력을 증진하는 것을 목표로 하는 학습으로, 사회정서학습 역량을 함양하기 위한 프로그램이다(Kenneth & Barbara, 2011). 미국에서는 학생들의 사회 정서학습 역량을 향상시키기 위해 교과 과정으로 사회정서학습(SEL; Social and Emotional Learning)을 실시해야 한다(고형일, 2015).

1) 국내 프로그램: 마음빼기 명상교실

마음빼기 명상교실 웹사이트(http://www.schoolmeditation.org/program/)에 들어가면 자세하게 살펴볼 수 있기 때문에 여기서는 간략한 프로그램의 목적과 구성을 소개하기로 한다.

▪ 프로그램의 목적

학생들이 자신의 삶을 스스로 돌아보고 부정적인 마음을 '빼기'함으로써 자기를 이해하고 미래지향적인 역량을 함양하여 행복한 학교생활을 하도록 한다.

▪ 프로그램의 구성

그림 4-15에서 살펴볼 수 있듯이, 마음빼기 명상교실의 자유학년제 프로그램은 크게 네 가지로 구성되어 있다. 자기발견, 자기이해, 관계 & 소통, 미래 & 행복의 네 가지 대주제를 중심으로 스스로 깨닫고 스스로 변화되는 과정을 체험함으로써 인성을 계발할 수 있는 프로그램이다.

그림 4-15: 마음빼기 명상교육 프로그램 구성

대주제	자기발견	자기이해	관계 & 소통	미래 & 행복
수업 주제	명상의 필요성 내 몸은 사진기 마음이 주인 진짜마음 가짜마음	너는 특별하단다 스트레스 관리 집중력 향상 좋은 습관 형성	나의 소중한 인연 공감과 수용 소통의 즐거움	성공하는 삶 창의적인 미래 설계 함께 사는 삶 생활 속의 명상

핵심 역량	자기관리역량 심미적감성역량	자기관리역량 창의적사고역량	갈등관리역량 의사소통역량	의사소통역량 공동체역량
	1~8차시	9~18차시	19~26차시	27~34차시

스스로 깨닫는 과정	스스로 변화되는 과정

마음빼기 명상을 통한 살아 있는 인성교육

2) 해외 프로그램: MindUp

마인드업 프로그램은 미국의 사회정서학습 프로그램 중의 하나로, 15주 차 수업으로 구성되어 있으며 잘 알려진 인지 발달적 신경과학의 이론과 연구에 기반하여 발달 단계별(유치원~2학년, 3~5학년, 중학교 1~3학년)로 적절한 매뉴얼을 개발하여 적용하고 있다(Maloney, Lawlor, Schonert-Reichl, & Whitehead, 2017). 이 프로그램은 지난 10여 년 동안 지속적인 효과 연구를 통해서 학생들의 사회정서 역량(타인의 관점 취하기, 공감, 친사회적 행동 등)을 함양하는 효과가 있는 것으로 알려져 있다(Schonert-Reichl et al., 2015).

▪ 프로그램의 목적

사회정서학습 프로그램은 자기 인식, 자기관리, 관계관리, 사회 인식, 책임 있는 의사 결정의 다섯 가지 핵심 역량을 개발하는 것을 목표로 하기 때문에 마인드업 프로그램 또한 이러한 핵심 역량의 함양을 목표로 삼는다.

마인드업 교과 과정은 15주 차 수업을 통해 점진적으로 새로운 기술을 학습해나가도록 구성되어 있다. 예를 들어 학생들은 마음챙김을 하며 냄새 맡기, 마음챙김하며 먹기와 같이 자신의 내적경험에 초점을 두는 법을 학습하는 것에서부터 시작해서 점차로 인지적인 경험(타인의 관점 취하기 등)과 감사하기 방법을 연습하여 집과 교실 그리고 지역사회에서 만나는 타인들에게 친절한 행동을 시연해봄으로써 마음챙김하며 행동하는 것을 학습하게 된다. 표 4-2에서 살펴볼 수 있듯이 15주 차 수업은 다시 네 개의 대주제로 구성되어 있다.

표 4-2. 마인드업 프로그램의 구성

대주제	내용
집중하기	- 뇌의 구조와 기능을 소개하기 - 마음챙김 자각(지금 - 여기에 비판단적으로 주의를 기울이기; 타인, 환경)의 개념을 소개하기 - 마음챙김 핵심 연습(마음챙김 연습의 시작과 끝을 알려주는 종소리에 집중하게 하기)
감각을 깨우기	- 감각에 마음챙김하기를 소개하기 - 마음챙김하며 듣기, 마음챙김하며 보기, 마음챙김하며 냄새 맡기, 마음챙김하며 맛보기, 마음챙김하며 움직이기를 연습함
태도가 전부이다	- 사회정서 기술을 향상시키기 위해서 마음챙김 자각의 적용을 통해서 긍정적인 관계를 학습하고 형성하기 위한 마음을 준비시키는 것을 목표로 함 - 타인의 관점을 취하기, 낙관주의, 행복한 경험 음미하기를 연습함

마음챙기며 행동하기	- 타인에게 감사하는 태도를 연습하고 친절한 행위를 수행해봄으로써 보다 큰 지역사회에서까지 마음챙김 자각을 실천할 수 있도록 기회를 제공함 - 아무리 작고 사소해 보이더라도, 자신의 삶에서 긍정적인 것에 주의를 기울일 때, 어떻게 느끼는지 주목하고 성찰하는 것을 연습함

4-1장

장현갑(2010). 스트레스는 나의 힘. 서울: 학지사.

정연주, 김영란(2008). 초월영성: 상담자의 자애명상 경험 연구. 상담학연구, 9(4), 1851-1862.

변광호와 장현갑(2005). 스트레스와 심신의학. 서울: 학지사.

황금중(2019). 마음챙김 기반교육: 기본설계와 방향. 교육철학연구, 4(3), 219-257.

Baumeister, R. F., & Vohs, K. D. (2007). Self-regulation, ego depletion and motivation. Social and Personality Psychology Compass. 1(1), 115-128.

Brannon, L., & Feist, J. (2008). 건강심리학. [Health Psychology; An Introduction to Behavior and Health] (한덕웅 외 역). 서울: CENGAGE Learning.

Brown, K. W., & Ryan, R. M. (2003). The benefits of being present: mindfulness and its role in psychological well-being. Journal of Personality and Social Psychology, 84(4), 822-848.

Csikszentmihalyi, M. (2010). 몰입의 즐거움 [Flow: The Psychology of Optimal Experience] (이희재 역). 서울: 해냄출판사

Davidson, R. J., Kabat-Zinn, J., Schumacher, J., Rosenkranz, M., Muller, D., Santorelli, S. F., ... & Sheridan, J. F. (2003). Alterations in brain and immune function produced by mindfulness meditation. Psychosomatic medicine, 65(4), 564-570.

Goleman, D., & Davidson, R. J. (2017). Altered traits: Science reveals how meditation changes your mind, brain, and body. Penguin.

Hayes, S. C., Luoma, J. B., Bond, F. W., Masuda, A., & Lillis, J. (2005). Acceptance and commitment therapy: model, processes and outcomes. Behaviour Research and Therapy, 44, 1-25.

Holmes, T. H., & Rahe, R. H. (1967). The social readjustment rating scale. Journal of psychosomatic research. 11 (2), 213-218.

Kobasa, S. C. (1979). "Stressful life events, personality, and health - Inquiry into hardiness". Journal of Personality and Social Psychology. 37 (1): 1-11.

Lazarus, R. S., & Cohen, J. B. (1977). Environmental stress in Altman, I and Wohlwill, JF (eds.), Human Behavior and Environment. Springer, Boston, MA. https://doi.org/10.1007/978-1-4684-0808-9_3, 89-127.

Lazarus, R. S. (1993). Why We Should Think of Stress as a Subset of Emotion. In L. Goldberger & S. Breznitz (eds.) Handbook of Stress: Theoretical and Clinical Aspects. New York: Free Press.

Lazarus, R.S., & Folkman, S. (1984). Stress, Appraisal, and Coping. New York: Springer Pub. Co.

Levine, P. (1997). Waking the Tiger: Healing Trauma. United States. North Atlantic Books. (피터레빈 저, 양희아 역. (2016). 내 안의 트라우마 치유하기. 서울: 소울메이트).

Levine, P. (2016). 내 안의 트라우마 치유하기. [Waking the Tiger: Healing Trauma] (양희아 역). 서울: 소울메이트.

Myers, D. G. (2009). 마이어스의 심리학 개론 [Psychology] 제 8판. (신현정, 김비아 역) 서울: (주)시그마프레스

Porges, S. (2011). The polyvagal theory: neurophysiological foundations of emotions, attachment, communication, and self-regulation. New York: W.W. Norton & Company.

Roddenberry, A., & Renk, K. (2010). "Locus of Control and Self-Efficacy: Potential Mediators of Stress, Illness, and Utilization of Health Services in College Students". Child Psychiatry & Human Development. 41 (4): 353-370.

Sapolsky, R. M. (2008). 스트레스: 당신을 병들게 하는 스트레스의 모든 것. [Why Zebras Don't Get Ulcers] (이재담, 이지윤 역) 서울: 사이언스북스 .

Schacter, D. L., Gilbert, D. T., & Wegner, D. M. (2011). 심리학 개론 [Psychology] (민경환 외 역). ㈜시그마프레스.

Schmeichel, B. J., & Baumeister, R. F. (2004). Self-regulatory strength. In R. F. Baumeister & K. D. Vohs (Eds.), Handbook of self-regulation (pp. 84-98). New York: Guilford Press.

Scheier, M. F.; Carver, C. S. (1987). "Dispositional optimism and physical well-being: the influence of generalized outcome expectancies on health". Journal of Personality. 55: 169-210.

Shapiro, S. L., Carlson, L. E., Astin, J. A., & Freedman, B. (2006). Mechanisms of mindfulness. Journal of Clinical Psychology, 62(3), 373-386.

Segall, S. R. (2005). Mindfulness and self-development in psychotherapy. The Journal of Transpersonal Psychology, 37(2), 143-163.

4-2장

김완석(2016). 과학명상. 서울: 커뮤니케이션북스. p.24.

Alberto Chiesa, Raffaella Calati, Alessandro Serretti. Does mindfulness training improve cognitive abilities? A systematic review of neuropsychological findings. Clinical Psychology Review 2011;31:449-464.

Chiesa A Serretti A. Mindfulness-based interventions for chronic pain: A systematic review of the evidence. J Altern Complement Med 2011;17(1):83-93.

Depression in adults: recognition and management. NICE(National Institute for Health and

Clinical Excellence). 2009(2016 last updated).

Eric L. Garland, Susan A. Gaylord. Therapeutic mechanisms of a mindfulness-based treatment for IBS: effects on visceral sensitivity, catastrophizing, and affective processing of pain sensations. Journal of Behavioral Medicine 2012;35(6):591-602

Khusid MA, Vythilingam M. The Emerging Role of Mindfulness Meditation as Effective Self-Management Strategy, Part 1: Clinical Implications for Depression, Post-Traumatic Stress Disorder, and Anxiety. Military Medicine 2016;181(9):961-968.

Monique Aucoin, Marie-Jasmine Lalonde-Parsi, and Kieran Cooley. Mindfulness-Based Therapies in the Treatment of Functional Gastrointestinal Disorders: A Meta-Analysis. Evidence-Based Complementary and Alternative Medicine 2014:1-11.

Gaylord S, Palsson O, Garland E, Faurot K, Coble R, Whitehead W, et al. Mindfulness training reduces the severity of irritable bowel syndrome in women: results of a randomized controlled trial. The American Journal Of Gastroenterology [serial on the Internet]. (2011, Sep), [cited April 17, 2017]; 106(9): 1678-1688

Goyal M, Singh S, Sibinga EMS, Gould NF, Rowland-Seymour A, Sharma R, Berger Z, Sleicher D, Maron DD, Shihab HM, Ranasinghe PD, Linn S, Saha S, Bass EB, Haythornthwaite JA. Meditation Programs for Psychological Stress and Well-beingA Systematic Review and Meta-analysis. JAMA Intern Med. 2014;174(3):357-368

Jacoba Urist. We Need To Take Meditation More Seriously As Medicine. TIME. Jan 17, 2014.

H. Benson, W. Proctor. (1994). Beyond the Relaxation Response(하버드 의대 벤슨 박사가 제시하는 과학 명상법. 장현갑, 장주영, 김대곤 공역, 2003). 서울: 학지사.

Kearney DJ, Brown-Chang J. Complementary and alternative medicine for IBS in adults: mind-body interventions. Nature Clinical Practice Gastroenterology & Hepatology. 2008;5:624-636

Robert H. Schneider, Clarence E. Grim, Maxwell V. Rainforth. Stress Reduction in the Secondary Prevention of Cardiovascular Disease Randomized, Controlled Trial of Transcendental Meditation and Health Education in Blacks. Circ Cardiovasc Qual Outcomes 2012.

Keren Reiner, Lee Tibi, Joshua D. Pipsitz. Do Mindfulness-Based Interventions Reduce Pain Intensity? A Critical Review of the Literature. Pain Medicine 2013;14:230-242.

Grant JA Courtemanche J Duerden EG Duncan GH Rainville P. Cortical thickness and pain sensitivity in Zen meditators. Emotion 2010;10(1):43-53.

Zeidan F Gordon NS Merchant J Goolkasian P. The effects of brief mindfulness meditation training on experimentally induced pain. J Pain 2009;11(3):199-209.

Kingston J Chadwick P Meron D Skinner TC. A pilot randomized control trial investigating the effect of mindfulness practice on pain tolerance, psychological well-being, and physiological activity. J Psychosom Res 2007;62(3):297-300.

Kligler, B., & Lee, R. (2004). Integrative medicine: Principles for practice. McGraw-Hill Education/Medical.

Sarah ER, Manoj S. Mindfulness-Based Stress Reduction as a Stress Management Intervention for Cancer Care: A Systematic Review. Journal of Evidence-Based Complementary & Alternative Medicine 2016:1-13.

Cecile A. Lengacher, Kevin E. Kip, Janice Post-White, et al. Lymphocyte Recovery After Breast Cancer Treatment and Mindfulness-Based Stress Reduction (MBSR) Therapy. Biological Research For Nursing 2011;15(1):37-47

BRODIN, Petter, et al. Variation in the human immune system is largely driven by non-heritable influences. Cell, 2015, 160.1-2: 37-47.

PARKER-POPE, Tara. Is marriage good for your health. The New York Times Magazine, 2010.

Black DS, Slavich GM. Mindfulness meditation and the immune system: a systematic review of randomized controlled trials. Annals of the New York Academy of Sciences. 2016 Jun;1373(1):13.

Kabat-Zinn, J. (2005). 마음챙김 명상과 자기치유. (장현갑, 김교헌, 김정호 역). 서울: 학지사. (원저 1990 출판)

4-3장

Benson, H. (1975). The relaxation response. New York: Williams Morrow.

Benson, H. (1985). Beyond the Relaxation Response. New York: Williams Morrow(장현갑, 장주영, 김대곤, 2003). 과학명상법. 서울: 학지사.

Davidson, R., & Kabat-Zinn, J. (2004). Response to letter by J. Smith. Psychosomatic Medicine, 66, 149-152.

Germer, K. Christopher. (2005). Mindfulness: What is it? What does it matter?; Mindfulness and Psychotherapy, Edited by Christopher K. Germer, Ronald D. Siegal, and Paul R. Fulton. Guilford Publications (김재성 역, 2012). 마음챙김과 심리치료. 서울: 학지사.

Goleman, D. (1971). Meditation as meta-therapy: hypothesis towards a proposed fifth state of consciousness. Journal of Transpersonal Psychology, 3, 1-25.

Goleman, D. (1980). A map for inner space. In R. N. Walsh & F. Vaughan (Eds), Beyond ego(pp.141-150). Los Angeles: J. P. Tarcher.

Hayes, S. C. (2002) Acceptance, Mindfulness, and Science. Clinical Psychology: Science & Practice, Vol. 9, No. 1, 101-106.

Hayes, S. C., Strosahl, D. K., & Wilson, G. K. (1999). Acceptance and Commitment Therapy. NY: The Guilford Press.

Hayes, S. C., Wilson, G. K., Gifford., & Follette. (1996). Experiential Avoidance and Behavioral Disorders: A Functional Dimensional Approach to Diagnosis and Treatment. Journal of Consulting and Clinical Psychology, Vol. 64, NO. 6, 1152-1168.

Kabat-Zinn, J. (1982). An outpatient program in behavioral medicine for chronic pain patients based on the practice of mindfulness meditation: Theoretical considerations and preliminary results. General Hospital Psychiatry, 4, 33-47.

Kabat-Zinn, J. (1990). Full catastropy living. New York: Bantam Doubleday Dell(장현갑, 김교헌 1998). 명상과 자기 치유 상, 하. 서울: 학지사).

Nolen-Hoeksema, S. (1991). Response to depression and their effects on the duration of depressive episodes. Journal of Abnormal Psychology, 100, 569-582.

Segal, Z. V., Williams. J. G., & Teasdale. J. D. (2002). Mindfulness-Based Cognitive Therapy for Depression. NY: Guilford Press.(이우경, 조선미, 황태연 2006). 마음챙김 명상에 기초한 인지치료. 서울: 학지사).

Teasdale, J. D. (1999). Emotional processing, three modes of mind and the prevention of relapse in depression. Behaviour Research and Therapy, 37, 53-77.

Teasdale, J. D., Segal, Z. V., & Williams, M. G. (1995). How does cognitive therapy prevent depressive relapse and why should attentional control(mindfulness) training help?. Behaviour Research and Therapy. Vol. 33, No. 1, 25-39.

Teasdale, J. D., Williams, J. M., Soulsby, J.M., Segal, Z. V., Ridgeway, V.A., & Lau, M. A. (2000). Prevention of relapse/recurrence in major depression by mindfulness-based cognitive therapy. Journal of Consulting and Clinical Psychology, 68, 615-623.

Walsh, R., & Shapiro, S. L. (2006). The meeting of meditative disciplines and Western psychology: A mutually enriching dialogue. American Psychologist, 61(3), 227-239.

4-4장

Andrews, M. C., Kacmar, K. M., & Kacmar, C. (2014). The mediational effect of regulatory focus on the relationships between mindfulness and job satisfaction and turnover intentions. The Career Development International, 19(5), 494-507.

Brown, K. W., & Ryan, R. M. (2003). The benefits of being present:Mindfulness and its role in psychological well-being. Journal of Personality and Social Psychology, 84, 822- 848.

Epstein, R. M., Beckman, H., Suchman, A. L., Chapman, B., Mooney, C. J., & Quill, T. E. (2015). Association of an educational program in mindful communication with burnout, empathy, and attitudes among primary care physicians. Journal of American Medical Association, 302(12), 1284-1293.

Glomb, T. M., Duffy, M. K., Bono, J. E., & Yang, T. (2011). Mindfulness at work. In J. Martocchio, H. Liao, & A. Joshi (Eds.), Research in personnel and human resource management (pp. 115-157).

Good, D. J., Lyddy, C. J., Glomb, T. M.,Bono, J. E., Brown, K. W., Duffy,M. K., & Lazar, S. W. (2016), Contemplating Mindfulness at Work An Integrative Review, Journal of management, 42(1), 114-142.

Hülsheger, U. R., Alberts, H. M., Feinholdt, A., & Lang, J. B. (2013). Benefits of mindfulness at work: The role of mindfulness in emotion regulation, emotional exhaustion, and job satisfaction. Journal of Applied Psychology, 98(2), 310-325.

Ostafin, B. D., & Kassman, K. T. (2012). Stepping out of History: Mindfulness Improves Insight Problem Solving. Consciousness and Cognition, 21, 1031-1036

Rieken B., Schar, M., Shapiro, S., Gilmartin, S. K. and Sheppard, S. (2017). Exploring the Relationship between Mindfulness and Innovation in Engineering Students. American Society for Engineering Education. Paper ID: 19515.

Salovey, P. & Mayer, J. (1990) Emotional intelligence. Imagination, Cognitionand Personality, 9, 185-211

4-5장

고형일(2015). 미국의 마음챙김 훈련 프로그램과 한국교육에의 함의. 한국교육, 42(2), 5-27.

김계현, 김동일, 김봉환, 김창대, 김혜숙, 남상인, 천성문(2009). 학교상담과 생활지도. 서울: 학지사.

김완석(2016). 명상. 커뮤니케이션즈.

김정은, 김정호, 김미리혜(2015). 마음챙김 명상이 고등학교 교사의 만성두통, 스트레스 및 정서에 미치는 효과. 한국심리학회지: 건강, 20(1), 35-52.

유현숙, 최윤정(2020). 학교 기반 명상 프로그램 성과연구 동향. 한국명상학회지, 10(1), 45-64.

최윤정(2020). 학교상담과 생활지도: 학교폭력의 예방. 학지사.

황금중(2012). 잊혀진 교육 전통, 전심(傳心): 주자학과 불교의 심법(心法) 전승 전통과 교육. 교육사학연구, 22(2), 113-148.

David, D. S. & Sheth, S. (2009). Mindful teaching and teaching mindfulness: A guide for anyone who teaches anything. MA: Wisdom Publications.

Davidson, R., & Begley, S. (2012). The emotional life of your brain: How its unique patterns affect the way you think, feel, and live-and how you change them. NY: Hudson Street Press.

Gokhan, N., Meehan, E., F., & Peters, K. (2010). The value of mindfulness-based methods in teaching at a clinical field placement. Psychological Reports, 106, 455-466.

Kenneth W. M., & Barbara A. G. (2011). Social and Emotional Learning in the Classroom. (Eds) (신현숙 역). 파주: 교육과학사.

Lasar, S. W., Kerr, C. E., Wasserman, R. H., Gray, J. R., et al. (2005). Meditation experience is associated with increased cortical thickness. Neuroreport, 17, 1893-1897.

Maloney, J. E., Lawlor, M. S., Schonert-Reichl, K. A., & Whitehead, J. (2017). A mindfulness-based social and emotional learning curriculum for school-aged children: The MindUp program. In K. A. Schonert-Reichl & R. W. Roeser (Eds.), Handbook of Mindfulness in Education: Integrating Theory and Research into Practice (1st ed., pp.313-334). New York, NY: Springer.

OECD (2018). PISA 2018 Results.

Roeser, R. W., Skinner, A., Beers, J., & Jennings, P. A. (2012). Mindfulness training and teachers'professional development: An emerging area of research and practice. Child Development Perspectives, 6(2), 167-173.

Sanger, K. L. & Dorjee, D. (2015). Mindfulness training for adolescents: A neurodevelopmental perspective on investigating modifications in attention and emotion regulation using event-related brain potentials. Cognitive Affective & Behavioral Neuroscience 15(3), 696-711.

Schonert-Reichl, K. A., Oberle, E., Lawlor, M. S., Abbott, D., Thomson, K., Oberlander, T. F., & Diamond, A. (2015). Enhancing cognitive and social-emotional development through a simple-to-administer mindfulness-based school program for elementary school children: a randomized controlled trial. Development Psychology, 51(1), 52-66.

Shapiro, S. Rechtschaffen, D., & de Sousa, S. (2017). Mindfulness training for teachers. In K. A. Schonert-Reichl & R. W. Roeser (Eds.), Handbook of Mindfulness in Education: Integrating Theory and Research into Practice (1st ed., pp.83-97). New York, NY: Springer.

기업에서 명상을 주목한 것은 스트레스 대처에 대한 관심과 필요성 때문이다. 심한 경쟁과 과도한 업무 속에서 스트레스로 인한 긴장과 불안, 우울증 환자가 늘어나고 업무와 생활에 지장을 주었다. 명상은 스트레스 해소에 효과적이며 집중력과 평정심을 유지하는 데에도 좋은 영향을 끼쳐 조직의 생산성과 리더십 향상뿐만 아니라 개인의 웰빙을 함께 달성할 수 있다는 기대감이 높았다. 그렇기 때문에 지금은 심신의 안정과 휴식에 그치는 것이 아니라 의사 결정, 생산성, 직무 만족, 창의력, 혁신 등 인적자원 관리법으로 인정받고 확대되고 있다.

마음챙김 요가

조옥경 (서울불교대학원대학교 교수/ mshanti@daum.net)
박지영 ((주)마인드풀 대표/ aham8@nate.com)

5장

존 카밧진 박사가 MBSR에서 '하타 요가'로 명명한 데서 비롯된 마음챙김 요가는 여러 가지 형태의 '자세(asana)'를 취하는 동안 몸에서 일어나는 감각과 느낌에 순간순간 마음챙김하는 요가이다. 마음챙김 요가는 보디스캔, 정좌 명상과 함께 MBSR의 대표적인 공식 명상 중 하나로 대중적으로 인기 있는 수련으로 꼽히고 있다.

마음챙김은 '지금 - 여기'에 머물면서 일어나는 모든 경험을 있는 그대로 수용하는 훈련이다. 마음챙김 요가는 사념처 수행에서 신(身), 즉 몸에 주의집중함으로써 몸에서 일어나는 현상을 있는 그대로 관찰하는 데 목적이 있다. 수련하다 보면 주의가 '지금 - 여기'에 머물지 못하고 과거나 미래 혹은 특정 대상이나 사건에 머무는 일이 흔히 일어난다. 마음챙김 요가는 자세를 취하는 동안 지속적으로 몸에 주의를 둠으로써 마음챙김의 가장 기본인 '현존'을 경험할 수 있도록 돕는다. 보디스캔이나 정좌 명상의 경우 초보자들은 종종 한 자세를 오랫동안 유지하는 데 어려움을 겪는다. 그러나 마음챙김 요가는 움직이면서 마음챙김을 훈련하기 때문에 지루함이나 산만함을 줄일 뿐 아니라 요가를 마친 후 종종 일어나는 이완감과 활력감 등의 부수적인 효과를 낳아서 명상 수련의 경험이 많지 않은 사람들에게 유용하다.

특히 한국명상학회에서 실시하는 마음챙김 요가(K-Mindful Yoga, K-MY)는 K-MBSR의 특징 중 하나인 집중명상의 요소를 강조할 뿐 아니라 한국인의 특성을 고려하여 호흡 명상을 상당 부분 포함시켰다. 또한 호흡의 리듬에 따라 몸을 반복적으로 움직임으로써 기계적인 몸의 움직임에서 벗어날 수 있게 하였다. 몸에서 일어나는 감각과 느낌뿐 아니라 호흡과 움직임의 통합을 통해 호흡 명상의 요소를 추가함으로써 K-MBSR의 특징에 속하는 호흡 명상으로 자연스럽게 이어질 수 있도록 했다. 이런 방식으로 요가를 실시함으로써 MBSR에서 강조하는 위빠사나(통찰명상)에 더해서 사마타(집중명상)의 결합을 꾀하는 동시에 신체의 활력, 이완감, 통증 완화 등 요가에서 얻을 수 있는 효과의 시너지를 지향했다. 이런 방식의 요가를 훈련한다면 마음챙김의 원리를 이해하여 매트에서 벗어나 일상생활을 살아가면서도 마음챙김을 쉽게 수련할 수 있을 것이다.

1

마음챙김 요가의
이론

1 마음챙김 요가의 정의

마음챙김 요가는 요가 자세를 천천히 그리고 부드럽게 실시하면서 신체 감각과 호흡, 느낌, 생각을 비판단의 태도로 알아차리는 요가이다(조옥경, 2014). MBSR에서는 하타 요가라고 부르지만, 실제로 움직임을 강조하는 움직임 명상, 즉 동적 명상에 속한다고 할 수 있다. 다양한 자세를 취하는 동안 움직임이 일어나는 순간이나 최종 자세 전후 간에 일어나는 감각들의 변화, 나아가 느낌이나 감정, 생각까지도 마음챙김을 하도록 돕는다.

보치오(Boccio)(2009)는 《입출식념경》, 《염처경》을 기반으로 마음챙김 요가를 정의했는데, 아사나를 길게 유지하고 천천히 움직이는 매 순간의 호흡과 신체 감각, 느낌, 감정과 생각, 법(사념처)을 있는 그대로 관찰하고 알아차리는 것이라고 했다.[1] 즉 몸에 주의를 기울이면서 지금 이 순간 몸과 마음에서 일어나는 현상들을 왜곡하지 않고 있는 그대로 관찰하고 알아차리라는 것이다.

칼샤(Khalsa)(2007)는 요가는 기본적으로 명상을 목표로 하기 때문에 명상을 위한 준비 과정이라고 했다. 전통적인 요가의 최종 목표는 삼매의 달성에 있다. 현대 요가는 몸을 지나치게 강조하여 요가의 본래 목표에서 벗어나 있다. 따라서 요가가 추구하는 근본 목표를 달성하기 위해서는 내적 의식의 계발, 의도적인 주의훈련, 호흡에 대한 강조를 부각시킬 필요가 있다.

요가의 대표적인 경전으로 알려진 파탄잘리(Patanjali)의 《요가수트라(Yogasutra)》에서도 '요가는 마음 작용의 지멸(Yogas citta vrtti nirodha)'이라고 요가를 정의하고 있다. 즉 요가는 마음의 산란함이나 졸음, 마음의 온갖 작용으로부터 해방되는 것이다. 따라서 기본적으로 마음챙김 요가는 산란한 마음을 가라앉혀 본격적인 명상을 준비하기 위한 것이다. 전통 요가에 기반을 둔 마음챙김 요가는 주의를 몸에 둠으로써 정신을 산만하게 하거나 집중을 방해하는 온갖 자극으로부터 마음을 안정시키는 것을 우선으로 삼는다. 특히 한국명상학회에서 개발한 K-MY는 MBSR의 요가 자세를 기본으로 하되, 호흡의 리듬을 따라 몸을 천천히 움직이면서 외부로 향해 있는 의식을 내면으로 전환하도록 돕는다. 몸에 대한 자각(마음챙김)을 통해 외부 대상을 새

---

[1] 신(身), 수(受), 심(心), 법(法) 사념처를 강조하는 불교 수행에서는 몸에서 몸을, 느낌에서 느낌을, 마음에서 마음을, 법에서 법을 관찰하며 머무는 수행에 중심을 둔다(조옥경, 윤희조, 2013, p.152).

롭게 인식할 뿐 아니라, 이런 식의 자각은 외부 자극에 자동적으로 반응하는 자신의 습관적인 신체 감각과 느낌의 반응을 알아차림으로써 조건화로부터 해방되도록 한다.

비숍(Bishop)(2004)은 마음챙김은 현재에 주의집중함으로써 마음의 고요함을 유도한다고 하였다. 이를 요가에 적용할 경우, 움직임을 활용하여 의도적으로 주의를 훈련하는 것이 된다. 몸을 움직이면서 지금 - 여기에서 일어나는 호흡과 감각에 주의를 두는 것 자체가 마음챙김을 훈련하는 과정이다. 즉 우선 마음챙김하겠다는 의도를 갖고 몸[身]의 특정 부위에 주의를 두게끔 꾸준히 훈련해가는 것이다.

또한 전통적인 요가는 삼매를 성취하기 위해서는 반드시 호흡을 수련할 필요가 있음을 강조한다. 따라서 K-MY에서는 호흡의 중요성을 부각시켰다. 실제로 우리의 호흡은 몸과 마음을 연결하는 매개 역할을 하는데 요가를 하면서 호흡에 집중한다면, 추후 정좌 자세로 호흡 명상을 할 때 호흡에 쉽게 주의를 모을 수 있다. 또한 MBSR과는 달리 K-MBSR에서는 호흡 명상을 공식 명상으로 두면서 한국인이 선호하는 호흡 명상을 다양한 방식으로 포괄할 수 있게 하였다.

특히 초심자의 경우 정좌 자세를 일정 시간 동안 유지하는 것이 어렵기 때문에 움직임을 통해 마음챙김을 훈련하도록 안내하는 것이 바람직하다. 처음부터 감각, 느낌, 생각 등 내면에서 일어나는 온갖 대상에 주의를 두려고 시도할 경우 오히려 마음이 들뜨고 산만해지기 쉽기 때문이다. 따라서 초기에는 호흡과 신체 감각에 집중하면서 몸을 대상으로 마음챙김을 훈련한 후, 수련이 익숙해졌을 때 느낌과 생각으로 점차 나아가는 것이 좋을 것이다.

2 마음챙김 요가의 특징

요가가 보완대체의학의 심신중재법으로 활용되면서 요가의 효과에 대한 연구가 활발하게 진행되고 있다. 이와 함께 마음챙김 요가에 대한 관심도 높아지면서 요가 전문가들이 마음챙김 요소가 포함된 요가를 선보이고 있는데, 대체로 MBSR 기반 요가, K-MBSR의 마음챙김 요가, 보치오(Boccio)의 마음챙김 요가, 심프킨과 심프킨(Simpkins & Simpkins)의 마음챙김 요가로 구분할 수 있다(안선덕, 2020).

MBSR 기반 요가는 '동적 마음챙김'으로 격렬하지 않고 움직임과 호흡을 천천히, 부드럽게 통합하여 이완 및 집중된 주의 중심으로 진행되며 변화되는 감각에 대한 알아차림을 강조한다. K-MBSR의 마음챙김 요가(K-MY)는 호흡에 대한 알아차림을 추가한 것으로 존 카밧진의 MBSR을 기본으로 역동적인 한국인의 특성에 맞게끔 보완한 것이다. K-MY는 호흡과의 연결에 중점을 두면서 집중된 주의, 의도적 주의훈련, 비판단적이고 수용적 태도를 계발할 수 있도록 안내한다.

보치오(Boccio)의 마음챙김 요가는 붓다의 《사념처경》을 기반으로 신수심법(몸, 느낌, 마음, 법)을 체계적으로 수련할 것을 강조한다고 이미 언급하였다. 그 순서는 신체에 대한 알아차림, 느낌에 대한 알아차림, 마음에 대한 알아차림, 법에 대한 알아차림으로 진행된다.

심프킨과 심프킨(Simpkins & Simpkins)의 마음챙김 요가는 자세 및 호흡을 통해 마음을 다스리고 조절함으로써 요가와 마음챙김을 효과적으로 결합시킨다. 이는 자세를 취할 때 몸 - 호흡 - 마음을 통합할 수 있도록 돕는데 느린 속도, 균형과 침착함, 서두름 없는 조절, 자신에 대한 수용, 비판단적 태도, 지금 이 순간의 경험, 자각에 중점을 둔다.

앞에서 언급한 네 가지 마음챙김에 기반한 요가를 보면 다음과 같은 공통점을 가지고 있다.

첫째, 부드럽고 단순하며 반복적이고 정적인 요가 자세가 주를 이룬다. 부드러움이 특징인 마음챙김 요가를 규칙적으로 수련해가면 사용하지 않는 근육이 위축되는 것을 막고 몸이 유연해질 수 있다. 또한 단순하고 반복적이며 정적이기 때문에 누구라도 쉽게 따라할 수 있다.

둘째, 몸과 마음의 자각(마음챙김)을 증진시키는 수련 방식이다. 마음챙김은 끊임없는 자기관찰 과정이라고 할 수 있다. 마음챙김 요가는 움직임이 일어나는 순간 자신 안에서 일어나는 현상을 관찰하고 자각하도록 돕는다. 특히 몸을 중시하면서 마음은 소홀히 하는 경향이 있는 현대인에게는 마음챙김 요가가 매우 유용한 훈련일 수 있다.

셋째, 호흡의 알아차림과 호흡조절을 중시하는 공통점이 있다. 마음챙김 요가의 가장 큰 특징 중의 하나가 호흡과의 연관성이다. 물론 대중의 사랑을 받는 각양각색의 요가들도 호흡을 중요시하지만, 이들 요가에서는 호흡을 의도적으로 조절하고 특정한 방식으로 호흡을 수련하게끔 한다. 하지만 마음챙김 요가는 지금 - 여기에서 각자의 호흡 패턴을 관찰하고 자신에게 익숙한 호흡의 리듬에 맞추어 자연스럽게 움직임을 따라가도록 한다. 따라서 이런 방식으로 훈련할 경우, 각자가 자신에게 자연스럽게 느껴지는 호흡을 생생하게 알아차리면서 스스로 조절할 수 있다.

넷째, 장소와 시간에 관계없이 실천이 가능하다. 마음챙김 요가는 몸에 지속적으로 주의를 두면서 무리가 가지 않는 범위 내에서 진행한다. 목표로 삼는 최종 자세를 완벽하게 취하는 것이 아니라 자신의 몸이 허용하는 범위, 즉 자신의 한계를 알아차리고 그 한계를 존중하면서 서서히 나아가도록 한다. 따라서 환자나 장애인 등 신체적으로 제한이 있는 사람들에게도 크게 부담을 주지 않는다는 장점이 있다.

3　요가의 치료적 효과

보완대체의학에서 심신중재법으로 분류하고 있는 요가의 치료적 효과는 과학적으로 증명되어 현재 임상에서 질병 예방 및 치료를 위한 중재법으로 적극 활용되고 있다. 요가는 특히 통증, 심혈관 질환, 면역 기능 등에서 그 효과가 뚜렷하다고 알려져 있다. 요가는 요통, 류마티즘성 관절염, 두통 등의 통증을 경감시키고(Büssing, Ostermann, Lüdtke, & Michalsen, 2012), 혈압, 글루코스와 콜레스테롤 수치를 낮추며(Yang, 2007), 부교감신경계의 활성화를 통해 자가면역 기능을 향상시킨다(Sharma, Haider, & Bose, 2012; Hansen & Innes, 2013; Frank & Larimore, 2015).

최근에는 요가와 심리치료의 결합을 시도하는 연구들이 다수 출간되고 있는데, 이를 통해 특히 각종 질병에 대체로 수반되는 우울, 불안에도 효과가 있다는 사실이 밝혀지고 있다. 또한 몸과 마음의 상호 연결성을 강조하는 연구들이 증가하면서 심신통합적 접근으로서 요가의 치료적 효과에 대한 관심이 높아지고 있다(왕인순, 2020). 그 밖에도 요가는 우울, 불안뿐 아니라 자가면역질환이나 불면과 같은 증상에도 긍정적인 효과가 있는 것으로 알려지고 있다(Field, 2011).

특히 트라우마 치료 분야에서 몸에 대한 관심이 높아지고 있는데, 몸과 마음을 함께 다루는 대표적인 치료에 속하는 SE(Somatic Experiencing), STT(Somatic Traumatic Therapy), SP(Sensorimotor Psychotherapy) 등과 같은 치료법이 등장하기 시작했고, 이를 기반으로 아이레스트(iREST)[2]와 트라우마 치유 요가(Trauma-Sensitive Yoga) 등에 관심이 모이고 있다.

그 밖에도 마음챙김 요가는 섬유근육통 환자들의 비정상적인 통증을 완화하고(Carson, Carson, Jones, Lancaster, & Mist, 2016), 섭식장애를 개선하며(Douglass, 2011), 정신병리의 위험성이 높은 임산부에게

---

2 요가이완법이자 명상법인 요가니드라를 임상심리사 리처드 밀러(Richard Miller)가 현대적으로 변형시킨 치료법으로 임상적으로 검증된 명상 프로토콜로 평가받고 있으며 만성통증 및 외상 후 스트레스 장애 증상을 개선시킨다는 임상 연구들이 축적되고 있다

효과적일 뿐 아니라(Muzik, Hamilton, Rosenblum, Waxler, & Hadi, 2012), 유방암 생존자들이 흔히 겪는 통증, 피로, 수면장애, 불안이나 우울 같은 심리적 고통 등을 개선시킨다(Stan, Collins, Olsen, Croghan, & Pruthi, 2012; Carson, Carson, Olsen, Sanders, & Porters, 2017). 최근에는 마음챙김을 하면서 움직이는 훈련은 성인뿐 아니라 주의장애가 있는 어린이에게도 인지 및 주의 기술을 향상시킨다는 연구 결과들이 생산되고 있다(Clark, Schumann, & Mostofsky, 2015).

요가 치료는 요가의 이론과 실천방법을 적용하여 건강과 웰빙을 증진하는 데 중점을 두면서 이를 위한 개인의 역량 강화를 강조한다(LAYT, 2012).[3] 요가의 인간관에 따르면 인간은 몸, 호흡, 마음, 지성, 기쁨(pancha kosha)의 요소들이 상호작용하는 다차원의 시스템이다. 따라서 온전한 치료를 위해서는 자기 자각(self-awareness), 즉 마음챙김을 바탕으로 한 '몸 - 정서 - 마음 - 영혼'의 통합이 전제되어야 한다는 것이다(조옥경, 왕인순, 2016).

4 마음챙김 요가의 연구 현황

마음챙김 요가 연구는 해외에서는 2003년, 국내에서는 2009년 첫 발표를 시작으로 2020년 기준 해외 124편, 국내 18편으로 의학 및 보완대체요법, 신경학 등 다양한 분야의 학술지에서 총 142편이

---

[3] 국제요가치료사연맹 LAYT는 1989년에 창립되었다. 요가 치료의 전문성 확보 및 다양한 분야와의 통합작업으로 서구 요가치료의 대중화에 기여하고 있으며, 1991년부터 매년 《국제요가치료저널(International Journal of Yoga Therapy)》을 발간하고 있다.

발표되었다(안선덕, 2020).

마음챙김 요가의 연구 분야별 현황을 보면 해외에서는 의학 및 보건 분야, 보완대체요법, 신경학 순으로 연구가 진행되고 있다. 해외에서의 활발한 연구에 비해 국내에서는 운동 및 스포츠 분야에서 주로 요가의 효과를 연구하고 있기 때문에 요가의 심리치료적 효과에 관한 연구는 비교적 희소한 실정이다. 따라서 국내 심리학, 심리치료, 정신의학 분야에서는 요가에 더 관심을 기울일 필요가 있을 것이다.

질환별 연구 현황을 보면 국내의 경우, 심리 치료에서는 스트레스, 정서조절, 불안, 우울, 트라우마 등의 순으로 연구가 진행되었고, 신체와 관련된 분야에서는 유방암 관련 연구가 가장 많다. 이에 반해 해외의 경우에는 스트레스, 불안, 우울 등이 가장 많았고 뇌성마비, 통증, 고혈압, 소진, 유방암, 정서조절, 외상 후 스트레스 장애(PTSD), 주의력결핍 과잉행동장애(ADHD), 중증 정신장애 및 파킨슨병 등의 질환에서 요가의 활용이 활발하다.

이런 자료들을 종합하면, 몸과 마음을 동시에 다루면서 몸 - 마음의 통합을 꾀하는 마음챙김 요가는 국내외에서 전망이 밝은 연구 주제일 뿐 아니라 임상적 활용도 기대되는 분야라는 결론을 내릴 수 있다.

5 신체 감각의 구성 요소

신체에 대한 마음챙김은 신체 감각에 주의를 두는 데 초점이 있다. 미세한 신체 단서를 인식하는 능력은 통증이 수반되는 만성질병을 잘 관리하는 데 도움을 준다(Afrell, Biguet, & Rudebeck, 2007). 그렇다면 신체 감각에 주의를 기울일 때 마음챙김의 구체적인 대상은 무엇일까? 신체 감각은 크게 ① 촉각, 온각, 냉각, 통각 같은 피부감각 ② 몸의 위치, 움직임, 자세, 균형에서의 관절각과 근육 긴장에 대한 정보를 포함하는 고유수용감각(proprioception) ③ 심장박동, 호흡, 체온, 포만감, 장기의 이상, 정서와 연결된 자율신경계 활성화와 같은 신체의 생리적 상태와 관련된 내부수용감각(interoception)으로 구분할 수 있다(김안나, 2016). 따라서 마음챙김 요가를 실시할 때는 피부감각, 고유수용감각, 내부수용감각에 의도적으로 주의를 기울이되, 그것들을 있는 그대로 허용하는 비판단적이고 수용적인 태도를 유지할 수 있어야 한다.

마음챙김 훈련을 위해서는 요가 자세들을 실시할 때 수련자 각자가 스스로 이렇게 탐색하는 것이 좋다. 몸의 어느 부위에서 가장 강한 감각이 느껴지는가? 이때 얼굴, 목, 어깨, 가슴, 등, 엉덩이, 팔과 다리를 빠르게 보디스캔하면서 살펴본다. 또한 몸의 어느 부위를 긴장하고 있는가? 긴장하고 있다면 그 긴장의 정도는 어느 정도인가? 체온의 변화가 있는가? 내부 장기에서 통증이나 불편함이 올라오는 곳은 없는가? 이런 질문들을 스스로 던지면서 몸으로부터 주의가 달아나지 않게 한다.

6 호흡의 중요성

호흡은 요가 수련에서 핵심적인 역할을 담당한다. 존 카밧진의 MBSR 하타 요가에서는 호흡을 별도로 훈련시키고 있지 않지만, 호흡 명상에 관심이 많은 한국인에게는 호흡을 집중 대상으로 삼아 훈련하는 것이 더 효과적일 때가 많다. 호흡에 주의를 두는 습관은 정좌 자세에서 호흡 명상을 실시할 때 호흡을 더 잘 알아차릴 수 있도록 하고 명상의 깊이와 재미를 더해준다. 호흡을 중시한 아자야(Ajaya)(2015)는 "개인에게 꼭 맞는 호흡조절의 지속적인 수련을 통해 신경계 활동을 조절함으로써 더 고요하고 건강한 몸과 마음이 되는 일이 가능하다"고 했다. 따라서 K-MY에서는 지속적으로 움직이는 가운데 호흡에 주의를 기울이도록 안내한다.

호흡의 일반적인 중요성은 다음과 같다.

첫째, 호흡은 주의를 집중할 초점을 제공하여 주의가 산만해지는 것을 방지한다.

둘째, 움직임 속도를 조절하여 너무 빠르거나 느리지 않게 속도 조절자의 역할을 한다.

셋째, 호흡은 몸과 마음을 연결하는 가교 역할을 한다. 마음 상태와 호흡은 밀접한 관계가 있으므로 호흡을 안정시킴으로써 마음을 안정시키고, 이에 따라 몸도 이완되도록 유도한다.

넷째, 호흡을 조절함으로써 보통의 경우에는 자의적 조절이 불가능한 자율신경계를 조절하여 교감신경계 - 부교감신경계의 균형을 맞춘다.

다섯째, 호흡을 통해 통증의 조절이 가능하다. 보통 통증이 생기는 부위에는 긴장이 있기 마련인데, 그 부위로 의도적으로 호흡을 보냄으로써 긴장 부위를 이완하여 통증을 감소시킬 수 있다(Salmon 외, 2009).

7 마음챙김 요가 수련 시 주의사항

샐먼(Salmon), 루시(Lush), 재블론스키(Jablonski)와 셉톤(Sephton)(2009)은 마음챙김이 강화된 요가를 실시할 때의 몇 가지 중요한 요소들을 지적했다. 이들은 마음챙김 요가의 핵심적인 요소들을 다음과 같이 세 가지로 구분하였다.

첫째, 집중된 주의다. 요가의 궁극적 목표는 한 대상에 주의를 고정시키는 것(one-pointedness)임을 고려할 때 이러한 목표는 마음챙김 요가에도 그대로 적용된다.

둘째, 주의 깊고 인내심 있는 의도적 훈련이다. 마음챙김 요가를 실시할 때 올바른 자세와 호흡에 유념하면서 자세를 실시하는 동안에 일어나는 순간순간의 감각에 주의를 기울인다.

셋째, 비판단적이고 수용적인 태도의 함양이다. 신체적으로 무리가 되는 자세를 취하려고 애쓰기보다는 비판단적인 방식으로 자신의 능력과 한계를 탐구하는 태도를 취한다.

용이성과 단순성을 강조하는 마음챙김 요가는 특정 자세에 진입하고, 자세를 유지하며, 자세를 푸는 일련의 움직임에 중점을 두기보다는 마음챙김 훈련에 중점을 둔다. 따라서 신체 활동보다는 순간순간 일어나는 감각과 느낌들을 명료하게 알아차리는 것이 훨씬 중요하다.

다음은 마음챙김 요가를 실시할 때 반드시 고려해야 할 몇 가지 주의사항이다.

첫째, 각자 자신의 역량에서 출발한다. 마음챙김 요가는 자세의 완성이 아닌 요가 자세를 취하는 순간순간 일어나는 경험에 대한 관찰과 마음챙김이 핵심을 이룬다. 따라서 자신의 역량이 어느 정도인지를 알아차리고 자신의 한계를 존중하면서 그 한계를 애정 어린 태도로 온전히 수용한다.

둘째, 몸의 긴장을 풀어주는 쉬운 자세나 준비운동으로 시작한다. 고개 돌리기나 팔 돌리기, 관절들을 풀어주는 것과 같은 쉬운 자세를 미리 실시하여 안전하게 요가를 실시할 수 있도록 준비한다.

셋째, 주된 자세를 실시한 후에 반대 자세로 균형을 맞춘다. 몸의 좌 - 우, 전 - 후(전굴과 후굴) 등 서로 반대되는 자세를 취하여 삶의 균형감을 되찾도록 하는 것이 요가의 중요한 목표이다. 따라서 주된 자세를 취한 후에 반대 자세를 실시함으로써 몸의 균형과 밸런스를 맞춘다.

넷째, 정적인 자세를 실시하기 전에 동적인 자세를 취한다. 이때 움직임과 호흡을 조율하는 것이 중요하다. 마음챙김 요가를 실시할 때 동적인 자세 후 정적인 자세에 머물도록 안내할 수도 있다. 이런 방식으로 훈련하면 근육에 쌓인 긴장이 줄어들 뿐만 아니라 균형감각을 쉽게 익힐 수 있다. 또한 호흡과 움직임의 조율, 호흡에 대한 관찰을 통해 호흡에 더 집중하고 자각할 수 있도록 돕는다.

마음챙김 요가의
실제

다음에 제시된 마음챙김 요가는 오랜 기간 마음챙김 요가를 연구하고 프로그램을 개발해온 조옥경의 요가 시퀀스이다. 존 카밧진의 MBSR에서 제시한 하타 요가 자세를 중심으로 하되, K-MBSR의 호흡을 포함한 집중의 요소를 추가하였음을 이미 언급했다. 특히 각 자세를 실시할 때 반복 횟수와 마음챙김의 대상을 구체적으로 명시함으로써 요가 자세를 기계적으로 반복하지 않고 요가를 마음챙김 훈련으로 충분히 활용할 수 있도록 안내했다.

다음은 초급 수련자와 중급 및 고급 수련자들이 마음챙김 요가를 훈련할 때 고려해야 할 사항을 정리한 것이다.

◆ 호흡에 주의를 두고 자세를 실시할 때 보통은 후굴에는 들숨을, 전굴에는 날숨을 기본으로 하여 진행한다.

◆ 자세 전후 호흡의 변화를 관찰한다.

◆ 움직임이 끝난 후 몸 전체에서 일어나는 신체 감각을 알아차린다.

◆ 움직임 전후에 몸에서 일어나는 감각과 느낌의 차이를 비교해보면서 어떤 변화가 있는지 알아차린다.

중급 및 고급

◆ 초급에서와 마찬가지로 자세를 실시하는 동안 신체 감각을 관찰하고 느낌과 더불어 어떤 생각이 일어나는지 알아차린다.

◆ 호흡의 리듬을 따라 움직임을 반복한 후 일정 자세를 유지할 때 느낌, 감정, 생각 등 내면에서 일어나는 변화를 관찰한다.

◆ 지금 - 여기에서 일어나는 현상이 실체로서 남아 있는지 아니면 끊임없이 변화하는지[無常] 알아차린다.

◆ 통증이 있는 경우 그 통증에 주의를 집중해서 그것을 확대경으로 들여다보듯 5~10배 확대해서 세밀하게 살펴본다. 이것이 통증인가? 아니면 변화하는 생명의 떨림인가? 미세한 진동에 불과할 뿐인가?

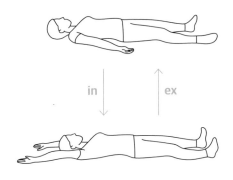

1 누워서 두 팔 들어올리기

반복횟수
4~8회

마음챙김 대상
- 어깨의 움직임
- 팔의 움직임 감각
- 중간에 호흡이 끊어지는 않는가?

주의사항
중간에 숨이 차면 멈추고 호흡에 주의를 둔다.

2 골반 들어올리기

반복횟수
4~8회

마음챙김 대상
- 척추 하나하나의 움직임
- 몸통 전면이 늘어나는 감각
- 골반을 최대로 올릴 때 호흡이 멈추지는 않는가?

주의사항
허리에 통증이 느껴지면 움직임을 멈춘다.

자세가 끝난 후
- 몸 전면과 후면의 감각 차이를 알아차린다.
- 강한 감각이 남아 있는 곳은 어디인가?
- 척추 마디마디에서 미세한 공간이 느껴지는가?

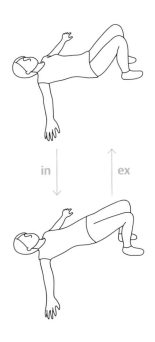

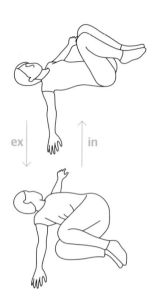

3 누워서 비틀기

반복횟수
한쪽당 2~3회

마음챙김 대상
- 몸의 측면과 허리의 비틀림 감각
- 비트는 정도에 따라 호흡이 변화하는가?

자세가 끝난 후
- 몸통 양쪽의 감각이 다른가?
- 남아 있는 감각에 나는 어떻게 반응하고 있는가?

4 무릎 당기기

반복횟수
4~8회

마음챙김 대상
- 허리가 긴장하고 있는가? 있다면 어느 정도인가?
- 골반과 고관절 사이의 공간을 느낄 수 있는가?

자세가 끝난 후
- 고관절과 허벅지에서 어떤 감각이 일어나는가?
- 호흡이 편해졌는가?

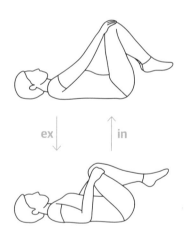

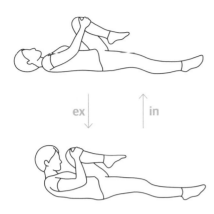

5 한쪽 무릎을 굽히고 이마를
무릎 쪽으로 들어올리기

반복횟수
한쪽당 2~3회

마음챙김 대상
- 뒷목이 늘어나는 감각을 느낄 수 있는가?
- 골반이 늘어나는 감각을 느낄 수 있는가?
- 몸과 어깨에서 긴장이 느껴지는가?
- 바닥에 놓인 다리의 상태는 어떠한가?

자세가 끝난 후
- 목과 어깨의 긴장이 남아 있는가?
- 긴장이 남아 있는 부위로 날숨을 보내본다.
- 통증이 점차 사라지는 과정을 알아차린다.

6 누워서 한쪽 다리씩 뻗어
올리기

반복횟수
한쪽당 2~3회

마음챙김 대상
- 무릎의 공간이 변화하는 것을 느낄 수 있는가?
- 발목의 움직임에도 주의를 기울인다.
- 유연한 쪽을 더 '좋다'고 판단하고 있지는 않은가?

자세가 끝난 후
- 무릎 뒤, 종아리, 발에 남아 있는 감각을 알아차린다.
- 무릎에서 통증이 느껴지는 경우 걱정하거나 불안하지 않은가?
- 이런 감정에 나는 어떻게 반응하는가?

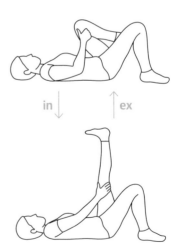

7 옆으로 누워 다리 들어올려 당기기

반복횟수
한쪽당 2~3회

마음챙김 대상
- 들어올린 다리의 고관절에서 일어나는 감각의 변화를 알아차린다.
- 움직임과 호흡이 조화를 이루는가?
- 양쪽 다리에서 차이가 느껴지는가?

자세가 끝난 후
- 호흡에는 변화가 있는가?
- 지금 이 순간 몸에 남아 있는 감각은 무엇인가?

8 고개를 한쪽으로 돌리고 엎드리기

이 자세에 머물면서 2~3분 휴식한다.

마음챙김 대상
- 바닥과의 접촉면에 넓게 주의를 둔다.
- 배에서 일어나는 감각을 알아차린다.
- 날숨을 더 길게 늘여본다.
- 등에서 일어나는 호흡의 움직임을 알아차린다.

9 엎드린 상태에서 가슴과 한쪽 다리 들어올리기

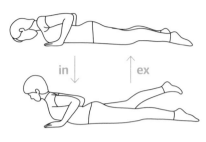

반복횟수
한쪽당 2~3회

마음챙김 대상
- 다리를 엉덩이부터 들어올리면 느낌이 어떻게 다른가?
- 치골로 바닥을 누르면 감각이 어떻게 달라지는가?
- 척추 아래쪽부터 말아 올리듯 가슴을 들어 올려볼 수 있는가?
- 이때 강하게 감각이 느껴지는 부위는 어디인가?
- 양쪽 다리에서 차이가 느껴지는가?

자세가 끝난 후
- 호흡이 거칠어졌는가? 아니면 그대로인가?
- 등과 허리에 통증이나 불편함이 있는가?
- 긴장된 근육이 이완되면 통증이 변하는가?
- 척추 전체에 남아 있는 감각은 무엇인가?

10 엎드려서 상·하체 들어올리기

이 자세에서 6~18회 호흡한다.

마음챙김 대상
- 어떤 부위에서 호흡이 느껴지는가?
- 시간이 흐를수록 호흡이 어떻게 변하는가?
- 자세를 유지할 때 어떤 근육을 사용하는가?

자세가 끝난 후
- 힘든 자세 후에 호흡이 거칠어진 것을 알아차릴 수 있는가?
- 시간이 지나면서 호흡이 점차 고요해지는가?
- 긴장된 몸이 풀리면서 마음이 편해지는가?
- 고통스러운 순간에 무슨 생각이 주로 떠오르는가?

11 테이블 자세로 고양이 - 소처럼 몸통을 움직이기

반복횟수
4~8회

마음챙김 대상
- 등과 가슴에서 어떤 감각이 일어나는가?
- 호흡과 움직임이 조화로울 때 어떤 느낌이 드는가?
- 척추 마디마디의 움직임도 알아차릴 수 있는가?
- 자세가 불안정해지면 마음은 어떤 방식으로 움직이는가?

자세가 끝난 후
- 테이블 자세에서 몸무게를 지탱하고 있는 손바닥과 무릎에 주의를 둔다.
- 발목의 위치도 확인한다.
- 두 무릎 사이의 거리는 그대로 유지되고 있는가?

12 무릎 꿇고 상체를 바닥으로 숙이기

반복횟수
4~8회

마음챙김 대상
- 어느 부위에서 호흡이 가장 잘 느껴지는가?
- 몸의 전면과 후면의 감각에 차이가 있는가?
- 몸의 전면이 펴지고 접힐 때 감각은 어떤가?
- 가슴과 허벅지가 닿은 감각에 주의를 둘 수 있는가?

자세가 끝난 후
- 허리의 느낌은 어떤가? 통증이나 불편감은 없는가?
- 허리의 긴장에 변화는 있는가?
- 이마로 바닥을 누르며 자세를 유지할 때 가슴이 허벅지에 닿는 면을 알아차린다. 거기에서 잠시 호흡을 알아차린다.

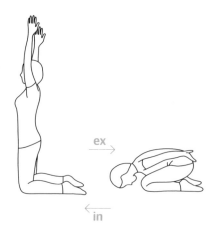

13 테이블 자세에서 한쪽 팔씩 들어올리기

반복횟수
자세를 유지하면서 6~12회 호흡한다(반대쪽도
실시한다).

마음챙김 대상
- 가슴 전체에서 일어나는 감각에 주의를
  기울인다.
- 들숨을 더 깊게 하면 가슴이 조금씩 더
  열리는가?

자세가 끝난 후
- 테이블 자세를 유지하면서 가슴에 남아 있는
  감각을 알아차린다.
- 호흡에 변화가 있는가?
- 정강이가 내 몸을 안정되게 받쳐주고
  있는가?

14 테이블 자세에서 한쪽 팔과 반대쪽 다리 들어올리기

반복횟수
한쪽당 2~3회

마음챙김 대상
- 균형을 잘 잡을 수 있는가?
- 몸이 흔들리면 호흡은 어떻게 변하는가?
- 호흡이 불안정해지면 기분은 어떻게
  변하는가?
- 자세를 하는 중에 어떤 생각이 떠오르는가?

자세가 끝난 후
- 테이블 자세를 유지하면서 팔과 다리에 남아
  있는 감각을 알아차린다.
- 양쪽이 다르게 느껴지는가?
- 어느 쪽이 더 불편하고, 어느 쪽에서
  안정감을 느끼는가?

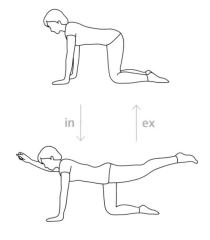

15 누워서 무릎을 굽히고 골반 들어올리기

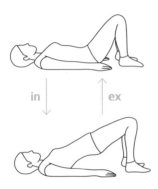

반복횟수
4~8회

마음챙김 대상
- 척추 하나하나의 움직임을 느낄 수 있는가?
- 몸통 전면이 늘어날 때 시원한 느낌이 드는가?
- 골반을 들어올릴 때 호흡이 멈추지는 않는가?

주의사항
허리에 통증이 느껴지기 시작하면 즉시 멈춘다.

자세가 끝난 후
- 몸 전면과 후면의 감각 차이를 알아차린다.
- 허리의 상태를 알아차린다. 혹시 통증이 남아 있는가?
- 지금 이 순간 골반의 위치는 어떤가? 남아 있는 감각이 있는가?

16 상·하체를 말아 올려 구르기

반복횟수
12~20회 앞뒤로 구르기를 반복한다.

마음챙김 대상
- 이런 식으로 등 전체를 마사지할 때 시원한가? 불편한가?
- 손끝과 발끝도 느낄 수 있는가?
- 목에 힘을 잔뜩 주고 있지는 않은가?
- 무릎을 지나치게 당기는 건 아닌가?

자세가 끝난 후
누운 상태에서 날숨을 길게 하면서 활력이 온몸에 퍼지도록 허용한다.

17 누워서 휴식하기

편안하게 누운 상태에서 3~5분 휴식한다.

마음챙김 대상
- 목부터 꼬리뼈까지 척추가 똑바로 정렬되어 있는가?
- 발끝부터 정수리까지 빠르게 보디스캔한다.
- 가슴이나 배에 주의를 두고 호흡을 알아차린다.
- 지금 여기에 온전히 존재하는 현존의 느낌에 집중한다.

참고사항
- 머리부터 발꿈치까지 가능한 한 많은 부분이 바닥에 닿게 한다.
- 허리가 불편한 경우 두 무릎을 굽혀도 좋다.

서서 실시하는 마음챙김 요가

1 서서 앞으로 숙이기

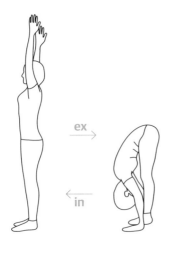

ex →

← in

반복횟수
4~8회

마음챙김 대상
- 호흡이 온몸으로 흐르는 것을 느낄 수
  있는가?
- 날숨이 길어지면 몸통이 더 깊이 내려가는
  걸 느낄 수 있는가?
- 골반을 들어올릴 때 호흡이 멈추지는
  않는가?

참고사항
허리가 불편한 분들은 무릎을 살짝 구부린다.

자세가 끝난 후
- 두 팔을 내리고 서서 허리에 긴장이 남아
  있는지 살펴본다.
- 무릎의 상태는 어떤가?
- 고관절에는 어떤 감각이 남아 있는가?
- 몸통의 전면과 후면에 감각의 차이가
  있는가?

2 서서 어깨를 풀어주기

반복횟수
3~4회

마음챙김 대상
- 어깨와 목에서 어떤 감각이 느껴지는가?
- 팔의 움직임도 알아차린다.
- 움직이는 동안에 호흡을 멈추지는 않는가?

자세가 끝난 후
- 두 팔을 내리고 서서 두 발에 몸무게가 골고루 실렸는지 알아차린다.
- 목과 어깨에는 어떤 감각이 남아 있는가?
- 자연스럽게 호흡하고 있는가?

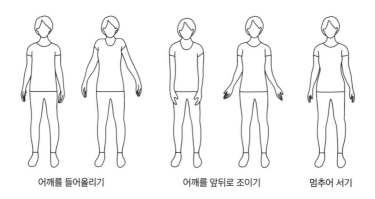

어깨를 들어올리기　　　　어깨를 앞뒤로 조이기　　　멈추어 서기

3 서서 팔을 옆으로 벌려 밀어내기

반복횟수
3~4회

마음챙김 대상
- 팔, 손목, 손바닥에서 어떤 감각이 일어나는가?
- 벽을 밀듯 손바닥을 밀어낼 때 긴장하는 부위는 어디인가?
- 힘을 뺄 때와 줄 때의 차이를 느낄 수 있는가?

자세가 끝난 후
- 두 팔을 내리고 서서 잠시 호흡을 가다듬는다.
- 자연스럽게 호흡하는가?
- 몸 전체에서 호흡이 흐르도록 허용한다.

4 측면으로 서서 두 팔을 올려
   가슴을 열기

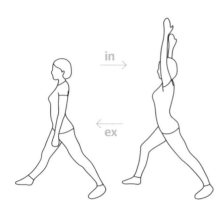

반복횟수
한쪽당 2~3회

마음챙김 대상
- 가슴을 열 때 숨이 충분히 들어오는가?
- 가슴을 충분히 열면 견갑골 사이가 줄어드는
  것을 느낄 수 있는가?
- 두 발에 몸무게가 골고루 실려 있는가?
- 들숨이 중간에 끊어지지 않는가?

자세가 끝난 후
- 두 팔을 내리고 서서 잠시 머물러본다.
- 숨이 더 들어오면 활력이 생기는가?
- 가슴이 확장되면 기분은 어떻게
  달라지는가?

5 양팔 벌리고 서서 한쪽 다리
   들어올리기

자세 유지 시간
한쪽당 6~12회 호흡

마음챙김 대상
- 균형을 잘 잡을 수 있는가?
- 하체가 흔들리면 마음 또한 흔들리는 것을
  알아차릴 수 있는가?
- 호흡이 불안정해지지는 않는가?

자세가 끝난 후
- 지금 이 순간 다리에 떨림이 남아 있는가?
- 호흡이 거칠어졌는가? 그렇다면 안정될
  때까지 기다린다.
- 힘든 자세 후에 이완의 느낌을 충분히 느낄
  수 있는가?

6 나무자세로 서기

자세 유지 시간
한쪽당 6~12회 호흡

마음챙김 대상
- 균형을 못 잡고 흔들릴 때 어떤 생각이
  떠오르는가?
- 들어올린 발바닥에 닿은 반대쪽 허벅지의
  느낌은 어떤가?
- 시간이 지날수록 감각과 느낌이 어떻게
  달라지는가?

참고사항
- 이 자세가 어려운 경우 발목까지만 올린다.

자세가 끝난 후
- 두 팔을 내리고 서서 잠시 머물러본다.
- 안도감과 편안함이 회복되면서 몸과 마음이
  이완되는 것을 느낄 수 있는가?
- 계속 이 느낌 속에 머물기를 바라는가?
- 그 느낌에 집착하고 있지는 않은가?

7 양팔 벌리고 서서 몸통 비틀기

반복 횟수
한쪽당 2~3회

마음챙김 대상
- 비틀 때 호흡은 어떤가?
- 숨을 더 길게 내쉬면서 조금 더 비틀어본다.
  느낌의 변화를 알아차릴 수 있는가?
- 시간이 지나면서 양팔에 통증이나 불편감이
  있으면 회피하지 않고 그대로 알아차린다.

자세가 끝난 후
- 두 팔을 내리고 잠시 선 자세를 유지한다.
- 허리와 측면에 어떤 감각이 남아 있는가?
- 팔에서 어떤 감각을 느낄 수 있는가?

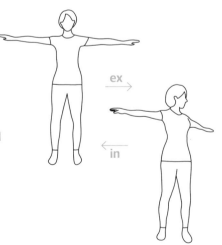

8 서서 옆으로 기울이기

자세 유지 시간
한쪽당 6~12회 호흡

마음챙김 대상
- 몸통 측면이 늘어나는 느낌을 알아차릴 수
  있는가?
- 날숨을 더 길게 하면서 더 깊숙이
  기울여본다. 느낌의 변화는 어떤가?
- 한쪽 발에 몸무게가 더 실리는 것을
  알아차릴 수 있는가?

자세가 끝난 후
- 두 팔을 내리고 서서 잠시 머물러본다.
- 몸 전체에 남아 있는 감각은 무엇인가?
- 호흡에는 어떤 변화가 있는가?

9 양팔 벌리고 서서 비틀기

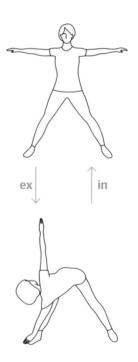

ex ↓   in ↑

반복 횟수
한쪽당 2~3회

마음챙김 대상
- 비틀 때 호흡은 어떤가?
- 허리와 골반에서 일어나는 스트레칭을
  알아차릴 수 있는가?
- 두 발 중 어느 한쪽에 더 힘을 주지 않는가?
- 무릎의 긴장도는 어느 정도인가?

참고사항
손이 발까지 닿지 않는 경우 가능한 위치까지
내린다.

자세가 끝난 후
- 두 팔을 내리고 서서 양쪽 다리에 몸무게가
  골고루 실렸는지 알아차린다.
- 양팔에는 어떤 감각이 남아 있는가?
- 스트레칭한 부위가 편안해지는 것을 느낄 수
  있는가?

10 두 팔 들어올리고 서서 스쿼팅하기

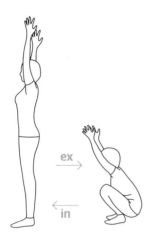

반복 횟수
4~8회

마음챙김 대상
- 고관절이 수축하고 이완하는 것에 주의를 둔다.
- 골반을 가능한 한 깊이 내리면서 두 발의 균형감을 살펴본다.
- 균형이 흔들리지 않는가?
- 발바닥, 무릎, 허벅지에 가해진 자극의 정도를 알아차린다.

자세가 끝난 후
- 두 팔을 내리고 서서 잠시 고요하게 머물러본다.
- 긴장이나 피로가 쌓인 부위까지 날숨을 보낸다고 상상하면서 이완한다.

11 서서 두 팔을 앞으로 뻗고 엉덩이를 내리기

자세 유지 시간
6~18회 호흡

마음챙김 대상
- 발, 발목, 등에서 일어나는 감각을 알아차린다.
- 골반을 조금 더 내릴 수 있는가? 이때 감각의 변화는 어떤가? 자신의 한계는 어디인가?
- 시간이 흐르면서 하체에 긴장이 쌓이는 것을 느낄 수 있는가?

자세가 끝난 후
- 몸을 세우고 팔을 내리고 서서 몸을 약간 흔들어준다.
- 긴장이나 피로가 쌓인 부위에 날숨을 길게 보낸다.
- 시간이 지날수록 다리에 쌓인 긴장감이 사라지는 과정을 알아차린다.

12 앉아서 두 발바닥을 마주하고 무릎을 흔들기

자세 유지 시간
1~2분(두 무릎을 위아래로 흔들어준다.)

마음챙김 대상
- 골반과 허벅지 안쪽의 긴장이 풀어지는 것을 느낄 수 있는가?
- 속도를 조절하면 감각이 어떻게 변하는가?

자세가 끝난 후
- 움직임을 멈추고 자세를 유지한다.
- 다리에는 어떤 감각이 남아 있는가?
- 호흡은 자연스럽게 흐르는가?

13 앉아서 한쪽 다리를 접은 후 앞으로 숙이기

반복 횟수
한쪽당 2~3회

마음챙김 대상
- 숨을 더 길게 내쉬면서 이마를 다리 쪽으로 더 깊게 내릴 수 있는가? 이때 어떤 감각과 느낌이 일어나는가? 등이 더 늘어나는 것을 느낄 수 있는가?
- 매 들숨에 가슴이 조금씩 더 펴지는 것을 알아차릴 수 있는가?

자세가 끝난 후
- 두 다리를 뻗고 앉아서 양쪽 다리에 남아 있는 감각을 알아차린다. 차이가 있는가?
- 골반에 남아 있는 감각은 무엇인가?
- 지금 - 여기에서의 감각을 판단 없이 수용할 수 있는가?

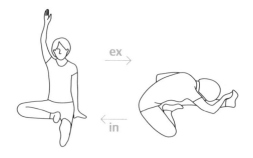

자세 유지 시간
6~18회 호흡

마음챙김 대상
- 숨을 내쉴 때마다 조금씩 더 비틀 수
  있는가? 이때 감각은 어떻게 변하는가?
- 호흡이 중간에 끊어지지 않고 자연스럽게
  흐르는가?

자세가 끝난 후
- 정면을 보고 앉아서 두 손을 무릎에 둔다.
- 허리, 등, 목에 어떤 감각이 남아 있는가?
- 날숨을 조금씩 더 길게 내쉬면서 몸과
  마음이 고요해지기를 기다린다.
- 이완감에 잠시 머물러본다.

15 바닥에 누워 휴식하기

편안하게 누운 상태에서 3~5분 휴식한다.

마음챙김 대상
- 목부터 꼬리뼈까지 척추가 똑바로 정렬되어 있는가?
- 발끝부터 정수리까지 빠르게 보디스캔한다.
- 가슴이나 배에 주의를 두고 호흡을 알아차린다.
- 지금 여기에 온전히 존재하는 현존의 느낌에 집중한다.

참고사항
- 머리부터 발꿈치까지 가능한 한 많은 부분이 바닥에 닿게 한다.
- 허리가 불편한 경우 두 무릎을 굽혀도 좋다.

김안나(2016). 몸알아차림에 기반한 요가자세 및 움직임이 갖는 자기 조절과 치유효과에 관한 이론적 고찰. 무용역사기록학, 40, 109-139.

안선덕(2020). 마음챙김 요가의 최근 국내외 연구현황. 요가학연구, 23, 45~89.

양희연, 조옥경(2014). 마음챙김 요가와 요가니드라가 마음챙김, 스트레스 지각 및 심리적 안녕감에 미치는 영향. 한국심리학회: 건강, 19(1), 23-41.

왕인순(2020). 우울 개선을 위한 요가치료 접근법에 관한 소고. 불교문예연구, 15, 281-3320.

조옥경, 양희연(2010). 요가인의 마음챙김 정도 및 마음챙김 요가의 수용도에 관한 연구. 한국명상치유학회지, 1권, 1호, 99-111.

조옥경, 양희연, 왕인순, 강화, 김안나(2019). 요가심신테라피, 통합치료의 새로운 패러다임. 서울: 학지사.

조옥경, 왕인순(2016). 심신중제법으로서의 요가의 치료적 적용. 한국심리학회지: 건강, 21(1), 1-18.

조옥경, 윤희조(2013). 마음챙김, 단일개념인가, 복합개념인가? 한국교수불자연합학회지, 19권, 2호, 145-171.

조옥경(2014). 마음챙김 요가. 한국명상학회 동계 집중수련 자료집.

조옥경, 왕인순(2016). 심신중재법으로서 요가의 치료적 적용. 한국심리학회지: 건강, 21권, 1호, 1-18.

Afrell, M., Biguet, G. & Rudebeck, C.E. (2007). Living with a body in pain: between acceptance and denial. Scandinavian Journal of Caring Science, 21, 291-296.

Ajaya, S. (2015). 요가를 통한 심리치료. [Healing the whole person] (조옥경 외 역). 서울: 학지사 (원서는 2008년에 출판).

Boccio, F. J. (2009). 마음챙김을 위한 요가. [Mindfulness yoga] (조옥경, 김채희 역). 서울: 학지사 (원서는 2004년에 출판).

Büssing, A., Ostermann, T., Lüdtke, R., & Michalsen, A. (2012). Effects of yoga intervention on pain and pain-associated disabilitiy: A meta-analysis. Journal of Pain, 13(1), 1-9.

Cabral, P., Meyer, H. B., & Ames, D. (2011). Effectiveness of yoga therapy as a complementary treatment for major psychiatric disorders: A meta-analysis. Primary Care Companion For Central Nervous System Disorders, 13(4), doi: 10.4088/PCC.10r01068.

Carson, J. W., Carson, K.M., Jones, K. D., Lancaster, L. & Mist, S. D. (2016). Mindful yoga pilot study shows modulation of abnormal pain processing in fibromyalgia patients. International Journal of Yoga Therapy, 26(1), 93-100.

Carson, J. W., Carson, K. M., Olsen, M. K., Sanders, L. & Porters, L. S. (2017). Mindful yoga for women with metastatic breast cancer: design of a randomized controlled trial. BMC Complementary and Alternative Medicine. Doi: 10.1186/s12906-017-1672-9.

Chen, K. M., Chen, M. H., Chao, H. C., Hung, H. M., Lin, H. S., & Li, C. H. (2009). Sleep quality, depression state, and health status of older adults after silver yoga exercise: Cluster randomized trial. *International Journal of Nursing Studies, 46*, 154-163.

Clark, D., Schumann, F. & Mostofsky, S. H.(2015) Mindful movement and skilled attention. Frontiers in Human Neuroscience. Doi: 10.3389/fnhum.2015.00297.

Douglass, L. (2011). Thinking through the body: the conceptualization of yoga as therapy for individuals with eating disorders. Eating Disorders, 19, 83-96. Doi: 10.1080/10640266.2011.533607.

Frank, R., & Larimore, J. (2015). Yoga as a method of symptom management in multiple scerrosis. *Frontiers in Neuroscience, 9*, 133-135.

Field, B. (2011). Yoga Clinical research review. *Complementary Therapies in Clincal Practice, 17(1)*, 1-8.

Hansen, G. R., & Innes, K. E. (2013). The benefits of yoga for adults with type 2 diabetes: A review of the evidence and call for a collaborative, integrated research initiative. *International Journal of Yoga Therapy, 23*(2), 71-83.

Jon Kabat-Zinn. (2005). 마음챙김 명상과 자기치유. [Full Catastrophe Living] (장현갑, 김교헌, 김정호 역) 서울: 학지사

Kirwood, G., Rampes, H., Tuffrey, V., Richardson, J., & Pilkington, K. (2005). Yoga for anxiety: A systematic review of the research evidence. *British Journal of Sports Medicine, 39*(12), 884-891.

Kraftsow, G. (2011). 웰니스를 위한 비니요가. [Yoga for Wellness] (조옥경 역). 서울: 학지사(원서는 1999년에 출판).

Li, A. W., & Goldsmith, C. A. W. (2012). The effects of yoga on anxiety and stress. *Alternative Medicine Review, 17*(1), 21-35.

Muzik, M., Hamilton, S. E., Rosenblum, K. L., Waxler, E., & Hadi, Z. (2012). Mindfulness yoga during pregnancy for psychiatrically at-rist women: preliminary results from a pilot feasivility study. Complementary Therapies in Clinical Practice, 18, 235-240.

Pinkington, K., Kirkwood, G., Rampes, H., & Richardson, J. (2005). Yoga for depression: The research evidence. *Journal of Affective Disorder, 89*, 13-24.

Salmon, P., Lush, E., Jablonski, M., & Sephton, S. (2009). Yoga and mindfulness: clinical aspects of an ancient mind/body practice. Cognitive and Behavioral Practice, 16, 59-72.

Sharma, M., Haider, T., & Bose, P. P. (2012). Yoga as an alternative and complementary treatment for asthma: A systematic review. *Journal of Evidence-Based Complementary and Alternative Medicien, 17*(3), 212-217.

Stan, D. L., Collins, N. M., Olsen, M. M., Croghan, I., & Pruthi, S. (2012). The evolution of mindfulness-based physical interventions in breast cancer survivors. Evidence-Based Complementary and Alternative Medicine. Doi:10.1155/2012/758641.

Wolever, R. Q., Bobinet, K. J., McCabe, K., Mackenzie, E. R., Fekete, E., & Kusinick, C. A. (2012). Effective and viable mind-body stress reduction in the workplace: a randomized controlled trail. Journal of Occupational Health Psychology, 17(2), 246-258.

Yang, K. (2007). A review of yoga programs for four leading risk factors of chronic diseases. *Evidence-Based Complementary and Alternative Medicine, 4*(4), 487-491.

마음챙김 요가는 요가 자세를 천천히 그리고 부드럽게 실시하면서 신체 감각과 호흡, 느낌, 생각을 비판단의 태도로 알아차리는 요가이다. 다양한 자세를 취하는 동안 움직임이 일어나는 순간이나 최종 자세 전후 간에 일어나는 감각들의 변화, 나아가 느낌이나 감정, 생각까지도 마음챙김을 하도록 돕는다. 특히 한국명상학회에서 개발한 마음챙김 요가는 MBSR의 요가 자세를 기본으로 하되, 호흡의 리듬을 따라 몸을 천천히 움직이면서 외부로 향해 있는 의식을 내면으로 전환하도록 돕는다.

한국의 명상,
명상지도의
실제와 윤리

6장

MBSR과 K-MBSR

정애자 (전북대학교 의과대학 명예교수/ jungaeja@jbnu.ac.kr)
김완석 (아주대학교 명예교수, 심리학과/ wsgim@ajou.ac.kr)
심교린 (MCL심리연구소 소장/ shimkl@naver.com)

1 마음챙김 기반 스트레스 감소 프로그램(MBSR)

MBSR은 미국 매사추세츠 의과대학의 석좌교수인 존 카밧진이 개발한 마음챙김 기반의 프로그램이다. 카밧진은 자신의 다양한 요가와 명상 수련 경력을 바탕으로 1979년에 말기 만성질환자를 돕기 위해 '스트레스 감소 및 이완 프로그램'을 개발했다. 이 프로그램은 1990년에 《마음챙김 명상과 자기치유》라는 교양서를 통해 MBSR 프로그램으로 일반에 널리 소개되었다. 최근에는 한국어로 번역되어 출간되었다(정애자, 2015).

이 프로그램은 기본 8주 프로그램을 해본 전문가가 가르쳐야 하는 것은 기본이고, 지도하기 전에 본인이 실습을 많이 해야 한다는 것이 전제된다. 특히 종일명상(all-day retreat)이나 일정한 기간 동안 실습하는 일주일 정도의 명상 실습(7-9 days retreat)을 강력하게 추천한다.

이 프로그램은 집단으로 실시한다. 회기마다 집단의 숫자에 따라서 집단의 나눔의 차이는 있지만 두 시간에서 세 시간 동안 실시한다. 매주 한 번씩 8주 동안 실시하고, 6주째 주말에는 하루를 종일명상일로 정해서 침묵 속에서 실시하는 종일명상(all-day retreat)을 한다. 따라서 8주 동안의 9회기 프로그램이다.

2 마음챙김 명상 수련의 7가지 태도

1) 판단하지 마라(Non-judgment)

우리는 어떤 사물이나 사건을 접하게 되면 자동적으로 판단하는 데 익숙하다. 수렵생활을 거치는 동안 인간은 언제나 생존의 위협 속에서 살았기 때문에 판단은 생존하는 데 가치가 있었을 것이다.

빠르게 적과 아군을 구별할 수 있어야 살아남을 수 있었다. 풀잎 하나도 먹어야 하는지 먹으면 안 되는지 판단해야 하고, 어떤 풀이 먹으면 해로운지 알아야 한다. 이런 잔재는 일상적으로 생활 경험들을 자동적으로 명명하고 분류하여서 그 평가를 기억하게 했을 것이다. 그리고 이러한 평가의 기억에 따라서 자동적인 행동이 나타난다. 그러나 이런 자동화된 판단은 정보가 없었던 원시생활의 잔재로, 정보가 넘치는 지금은 오히려 일상생활을 방해할 수도 있다. 자동화된 판단은 실제 대상의 진짜 특성에 대한 정확한 실체 인식을 방해하고 자각 없는 자동 반응을 유발하게 만든다.

보통 우리는 어떤 일이나 사람, 사건을 경험하기도 전에 근거 없이, 지각하자마자 좋게 느껴지면 '좋은 것'이라 평가하고 나쁘게 느껴지면 '나쁜 것'이라 평가한다. 그 밖에 관계가 없으리라 생각되면 '중립적인 것'으로 평가한다. 이렇게 우리의 의식에서 경험되는 내용들은 자동적인 판단에 의해 정확한 경험을 방해한다.

게다가 이렇게 개인적인 판단에 따라 좋은 것은 더 원하고 싫은 것은 밀어내느라 많은 에너지를 소비한다. 그리고 그 원하는 것을 얻지 못하거나 싫은 것에 직면해야 하는 결과에 따라서 더 많은 스트레스를 경험하기도 한다. 즉 좋은 것을 더 갈망하나 얻지 못하고 피하고 싶은 것은 더 마주쳐서 갈등을 주며 매번 스트레스를 받는다.

마음챙김 명상에서는 이러한 자동적인 판단 반응이 일어나는 것을 알아차리고 가능한 한 이런 자동 판단에 얽매이지 않도록 노력하는 태도를 강조한다. 어떤 생각이나 감정이 의식에 떠오르면, 이것이 자동 판단에 따른 것임을 알아차리고 판단을 보류하여 사물이나 사건을 있는 그대로 조용히 지켜보려 노력하는 것이 가장 중요하다.

2) 인내심을 가져라(Patience)

인내심은 지혜에 속한다. 무엇이든 변화하는 데에는 시간이 필요하다. 우리가 근육의 힘을 기르고 싶거나 자전거를 타거나 자동차를 운전하게 될 때까지 많은 교육과 훈련이 필요하다. 열심히 매일매일 연습하는 것이 가장 중요하다. 쉬면 감각을 잃어버린다. 마음챙김 수련도 예외가 아니다. 한두 번의 수련으로 큰 변화가 있을 것이라 기대하는 것은 오히려 실망과 명상에 대한 회의만 키울 수 있다.

신체적인 근육도 수많은 시간 동안 훈련해야 힘이 붙는 것처럼, 마음도 오랜 시간을 수련해야만 튼튼해진다. 각 영역에서 달인이라고 하는 사람들은 그 영역에서 인내심을 갖고 연습한 사람들이다. 명상도 마찬가지이다. 전문적인 명상가라면 만 시간 이상 수련한 사람인 경우가 대부분이다.

이런 수련을 하는 동안 긍정적인 결과만 나오는 것은 아니다. 긍정적인 경험뿐만 아니라 부정적인 경험도 나타난다. 기억하지 못하던 것들이 기억나기도 하고 생각하기 싫은 것들이 생각나기도 한다. 물론 판단 없이 잘 보면 알아차리겠지만, 그렇다 해도 인내심이 없다면 판단 없이 자신이 나타내는 불안이나 초조함을 그저 바라본다는 것은 쉽지 않은 작업이다.

비록 어떤 현상이 나타나더라도 인내심을 갖고 지도와 안내를 받으면서 지켜보는 것이 필요하다. 어떤 것이든 성취를 얻기 위해서는 프로그램을 중도에 포기해서는 안 된다. 다른 일도 마찬가지이다. 상황이 즐겁거나 즐겁지 않거나 어떤 상황이라도 개의치 않고 인내심을 발휘하는 것이 필요하다. 인내심을 갖는다는 것은 매 순간에 대해 열려 있다는 것이다. 순간의 풍요로움을 받아들이는 것이다. 안달해서는 안 된다.

3) 초심자의 마음을 유지하라(Beginner's mind)

지금 - 여기에서의 경험을 풍요롭게 하는 일은 곧 나의 인생을 풍요롭게 하는 것이다. 우리는 익숙한 것에 대해 이미 '알고 있다'는 생각이나 확신으로 그것의 진짜 모습을 놓치는 경우가 자주 있다. 평범한 것의 비범함을 알아차리지 못하는 것이다. 초심이란 무엇이든 처음 대하는 것 같은 호기심과 열린 마음을 유지하는 것을 말한다. 사실 세상의 어느 것 하나도 변하지 않는 것이 없다. 하지만 우리는 사물이나 사람을 처음 마주쳤을 때 그 신선한 마음이 아니라 '개념'으로 대상을 파악하기 때문에 이런 변화를 감지하지 못한다.

'아내'나 '남편'이라는 개념은 변하지 않는다. 하지만 아내인 사람이나 남편인 사람은 끊임없이 변한다. 그런데도 여태까지 나와 살아온 '나의 아내'나 '나의 남편'이라는 개념으로 상대를 바라보면, 변화를 감지하지 못할 수 있다. 개념은 변하는 것이 아니기 때문이다. 이렇게 우리는 '익숙해진 것'에 대해서는 거의 주의를 기울이지 않는다. 오랫동안 같이 지낸 아내나 남편이 그렇고, 자녀나 친구가 그렇다. 하물며 사물은 말할 것도 없다.

매 순간은 모두 그 나름의 독특함이 있고 또한 무한한 가능성을 가지고 있다. 매 순간 초심을 잃지 않으려는 태도는 매 순간의 삶을 풍요롭고 경이로운 것으로 만들어줄 것이다. 매일 떠오르는 태양조차 어제의 그 태양과 같은 것이 아니다. 매일 먹는 '밥'은 같은 것이지만, 지금 내 앞에 있는 이 '밥'은 이미 먹어서 없어진 그 밥이 아니라 전혀 새로운 다른 밥이다.

명상에서도 마찬가지이다. 명상할 때마다 그 효과는 같을 수도 있지만 다를 수 있다. 명상의 기법이 달라질 때도 마찬가지이다. 어떤 기대를 하지 말고 처음처럼 새로 시작해야만 나름대로 효과를 볼 수 있다.

4) 자기 자신에 대해서 믿음을 가져라(Trust)

우리의 인생에서 나의 신체와 마음의 전문가는 본인이다. 내가 배워야 하는 것은 나의 삶에서 전개되는 매 순간의 경험으로부터 나온다. 자기의 호흡이나 자신의 신체적인 감각을 타인은 모른다. 객관적인 자세야 다른 사람이 관찰해줄 수 있지만 그 자세가 나에게 편안한지 불편한지는 나 말고 누구도 알 수가 없다. 따라서 자신의 호흡이나 자신의 느낌에 대해 깊은 믿음을 키우는 것은 명상 수련의 필수적인 부분이다. 자신이 가진 직관이나 선량함을 믿어야 한다. 이는 또 하나의 지혜이다.

다른 누구처럼 된다는 것은 불가능한 일이다. 우리는 많은 경우 사회적 통념이나 전문가 또는 스승의 판단과 평가를 따른다. 하지만 우리 자신은 사회적 통념이 아니며, 그 평가가 맞다는 보장도 없다. 또한 그 평가는 평가자의 것이지 자기 자신의 것이 아니다. 스승이나 사회적인 권위, 명성을 믿는 것은 매우 소중한 일이다. 하지만 인생의 순간순간을 살아가는 것은 자신이다. 권위나 명성 때문에 배우려는 자세는 위험한 일이다.

특히 자신에게 어떤 자세가 맞는 것이고 어떤 것이 맞지 않는 것인가 하는 판단은 더욱 그렇다. 그래서 항상 자신이 직접 경험하고, 그런 경험이 주는 느낌과 직관을 존중하고 믿는 태도가 중요하다. 이는 명상을 할 때도 마찬가지이다. 다른 사람이 아무리 좋다고 해도 자신이 좋다는 느낌이 안 들 수 있다. 남들이 아무리 나쁘다고 해도 자신에게 좋다는 느낌이 들 수도 있다. 그렇다면 자신의 느낌을 믿는 것이 중요하다. 자신에 대한 믿음이 커질수록 타인에 대한 믿음도 커지고 장점도 잘 볼 수 있게 된다.

5) 지나치게 애쓰지 말라(Non-Striving)

우리는 일상적으로 대개 무엇을 얻으려는 성과 위주의 목적을 가지고 행동한다. 그러나 명상은 일반적인 행동과 차이가 있다. 일반적인 행동에 목적이 있듯이 마음챙김 수련을 할 때도 '편안해지기 위해'라든가 '더 좋은 사람이 되기 위해'라든가 '나를 더 잘 알 수 있기 위해'라는 등등의 목적을 갖기 쉽다. 그러나 명상은 그런 것이 아니다.

마음챙김 수련의 목적은 '마음챙김을 수련하는 것' 그 자체일 뿐 어떤 다른 목적이 있는 것이 아니다. 긴장이 느껴진다면 긴장에 주의를 기울이는 것이고, 통증이 있다면 통증을 있는 그대로 느끼는 것이다. '좋은' 결과는 우연히 이러한 무목적성 행위의 결과로 나타날 수 있지만 그 자체가 목적이 될 수는 없다. 역설적이게도, 나름의 목적이 있다면 이를 이루는 가장 좋은 방법은 결과를 얻으려 노력하는 것이 아니다. 지나치게 애쓰지 않는 것이 지름길이다.

6) 수용하라(Acceptance)

수용이란 지금 이 순간에 '그것이 있는 그대로 있다는 것을 알아차리는 것'이다. 그것이 어떤 것이든 있는 그대로를 받아들이는 것이다. 머리가 아프면 머리가 아프다는 것을 받아들이고, 욕심이 생겼다면 욕심이 생겼다는 것을 받아들이는 것이다. 우리는 일상 속에서 이미 사실로 드러난 것들을 부정하거나 거기에 저항하느라 지나치게 에너지를 소모하는 경우가 많다. 이렇게 실체를 부정하고 자신이 원하는 쪽으로 바꾸려면 긴장과 괴로움이 더 많아진다. 자신의 상태를 부정하거나 강요하고 투쟁하는 데 치중하면 자신의 치유와 성장을 위한 에너지가 고갈된다. 만약에 불만을 느낀다면, 불만족스러운 상태를 있는 그대로 인정해야 한다. 있는 그대로 받아들여야 한다. 그래야 그런 상태를 개선해나갈 수 있게 된다.

그러나 수용은 자신의 원칙이나 가치를 포기하라는 것이 아니다. 또한 있는 그대로에 만족하라거나 허용하라거나 바람직한 것으로 보라는 것도 아니다. 여기서 말하는 수용이란 사물이 진행되는 것을 있는 그대로 알아차리는 것을 의미한다. 사물을 있는 그대로 수용하는 태도를 기르면 삶에서 어떤 일이 일어나더라도 적절하게 대응할 수 있는 단계로 나아갈 수 있다. 있는 그대로 보는 것이 편견과 공포에 의해 실체를 왜곡하여 지각하는 것에 비해 더 명확한 판단과 행동을 가능하게 해준다. 예를 들어, 아프면 아픈 것이지 아파서는 안 된다는 관념으로 보면 더 아픈 것처럼 느끼기도 한다. 이런 관념은 오히려 아픔의 실체를 정확하게 파악하고 제대로 대응하는 데에 방해가 될 수 있다.

7) 내려놓아라(Letting-go)

우리는 유쾌한 것은 붙들고 매달리고, 불쾌한 것은 없애고 피하려 하는 경향이 있다. 이런 삶의 태도를 쾌락주의라 한다. 쾌락주의는 사실상 대부분의 유기체의 행동 성향을 잘 설명해주는 강력한 원리이다. 그래서 우리는 일상생활에서도 즐거운 경험은 더 원하고 불쾌한 경험은 피하고자 한다. 이렇게 쾌락주의에 매달려 있느라 우리는 많은 스트레스를 경험한다.

아무리 매달려도 계속 유쾌한 상태에 있을 수 없고, 불쾌한 것을 아무리 밀어내고 없애려고 해도 없앨 수가 없다. 모든 것은 변하고, 유쾌하거나 불쾌하거나 모든 것은 흥망성쇠를 겪는다. 만약에 이런 변화에 맞추려면 도저히 견딜 수 없을 것이다. 엄청난 에너지가 필요하고 많은 스트레스를 받을 것이다. 매달리지 말고, 가도록 내버려두어도 된다. 내려놓는다는 것은 그것이 부정적이든 긍정적이든 이를 피하거나 붙잡으려 하는 욕구를 알아차리고 놓아준다는 것이다.

3 한국형 마음챙김 기반 스트레스 완화 프로그램 (K-MBSR)

1) MBSR과 K-MBSR의 비교

K-MBSR은 MBSR을 토대로 하여 장현갑 교수가 개발한 프로그램이다. 이 프로그램은 약 7년 정도의 개발 과정을 거치면서 국내의 환자나 대학생을 토대로 한 임상연구 결과 그 효과성을 어느 정도 인정받고 있는 프로그램이다(김경우, 2007; 김수지 등, 2009; 배재홍 등, 2006; 이봉건, 2008; 이원종 등, 2012; 장현갑 등, 2007). K-MBSR은 MBSR을 모태로 하여 한국의 문화적 전통을 고려하여 한국형으로 수정 보완한 프로그램이기는 하지만 아직 미완성인 프로그램이라고 볼 수 있다.

두 프로그램의 가장 큰 차이는 MBSR이 상좌부 불교(초전불교)의 주 수행법인 위빠사나를 토대로 하는 것과 달리 K-MBSR은 또 다른 주요 수행법인 사마타(집중명상) 기법을 포함하고 있다는 점이다.[1] 두 프로그램 모두 공식적으로 '매뉴얼'을 가지고 있지만 구체적이

---

1 마음챙김은 영어 문헌에서는 위빠사나와 혼용해서 사용되는 경우가 많다. 또한 앞서 논의한 것처럼 위빠사나를 사념처와 동일한 것으로 보기도 한다. 그래서 일반인들이 이들 용어를 이해하는 데 다소 혼란이 있을 수 있다. 이 개념들과 그 관계에 대해서는 지금도 불교학계에서 많은 연구와 논쟁이 이루어지고 있다. 하지만 일반적 이해를 위해서 다음과 같은 비유가 도움이 될 것 같다. 마음챙김(sati)은 집중명상(사마타)이나 통찰명상(위빠사나)에 모두 필요한 전제조건이다. 거머 등(2009)은 사마타와 위빠사나의 차이를 레이저광선을 비추는 것과 탐조등을 사용하는 것으로 비유한 바 있는데, 이 비유에 더하자면 sati란 바로 레이저나 탐조등의 스위치를 켠 상태라고 볼 수 있다.

지 않고 진행자에 따라서 융통성이 많다. MBSR의 경우는 특히 표준 프로그램의 구성과 진행에 관한 자세한 내용이 일반인용 책자나 전문가용 책자(《MBSR Profesional Training: MBSR Curriculum Guide and Supporting Materials》)에 수록되어 있으며, K-MBSR의 경우는 '명상치유전문가 기초교육 교재'에 표준 프로그램이 설명되어 있다. 표 6-1은 이를 바탕으로 두 프로그램의 구성을 정리한 것이다.

MBSR과 K-MBSR 프로그램의 회기 구성은 약간의 차이가 있다. MBSR은 공식적으로 8주짜리로서 매주 약 3시간 정도의 회기를 진행하며, 6주 차에는 정규 회기 외에 7시간의 종일수련(all-day retreat)이 추가되어 사실상 9회기짜리 프로그램인 셈이다. 이 종일수련은 6회기가 있는 주의 주말에 진행하며, 대략 7시간 정도이다. 이에 비해 K-MBSR은 공식 6주간으로 구성되며 한 회기당 약 4시간 정도 진행하고, 7회기를 '종일명상 수련'으로 하고 있다. 그래서 사실상 MBSR에 비해 두 회기가 적은 셈이다.[2]

두 프로그램 모두 공식 명상과 비공식 명상을 구분하고 있다. 공식 명상이란 수련자가 이들 명상법 중 일부 또는 전부를 일상생활에서 규칙적으로 수련함으로써 생활의 일부가 되도록 권하는 명

---

2 MBSR의 7회기 주제는 섭식이 건강과 웰빙에 미치는 영향에 관한 것이다. 이 회기에서는 오니시(Ornish) 박사의 섭식과 심장병 및 암에 관한 테이프를 시청하고 토론함으로써 자신의 섭식 패턴을 알아차리고 올바른 섭식의 중요성과 섭식의 사회적 중요성 등에 관해 새롭게 인식하도록 하는 것이 주 목적이다. MBSR이 본디 만성질환자의 스트레스 관리를 위한 프로그램이라는 점에서, 그리고 특히 심장병과 암 같은 만성질환이 여러 생활습관, 특히 섭식 습관과 밀접한 관련이 있다는 점에서 포함한 것이라 생각된다.

상법들이다. 비공식 명상이란 수련자가 처지에 따라 자유롭게 가능한 곳에서 가능한 때에 선택해서 하도록 권하는 명상법들이다. MBSR의 경우, 처음 MBSR이 발표되었을 때는 보디스캔과 정좌 명상, 하타 요가를 공식 명상으로 지정했으나 2007년도의 교육 교재에는 걷기 명상이 공식 명상법으로 추가되어 있다. 비공식 명상으로는 건포도 명상, 호흡관찰, 산 명상, 호수 명상, 자애 명상 등이 프로그램에 포함되어 있다.

K-MBSR의 경우에는 공식 명상으로는 보디스캔과 호흡 명상, 정좌 명상, 하타 요가를, 비공식 명상으로는 호흡관찰, 먹기 명상과 자애 명상을 들고 있다. MBSR에서 공식 명상으로 지정하고 있는 걷기 명상은 공식 명상으로나 비공식 명상으로나 모두 사용할 수 있다.

호흡 명상과 정좌 명상은 각기 1, 2로 나누어 수련하도록 되어 있다(마인드플러스 스트레스대처연구소 홈페이지). 하지만 현재 호흡 명상은 한 가지로 정리되어 그 안에 수식관 명상과 소원기원 명상, 만트라 명상의 세 가지 집중명상법이 포함된다. 정좌 명상은 그대로 1, 2로 구분해서 수련하게 되어 있는데 정좌 명상 1은 신체 감각의 자각에 초점을 맞추는 것이며, 정좌 명상 2는 느낌과 생각의 자각에 초점을 맞추는 것으로 분리되어 있다. 자애 명상은 초기불교 방식의 자비명상으로 구성되며, 용서 명상은 티베트불교 전통의 통렌수행을 기반으로 하는 수련 내용으로 이루어져 있다.

표 6-1. MBSR과 K-MBSR의 회기 구성

	MBSR의 회기 및 주제	K-MBSR의 회기별 구성
1 참여 계약과 프로그램 소개	- 자기소개 - 건포도 명상 - 누워서 호흡관찰 - 보디스캔	- 자기소개 - **강의**: MBSR이란 무엇인가? - **자료**: 마음챙김과 자동조절 - **실습**: 호흡관찰/ 　건포도 명상/보디스캔
2 경험과 새로운 관계 맺기	- 보디스캔과 경험 나누기 - **강의**: 관점에 따라 반응 양식 　달라짐 - 정좌 명상, 호흡감각	- **강의**: 행위 양식과 존재 양식 - **자료**: 보디스캔의 뜻과 의미, 　요령 - **실습**: 보디스캔/걷기 명상/ 　정좌 명상 1
3 현재에 머무는 것의 기쁨과 효과	- 하타 요가(시퀀스 1), 정좌 　명상: 호흡관찰 - pleasant calendar 리뷰 - 짧은 집중명상(2-3분)	- **강의**: 호흡의 의미 - **자료**: 호흡의 의미 - **실습**: 하타 요가 1/ 　정좌 명상 2
4 삶의 일상적 집착에 대한 인식과 집착 끊기	- 정좌 명상 - **강의**: 스트레스와 통증, 　responding과 reacting - 짧은 집중명상	- **강의**: 정좌 명상 1 - **자료**: 현재에 마음챙기기 - **실습**: 정좌 명상 1/걷기 명상
5 중간 점검과 스트레스반응 양식 -reacting과 responding 익히기	- 중간 점검 및 향후 계획 - 정좌 명상, 생각 관찰 - 스트레스 반응에 대한 토의 　및 강의 - 짧은 집중명상	- **강의**: 정좌 명상 2 - **자료**: 현재에 머물기 - **실습**: 정좌 명상 2/호흡 명상
6 커뮤니케이션의 어려움 극복하기 - 종일명상에 대한 준비	- 정좌 명상/산/호수 명상 　커뮤니케이션 훈련("아니오" 　말하기의 어려움, 생각과 감정 　표현하기) - 정좌 명상: 호흡에 의지한 　무선택 자각(대상 없이 깨어 　있기)	- **강의**: 하타 요가와 마음챙김 - **자료**: 하타 요가 요령과 　순서도 - **실습**: 하타 요가 2/ 　자애 명상/용서 명상 - 자신만의 명상 만들기

7 *종일명상	- 6회기 주간의 하루 (주로 토요일, 7시간) - 종일묵언, 하타 요가, 정좌 명상, 걷기 명상이나 crazy walking, 산 명상, 자애 명상 등	마음챙김의 날 (*MBSR의 종일명상과 대동소이)
8 마음챙김 먹기: 섭식과 건강 및 웰빙	- 묵언 수련에 관한 나눔 - 먹기에 관한 비디오 시청 및 토의 - 자기 실습 과제 없음	
9 공식, 비공식 명상의 일상화	- 보디스캔 /정좌 명상 - 뒤돌아보기(최초 기대에 관해) - 전체 리뷰	

2) 회기별 수련 내용

MBSR을 중심으로 회기별 수련 내용을 정리해보면 다음과 같다.

1회기 1회기에는 프로그램에 대한 전반적인 소개를 하고 참가자들의 자기소개를 마친 후, 건포도를 이용한 먹기 명상과 보디스캔을 실시한다. 보디스캔은 이후 프로그램 종료 시까지 스스로 매일 수련하도록 권장하는 중요한 실습이다. 다음 회기까지 스스로 해야 할 과제와 실습기록지 작성 방법을 설명하는 것으로 마친다.

2회기 회기 시작과 함께 지난 1주간의 자기실습 경험에 대한 나누기를 집단 형태로 실시한다. 자신의 내적경험을 어떤 관점에서 보는가에 따라 자신의 반응 양식이 달라질 수 있음을 짧은 강의 형태로 전달한 후, 정좌 명상을 실시한다. 이때 정좌 명상은 주로 호흡감각을 알아차리는 것을 강조한다. 다음 회기까지의 자기실습 과제를 설명하는 것으로 마친다.

3회기 회기 시작과 함께 지난 1주간의 자기실습 경험에 대한 나누기를 집단 형태로 실시한다. 하타 요가에 대한 간단한 설명 이후에 하타 요가 1(누운 자세 중심)을 실습한다. 다음 회기까지의 자기실습 과제를 설명하는 것으로 마친다.

4회기 지난 1주간의 자기실습 경험에 대한 나누기를 집단 형태로 실시한다. 스트레스에 관한 간단한 강의를 통해 자동적인 반응(react)과 알아차린 반응(response)의 차이를 설명한다. 호흡과 신체 감각, 몸 전체의 느낌에 주의를 기울이는 정좌 명상과 걷기 명상을 실습한다. 다음 회기까지의 자기실습 과제를 설명하는 것으로 마친다.

5회기 지난 1주간의 자기실습 경험에 대한 나누기에 이어 전체적인 수련을 중간 점검하고 향후 수련 계획을 토의한다. 스트레스에 대한 자동적인 반응에 대해 개인적 경험을 토론한다. 걷기 명상과 호흡 확장 정좌 명상을 실습한다. 다음 회기까지의 자기실습 과제를 설명하는 것으로 마친다.

6회기 지난 1주간의 자기실습 경험에 대한 나누기에 이어 스트레스와 의사소통에 관한 토의와 간단한 훈련을 실시한다. 호흡에 의지해서 대상 없이 깨어 있는 정좌 명상을 실습한다. 다음 회기까지의 자기실습 과제를 설명하는 것으로 마친다.

· **6주차의 종일명상**: 종일명상은 묵언으로 진행한다. 정좌 명상, 요가, 보디스캔, 걷기 명상, 먹기 명상, 광적보행(crazy walking), 자애 명상, 산 명상/호수 명상 등을 실시하고, 귓속말로 소감 나누기 등의 행사로 이어진다. 점심시간의 먹기 명상을 포함해서 대개 7시간 정도 수련한다.

7회기 6회기에 이어 있었던 종일수련에 대한 나눔에 이어 섭식에 관한 비디오 시청과 토의로 구성한다. 대상 없이 깨어 있기 정좌 명상을 실습한다. 다음 회기에 자신만의 수련 계획을 미리 정리해서 오도록 안내한다.

8회기 프로그램 시작 시의 기대와 관련해서 되돌아보는 시간을 갖는다. 보디스캔과 정좌 명상을 실습하고, 개인별로 자기 수련 계획을 발표하고 논의한다. 마무리를 위한 간단한 행사를 한다.

한국의
전통적 명상

1 간화선 정애자 (전북대학교 의과대학 명예교수/ jungaeja@jbnu.ac.kr)

1) 조사선의 전래

한국의 명상이라 하면, 전통적으로 삼국시대와 조선을 거쳐서 현대까지 이어지고 있는 간화선(看話禪, 公案禪)이라고 할 수 있다. 이 간화선은 싯다르타가 깨달은 법이 가섭존자에게 이심전심(以心傳心)으로 전해진 것을 선종(禪宗)의 초조(初祖)인 달마대사가 전한, 깨달음을 얻는 하나의 수행방법이다.

불교가 처음 중국을 통해서 우리나라로 공식적으로 들어온 것은 고구려 소수림왕 2년(372), 백제 침류왕 1년(384), 신라 법흥왕 14년(527)으로 알려져 있다. 처음 중국을 통해서 불교가 전해지면서 신앙으로서 많은 문화 문물이 전해졌다. 학문적으로도 불교의 대·소승을 받아들일 때 중국의 영향을 많이 받았다. 고구려와 백제는 삼론학이 주류를 이루었고, 신라는 유식 사상이 주를 이루었다고 한다. 신라는 삼국을 통일하면서 정신적으로 타락하기 시작했고, 지나치게 주석학에 주력하고 구복적인 기복(祈福)과 봉덕(奉德)이 중요한 신앙 형태로 변하면서 신라 하대 초기에 파격적인 선(禪) 사상이 전래한다.

선은 인도의 범어인 '디야나(dhyana, 靜慮 또는 禪那)'의 음역으로, 새로운 사상이라기보다는 여러 가지 행법 중의 하나로서 복잡한 교리를 가지고 있지는 않다. 원래 선이라는 말 자체는 하늘에 제사를 지내고 선위를 받는다는 의미였으나, 참선에서는 선나의 선을 말하고, 선이라는 말은 음역으로 명상을 말한다고 할 수 있다. 선 자체의 말에 특별한 의미는 없다고 할 수 있다.

명상은 이심전심의 전달 방법으로 문자로 할 수 없는 방법이라는 뜻이다. 원래 근본불교에서는 명상은 지(止, 사마타) 관(觀, 위빠사나)을 겸하는 수행 방법이다. 이 두 가지 방법 중에서 관을 강조하는 방법은 주로 마음챙김이라고 하는 통찰명상이고, 다른 장에서 그 방법을 상세히 밝힐 것이다. 그리고 우리나라의 경우 참선은 주로 주의집중하는 지를 강조하는 방법으로 간화선을 하고 있다.

중국의 선이 6세기경 중국에서 9년 동안 참선을 참구했던 달마를 초조로 해서, 눈 속에서 팔을 잘라서 법을 구한 혜가에게 법을 전하고, 혜가는 승찬에게, 승찬은 도신에게, 도신은 홍인에게 전하고, 홍인에서 혜능에 이르기까지 6대 조사(祖師)에게 달마의 가사와 일종의 인가증명인 선종의 전법게(傳法偈)가 전해졌다고 한다. 이후 마조도일(馬祖道一)에게 전수된 조사선(祖師禪)의 계보를 확충하고 있다. 그 이후에 많은 유파가 발생했다. 그리고 9세기 초 한국에 들어왔다. 이때부터 불립문자, 교외별전, 직지인심, 견성성불이라는 단어들이 문헌에 나타난다. 중국에서 초조인 달마의 선은 5대에 들어가면서, 오가칠종(五家七宗)을 이루면서 법통을 달리한다. 즉 임제종(臨濟宗), 위앙종(潙仰宗), 조동종(曹洞宗), 운문종(雲門宗), 법안종(法眼宗)이 나오는데 오래 법맥을 이은 것은 조동종과 임제종이다.

신라에는 마조계의 홍주종(洪州宗)이 전래되었고, 후삼국을 통일한 고려에는 새로운 선풍인 임제종과 비슷한 시기에 발달했지만 전혀 다른 조동종이 전래된다. 그리고 고려 말 임제선이 들어온다. 중국의 원대에 발달한 임제선은 간화(공안)선을 계승한 것이다.

그러나 신라에 들어온 선은 고려 중기에 구산선문(九山禪門)을 이루는 바, 구산문을 처음 열었던 선승들은 입당 전에 이미 전부 교학, 특히 화엄을 공부하고 있었다. 이런 특성상 우리나라에서는 새로운 선풍을 가지게 된다. 입당했다가 귀국한 선승을 개산조로 설정하고, 그 뒤로는 새로운 선풍을 가지고 와도 모두 선상의 산문에 소속시켜서 중국의 선풍을 단순한 가풍으로 간주했다. 그리하여 구산문은 하나의 종으로 보고, 조계종(曹溪宗)으로 부르게 되었다. 중국의 오가칠종이나 일본의 조동종과 임제종의 대립이 아니라 하나의 조계일파가 되었다고 한다(고익진, 1989).

구산문의 8조가 모두 마조도일의 선풍(홍주종)을 전해왔다. 중국의 송대 선종사에서 대혜종고(1089~1163)는 당대에 완성된 조사선(祖師禪)의 전통을 계승한 묵조선(默照禪)을 비판하면서 간화선을 주창했다.

간화선은 옛 조사들이 깨닫게 된 공안(公案)을 참구하는, 중국의 송(宋)대에 만들어진 새로운 수행법이다. 공안은 말 그대로 관공서의 문서라는 뜻이다. 사적인 감정이 들어가지 않는, 반드시 준수해야 할 조사들이 개시한 불법의 도리들을 의미한다. 공안은 일체의 분별심을 버리도록 하는 절대적인 참선의 방편이다. 분별한 근원적인 자기의 본래심을 깨닫도록 하고 있다.

대혜는 자기의 근원적인 심지를 개척하기 위한 공안의 사명은 주체적인 대의심을 일으키기 위한 것이라고 말하고 있다. 공안은 전신심을 집중시켜 자신이 의심과 하나가 되도록 하여야 한다. 공안은 의단을 일으키기 위한 것이어서 의심이 나지 않으면 의미가 없다고 할 수도 있다.

그런 의미에서 간화선은 명상 중에서도 마음을 어떤 대상에 집중시켜서 마음을 집중하게 하는 집중명상에 속한다고 할 수 있다. 이렇게 공안에 집중하고 있으면 공안이 타파되면서 자기의 근원적인 마음을 깨닫는 대오(大悟)의 수단이라는 것이다.

한국은 당시의 교학이 타격을 받게 되었고, 고려시대의 보조국사 지눌(1158~1210)은 명리를 버리고 산에서 정혜에 전념할 수밖에 없었다. 그는 정혜결사운동을 추진했고, 명종 12년(1182)에 정혜결사를 발기했다. 돈오만을 강조하지 않고, 정혜쌍수로써 돈오점수를 강조하는 수심결을 제시했다. 돈오를 한 후에 점수를 해야 한다며 방법을 자세히 부연했다. 지눌은 3년 고심 끝에 수행법인 '원돈신해문'을 통해서 《원돈성불론》을 저술했다(《원돈성불론》은 제자인 혜심에 의해 1215년에 간행됨). 선교의 시폐(時弊)를 바로잡으려는 지눌에게 대혜종고가 도움이 되었다. 지눌은 간화선에 만족했다. 그리하여 지눌의 선 사상은 조선을 거쳐서 아직도 영향력을 발휘하고 있다. 선원의 좌선과 강원의 사집 과정[3]도 보조선의 영향을 받고 있다.

2) 조사선(간화선)의 방법과 실천

이렇게 면면히 사찰을 중심으로 이어온 간화선은 현대에 와서 대중 속으로 전파되고 있다. 비교적 대중적인 간화선은 안국선원에서 하는데, 구체적인 방법은 다양하다. 간화선은 그 이름이 시사하듯이, 조사가 있어서 그와 함께 화두를 타파한다. 1박 2일일 수도 있고 7박 8일 프로그램으로 할 수도 있으며, 화두는 공안으로 만들어진 책이 있지만 특별히 정해진 것이 없어 "이 손가락을 움직이는 자는 누구인가"라고 하는 등 무궁무진하다.

안국선원의 경우는 7박 8일 동안 "이 손가락을 움직이는 자는 누구인가"라는 화두를 가지고 지도법사가 하루 두 번 법문을 통해서 참여자들의 질문에 답하는 형식이고, 온몸으로 화두에 강렬한 의심을

3 　불교를 배우는 데에 필요한 기본적인 네 과목. 서장(書狀), 도서(都序), 선요(禪要), 절요(節要)이다.

불러일으키라고 한다(성승연, 박성현, 2011). 문답은 대개의 경우 조사와 참선을 참구하는 사람만이 참석하고 공개적이진 않은 것 같다. 가끔 활(갑자기 할! 하고 소리를 지름) 같은 것이나 행동이 있지만 간헐적으로 사용하는 것으로 보인다.

마음챙김에 비해서 그 방법이 잘 알려지지 않았고 매뉴얼이 없어서 이 간화선에 대한 심리적 연구는 수행하는 인구에 비해서 거의 없는 것이 현실이다.

2 국선도 이봉건 (충북대학교 심리학과 명예교수/ clinpsy@chol.com)

본 고는 하산하여 국선도를 일반 대중에게 처음으로 보급하신 청산거사께서 국선도장에 오는 수련생들에게 배포한 초기 수련지도서(1974)를 근간으로 작성한 것이다. 이후의 책들은 이 초기 판에 대한 해설서이거나 그 제자들이 쓴 것이다.

1) 국선도의 유래

극동지방에서 오래전부터 전해 내려온 수련방식인 국선도는 경험상 효과적이고 효율적이다. 본 고에서는 국선도의 원류를 정확히 전달하기 위해 하산(下山)해서 국선도를 널리 보급하신 청산거사가 직접 쓰신 수련생용 교본에서 직접 인용하여 엮어서 먼저 소개한다.

선법(仙法)은 청산(靑山)이 공개한 양생(養生)비법(秘法)이다(청산거사, 1974, p. 5). 수련을 희망하는 분은 수련장에 나와서 정확하게 지도를 받고 집에서나 수련장에서 수련하면 되는 것이며, 이 도법은 한국 민족의 고래로부터 하늘을 섬기는 사상에서부터 전래하여 발전된 것을 밝혀두며, 누구나 수련하여 이득을 보면 되는 것이다. 수련을 하여도 이득을 볼 수 없다면 천언만어가 다 쓸데없는 것이다(청산거사, 1974, p. 2).

한 구절 인용하고 싶은 말이 있다. 달마선사의 사행관(四行觀) 첫머리에 "부 입도다도 요이언지 불출이종 일시이입 이시행입(夫 入道多道 要而言之 不出二種 一是理入 二是行入)"이라는 말이 있다. "대개 도에 들어가는 방법이 많이 있으나 요약하면 두 가지 종류밖에 없으니 하나는 이론으로 들어가는 길이요, 하나는 행동으로 들어가는 길이다"라는 뜻이다.

국선도는 나의 생명력을 키우는, 옛날부터 산중에서 전해 내려온 비법(양생비법, 養生秘法)이다. 그 접근 방식은 논리 논박이나 이론적 접근이 아니고 자기 몸으로 익히는 방식으로서 그 효과를 스스로 확인 가능한 것이다. 이런 경험적 접근을 행입(行入)이라고 하며 이입(理入)과는 대비되는 것이다.

본 선도법의 성격은 특이한 바가 있다. 제1주의적으로는 일반 종교가 아니며 신(神)이나 영(靈)을 직접 위(爲)하지도 아니한다. 이 선법은 인간의 실존을 그대로 대상으로 삼는 실존(實存) 생명(生命)의 자연과학이라고도 볼 수 있다. 생명이 있은 연후에 모든 문제가 문제될 것으로 보는 양생지도(養生之道)다(청산거사, 1974, p. 11).

건강의 근본은 양생법(養生法)에 있다고 본다. 즉 생명력을 키우는 것이다. 양생지도(養生之道), 즉 생명력을 키우는 길은 종교와는 무관한 것이다. 내 몸의 생명력을 키우는 방법은 몸소 실천해서 그 효과를 보면 될 뿐이다.

국선도의 수련(修煉)은 그 초기에 있어서는 지도(指導)에 따라 단(丹)법(法)을 그대로 수련하여도 기력(氣力) 증진(增進)의 효과를 체득(體得)할 수 있으나 점차로 깊이 들어가고 높이 올라감에 따라서는 선도법의 깊고 높은 뜻을 완전히 이해하지 않고서는 득도(得道)할 수 없는 것이다. …우주나 인간을 역리(易理)로 이해할 수 있으나 인간의 생성(生成)변화의 문제는 정(精)기(氣) 신(神)으로 관찰하는 단리(丹理)의 이해 없이 역리만으로는 풀지 못하는 점이 있는 것이다. 그것은 마치 오행(五行)으로 우주의 원리를 해명(解明)하지만 지구라는 곳에 앉아 있는 인간이 관찰할 때는 육기(六氣)의 변화가 발견되는 것과도 같은 것이다(청산거사, 1974, p. 35).

…우리가 보통 정신(精神)이라는 것은 사람의 마음 또는 의식(意識) 작용을 말함이다. 정기신(精氣神)의 원리를 다소 응용한 표현이다(청산거사, 1974, p. 36).

단리(丹理)는 역리(易理)를 포함하고 정기신을 더 첨가하는 극치적 수련법이다(청산거사, 1974, p. 37).

동방의 도는 수심(修心) 수신(修身)의 방법에서 나타난다. 수심을 목적으로 하는 유가(儒家)의 도와 불가(佛家)의 도는 그 수심으로 인하여 수신(修身) 양성(養性)이라는 부(副)목적이 이루어지며 또한 수신(修身) 연성(煉性)을 목적으로 하는 선가의 도는 그 수신연성으로 인(因)하여 수심이라는 부(副)목적이 이루어지게 된다(청산거사, 1974, p. 39).

동양인의 자연관은 한마디로 말하면 기(氣)일원론(一元論)에 있다. 이는 곧 선법의 단리 원리다. 자연이나 인간이나 막론하고 다 기(氣)의 취산(聚散)으로 생(生)하고 멸(滅)한다. 기가 한 번은 음(陰)으로, 한 번은 양(陽)으로 변하는 것을 말함이니 생(生)은 기의 취(聚)요, 사(死)는 기의 산(散)이다. …이 기는 우주와 인간의 본원(本源)이다. …이 기를 우리 인간이 우리 몸에 충일(充溢)시키는 방법이 다름 아닌 선도법의 단리인 것이다. 양생(養生)법은 곧 양기(養氣)법인 것임을 알아야 한다. …기를 양(養)하려면 단전(丹田)호흡으로 행공(行功)을 해야 하는 까닭이다. 간단히 말하면 단전호흡을 기를 양(養) 함으로써 선도법의 목적을 달(達)한다(청산거사, 1974, p. 40).

호흡이 빠르고 숨이 거칠면 단명하고 호흡과 맥박이 같이 뛰면서 어깨호흡을 하면 3일을 넘기지 못하고 사망한다. 이와 같이 맥박과 호흡은 연관성이 있으며 호흡의 중요성은 재언(再言)을 요(要)치 않으므로 수도(修道)에는 호흡을 고르는 조식(調息)에서부터 시작하는 것이다(청산거사, 1974, p. 45).

동양의 자연관은 역리(易理, 주역의 이치)로 표현되는데, 이는 기(氣) 일원론(一元論)이다. 기의 변화다양한 운행 모습[像]을 우주변화의 근본 원리로 보는 것이다. 즉 기의 다양한 변화 모습을 자연의 근본 실체로 보는 것이다. 이 기가 모이면[聚] 살아 있는 것[生]이요, 이 기가 흩어지면[散] 죽는 것[死]이다. 이 우주의 기를 인간의 몸에 가득 채우는 것이 양생법의 기초로서, 양생법은 곧 기를 기르는[養氣] 법이다. 기를 기르는 법이 단전호흡법으로서, 단전호흡법은 호흡을 평탄하게 고루어서 하는 조식(調息)으로부터 시작된다.

선도가 다른 도와 다른 점은 건강하고 무병장수의 인간이 되겠다는 것뿐으로서 윤리적 생활의 지침을 제시하는 종교와는 거리가 먼 것이다. 또한 수신(修身)을 통해 생명력을 키우다 보니 부수적으로 수심(修心)의 정신수양의 효과를 얻게 된다는 것이 선도법의 차별적 특징이다.

2) 정기신(精氣神) 삼합(三合)의 원리

정기신 삼단(三丹) 단전호흡이라 할 때는 상단전(上丹田)의 기
(氣)와 중단전(中丹田)인 신(神)을 고요한 경지에서 하단전(下丹
田)인 정(精) 있는 곳으로 집중하면서 하단전으로 심호흡을 하
는 것을 말함이다. 한 가지 더 특이한 방법은 단전심호흡을 하
되 호(呼)와 흡(吸)에 있어 호(呼)할 때나 흡(吸)할 때 중간에서
잠시 자연스럽게 숨을 정지하여 이단(二段)적으로 호흡하는 일
이다. 또한 호와 흡에 있어 호하는지 흡하는지 모를 정도로 조
용히 호흡하는 일이니 미우(微羽, 가는 털)를 코에 대어도 흔들
리지 않아야 되는 것이다(청산거사, 1974, p. 47).

위 내용은 정기신 삼합의 원리와 중요성, 이단호흡식 조식법의
요령을 소개하고 있다. 정기신을 하단전으로 집중하면서 하단전으로
심호흡을 하는 것이 단전호흡의 요체이다. 호흡을 할 때 고르고 평탄
하게 조식하는 것뿐만 아니라 (뒤에서 중기단전행공법을 소개할 때 나오지
만) 숨을 돌돌 말면서 들이쉬어 아랫배가 나오고 단단하게 하는 것이
핵심 비법이다.

또 하나 빠뜨릴 수 없는 것은 상기(上氣)의 문제이다. 과다한 두

뇌활동은 필연적으로 두뇌에 많은 기를 집결시키게 된다. 기는 또한 열(熱)이란 속성을 수반하고 있다. 인체의 상부 기의 집중으로 온(溫) 또는 열(熱)하고 인체의 하부는 정(精)의 소모 또는 누설로 인하여 냉(冷)하고 한(寒)할 때 인체의 모든 기혈 순환이 원활치 못하게 되며 이에 따라 여러 가지 부조리가 발생한다는 것이다(김기영, 1994).

수승화강(水昇火降)의 원리가 여기에 관련된다. 즉 차가운 물기운[水氣]은 위로 올리고 뜨거운 불기운[火氣]은 밑으로 내려야 주전자에 담긴 물이 끓듯이 이 물기운이 온몸을 잘 순환하여 통기(通氣)생생(生生)으로 극치의 건강을 유지할 수 있게 되는 것이다. 마음은 화기이므로, 마음을 밑으로 내려서 집중해야 되는 이유가 여기에 있다.

국선도의 기본원리 중의 하나인 정기신(精氣神) 원리를 양초로 비교해보면 정(精)은 초의 유지(油脂)에 해당하고 기(氣)는 심지에 타오르는 화염에 해당하고 신(神)은 화염에서 발(發)하는 화광(火光)에 해당한다고 하겠다. 따라서 초의 유지가 크고 실하면 화염이 장(壯)할 것이요 화염이 장하면 화광이 명(明)할 것은 당연한 것이다. 이와 같이 하단전호흡(下丹田呼吸)으로 정(精)을 생성(生成)하고 나아가 충실히 하면 기가 장하여 사고작용(思考作用)이 명석하고 원활해지며 기가 장하면 신(神)이 자연 명(明)하여짐으로 해서 마음이 맑고 즐겁고 평온하여 정서가 순화된다는 것이 국선도 정기신 원리

(精氣神原理)의 개략이다(김기영, 1994).

3) 단전호흡의 원리, 요령 및 중요성

단전호흡은 극동지방의 전통적인 도사(道士, Taoist)의 심신수련법이다. 단전호흡은 신체의 중심, 즉 배 위의 일점(一點; 丹田)에 의식을 집중하고 들숨과 날숨을 고르게 되도록 호흡조절하는 것(조식법)을 말한다. 명상 및 심신단련 관련 문헌에서 아랫배를 닻(anchoring point)으로 삼으라는 말이 많이 등장하는데, 이는 사실상 동양의학적 관점에서 신체 에너지의 중심인 하단전 자리를 말하는 것이다. 하단전이라는 말은 밑(배꼽 아래)에 있는 열기가 느껴지는(붉을 단; 丹) 에너지 밭(밭 전; 田)을 뜻한다. 국선도 수련법에 따르면 단전은 세 곳(상단전, 중단전, 하단전)이 있는데 하단전을 흔히 단전이라고 약칭한다.

단전의 위치는 오른손 중지(中指)의 가운데 마디를 일촌(一寸)으로 잡고 이를 기준으로 배꼽 밑[臍下]으로 이촌 반(二寸半)의 위치에서 허리 쪽으로 들어가는 위치에 있다. 단전에 의식을 집중하여 머물게 한 채 숨을 깊숙이 들이쉬어서 단전 부위가 볼록하게 나오고 단단함이 느껴지도록 숨을 쉬는 것이 단전호흡이다.

극동지방의 전통적인 심신수련법인 국선도 방식(청산거사, 1974)에서는 생각뿐만이 아닌, 자연스럽게 숨을 들이쉬고 내쉬면서 실제로 호흡이 고르게 되도록(조식법) 하는 것을 중시한다. 조식법(調息法, evenness of inhalation and exhalation)이란 단전을 중심으로 호흡을 고르게 되도록 내쉬고 들이쉬는 것을 말한다(청산거사, 1974; Kim, 2002). 호흡의 양이 균일하게 들이쉬고 내쉬는 것이다. 억지로 호흡을 고르려고 하지 말고, 호흡의 흐름을 느껴보도록 한다.

국선도 단전호흡에서는 반드시 코를 사용하게 한다. 상체의 힘을 빼고 고요히 숨을 쉬려면 코로만 쉬어야 되기 때문이며, 입으로 숨을 내쉴 경우 입에는 습도조절 기능이 없기 때문이다.

단전호흡은 구체적으로 어떻게 수련하는가? 우선 단전호흡의 첫 단계는 호흡을 들이마시고[吸息] 호흡을 내뱉는[呼息] 기초호흡을 통해 단전이 어디에 있는지 느끼며 단전의 자리를 잡는 것이다. 이를 위해 국선도장에서는 처음 입문하는 사람에게 3일간 누워서 단전호흡을 하도록 지도한다.

단전호흡을 잘하기 위한 3요소

자세, 하심법(下心法), 돌돌 말기(심상)

단전호흡이 잘되려면, 조신법으로 몸이 유연하게 풀려 있어야 하고, 호흡이 고르게 들어오고 나가야 되며, 마음을 응어리시켜서 집중해야 한다(몸, 호흡, 마음 세 가지의 집중). 그 원리는 전술한 몸, 호흡, 마음의 3요소(정기신)를 상정하고 이를 한꺼번에 한 곳(단전)에 집중시키면서 동작을 취함으로써 신체를 더욱 유연하게 하고 단전호흡의 효과도 나타나게 하는 것이다.

(1) 상체의 힘을 뺀 자세:

몸이 유연하게 풀려 있어야 힘을 빼기(밑으로 가라앉히기)가 잘된다(손으로 가슴호흡이 아닌 단전호흡 여부를 확인할 필요가 있음).

<단전호흡이 잘되는 자세를 찾는 연습>

누운 자세에서는 양팔을 목뒤로 깍지 끼고 다리는 세운 채로 호흡하거나, 선 자세에서는 허리를 5도 기울기 정도로 약간 앞으로 숙인 채 호흡한다. 목뒤로 깍지를 끼면 가슴근육을 쓸 수 없어서 가슴호흡을 못 하게 하여 깊은 아랫배 호흡이 되게 하는 효과가 있다. 상체를 약간 앞으로 기울이는 자세를 취하는 것도 윗배(배꼽 위)에 힘이 빠지기 쉽게 해서 아랫배가 나오는 단전호흡이 잘되게 해준다.

(2) 눈을 감고 마음을 가라앉히기[下心]:

마음을 아랫배(하단전) 밑으로 가라앉혀서 점 찍듯이 의념화하여 집중함으로써, 화기가 상승하는 것을 막고 안정적으로 깊은 숨쉬기 및 고요한 마음상태로 들어가게 된다[下心法].

(3) 마음을 응어리시켜서 집중하여 숨쉬기:

마음집중의 방편으로 돌돌 말기(쇠똥구리가 굴리듯) 심상을 사용한다. 단전호흡 요령은 단전 부위의 밑으로까지 숨이 들어가도록 흡하는 것이다. 이를 위해 먼저 숨을 내쉰 후 들이쉬기를 한다. 숨을 내쉴 때 아랫배가죽이 등짝에 붙을 정도로 내쉬기(호)를 한다. 그

다음에는 저절로 숨이 들어오게 되는데, 아랫배가 나오게 들이쉰다 (흡). 쇠똥구리가 돌돌 말면서 밀어올린다고 상상하면서 아랫배가 나오게 흡하는 것이다.

<마음을 집중해서 상상하기>

눈을 감고 마음을 밑으로 내려서 한 점을 만들어낸다. 점이 단전에 있다고 생각하고 꼬리뼈에서부터 점을 쭉 밀어 올린다. 밀어 올리고 내린다(의식이 가는 곳에 기(氣)가 따라간다는 원리를 이용한 것이다. 의식집중이 없이는 단전에 기를 모을 수 없고 그러한 호흡은 단순히 내장운동에 불과하다). 처음에는 5초 주기로 마음속으로 숫자를 세어 헤아리면서 들이쉬고 내쉰다. 힘을 줘서 배가 올라가게 하면 안 되고 숨 쉬어서 올라와야 한다. 이렇게 하면서 요령을 터득해야 한다. 이때 내쉬고 들이쉬는 간격을 같게 하는 것이 중요하다(조식법). 호흡이 실제로 유유히 고르게 이어지며 깊숙이 들고 나야 한다(호흡의 들고 남이 실제로 느껴져야 한다).

국선도에서는 몸을 풀고 난 후에(조신법), 호흡을 고르고(조식법), 마음을 고르는(조심법) 순서가 효과적이라고 한다. 이에 따라서 수련의 순서는 먼저 몸풀기 기(氣)체조를 한다. 숨을 아랫배 깊숙이 들이쉬고는 특정 자세를 취하면서 숨을 내쉰다. 이런 방식으로 수십 가지 자세를 취한다. 이때 배 속에 축적된 기를 신체의 해당 부위(자극을 주는 부위)로 손끝 발끝까지 보낸다고 상상하면서 동작을 취한다(이 점이 보통의 체조와 다른 점임). 이렇게 온몸을 머리끝에서부터 발끝까지 골고루 풀어준다[조신(調身)법].

다음 단계는 숨을 고르는 단계이다[조식(調息)법]. 숨을 고요히 아랫배 깊숙이 하단전 밑으로 들이쉬고, 고요히 천천히 내쉰다. 그러다 보면 아랫배 깊숙이(하단전)부터 더워진다. 이렇게 단전호흡을 하면서 자세를 서서히 바꾸어가는 것을 단전행공법이라고 한다. 정좌자세에서 단전호흡이 깊어지면 적적성성(寂寂惺惺)의 마음 경지로 들어간다[조심(調心)법].

필자는 이런 방법을 통해서 직장 스트레스를 풀고, 활동할 기운을 얻어서 생활의 활력을 키우며, 집중력도 키우고, 각종 아이디어도 저절로 떠오르는 효과를 본다. 머리 쓸 일에도 충실할 수 있게 된다.

4) 준비 운동: 행공 전 몸풀기

특정한 굴신(屈伸) 자세를 취하고 호흡의 힘을 가하면 기혈소통이 촉진되어 몸이 좀 더 유연해지는 결과를 가져다준다. 이런 식으로 S자 모양의 굴신동작을 좌우대칭으로 수십 가지를 취하는 것이 조신법(調身法, 몸풀기)이다. 신체의 말초 부위(예, 손목)를 S자 모양으로 꺾는 자세를 취하면 말초에까지 기혈소통이 촉진되어 온몸 구석구석까지 개운해지는 느낌을 맛볼 수 있다. 이는 호흡조절을 병행한 스트레칭을 통한 기운의 유통 강화로 볼 수 있겠다.

우리 대부분은 일상생활 중에서 무거운 것을 들 때, 저절로 숨을 멈추고 들면 잘 들어 올려지는 경험을 한 적이 있을 것이다. 이처럼 숨이 우리 몸속에 머물러 있는 가운데 몸풀기 자세를 취하면 상승효과를 볼 수 있다. 이런 요령으로 신체의 유연성을 기르고 보다 강건하게 만들 수 있다(김성환, 2004; 장현갑, 2006; 청산거사, 1974). 자세한 (행공 전) 준비 몸풀기 동작의 도해는 지면관계상 생략하니 김호언 (1984)을 참고하라.[4]

5) 단전행공법

선도 수련의 비결과 과정

단(丹)법(法)이란 연단(煉丹)법이다. …선도 수련은 단전에 원기(元氣)를 얻는 방법과 더불어 그 단전의 기를 토대로 전신(全身)의 굴신(屈伸)동작으로 그 기(氣)와 체력을 더욱 강화하여 최후에는 온 정신(精神)과 육체(肉體) 내에서 원기(元氣)의 기화(氣化)현상을 일어나게 하는 까닭에 단전을 중심(中心)한 심호흡으로 연단작용을 일으키는 것이 선도 수련의 기초가 되는 것이니 이 수련의 명칭을 모두 단전행공(行功)법이라 하여 단법이라 약칭하는 것이다. 행공이란 단전의 힘으로 굴신동작의 형태를 말함이다(청산거사, 1974, p. 194).

4　(행공 전) 준비동작 도해, 김호언 편저(1984). pp. 19-38.
　　김호언 편저(1984). (한국고유의 전통수련 국선도) 단전호흡. KBS한국방송사업단.

위에서 '단(丹)법(法)이란 연단(煉丹)법'이라는 구절에서 연(煉)이란 말은 불로 달군다는 뜻이다. 이는 단전호흡을 하면 단전이 따듯해지고 뜨거워진다는 뜻이다. 이때 단전에 원기(기운)가 생성된다는 뜻이다. 이렇게 단전호흡을 통해 생성된 기운, 즉 단전의 힘을 이용하면 각종 행공 동작을 취하면서 단전호흡을 하기가 더 용이해진다. 따라서 국선도법에서는 단전에 기운이 축적되어감에 따라 취하는 굴신동작이 점점 더 어려워진다. 이렇게 어려운 동작을 단전의 힘을 이용해서 취한 채 단전행공을 하는 이유는 우리의 몸에서 기운이 잘 유통되고 건강의 극치인 금강체를 만들기 위함이다.

건강의 근본은 양생법(養生法)에 있다. 즉 생명력을 키우는 것이다. 단전호흡을 통해서 원기(元氣)를 보다 적극적으로 생성시키고 이를 유통시키는 방법이 최고의 건강을 가져다준다. 이를 위해 굴신동작을 취하고 단전호흡을 하는 것이 국선도 수련법 고유의 특징이다. 즉 굴신동작을 취한 채 단전호흡을 하여 열기를 온몸으로 소통시키는 것을 촉진하여 온몸을 금강체로 만드는 것이다.

필자가 지도한 수련생들의 주관적 경험담을 들어보면, 흡(吸)한 상태에서 굴신(屈伸)동작을 취했을 때 몸이 유연해지고 개운함을 느끼게 된다고 한다. 이를테면, 양발을 뻗고 발가락은 세운 채 허리는 숙이고 고개는 든 굴신 자세에서 아랫배 호흡을 시켰더니, 허리가 더 많이 구부러지고 유연해졌다고 좋아하는 수련생이 있었다.

각 단법별로 호흡을 고르는 시간상 차이

호흡 주기(週期) 도해

丹田行功時 注意事項

食事一時間前後
自然的丹田行功
逆天的行功嚴禁

呼吸鼻用하며
細細吸入하고
細細呼出하되
靜中行功하라

呼吸行功하되
調息呼吸하라

各, 各, 同一한 時間

	吸	呼	吸	呼	
中氣					五十動作

	吸	止	呼	止	
乾坤					二十三動作

	吸	止	呼	
元氣				三百六十動作

<以上 正覺道(肉體的)>

단전행공 시 유의사항

식사 1시간 전후 自然的단전행공 逆天的행공엄금

호흡鼻用하며 細細吸入하고 細細呼出하되 靜中行功하라

호흡행공하되 調息호흡하라(청산거사, 1974, p. 200).

[주의사항]

어느 정도 요령을 알아가지고 수도(修道)를 임의로 하시는 것은 좋으나 수도 중 신체상 변화가 오게 되는 것이니 특히 위험에 빠지는 수가 있으므로 지도자 없이 단독 수도 중 발생하는 일체사는 당사자가 전적으로 책임져야 됨(청산거사, 1974, p. 205).

6) 행공 후 정리운동 몸풀기

행공 후에는 온몸을 골고루 풀어주는 동작을 취한다.
[참고] (행공 후) 정리운동 몸풀기 동작 도해[5]

7) 수련자의 태도: 대효지심, 도인도송

국선도에서는 수련자의 다음과 같은 마음자세를 중요시한다. 즉 어떤 수련 기법(technique)을 사용하느냐보다 더 우선적으로 중요한 것은 그 대상에 집중하는 마음자세와 태도이다. 수련이 깊어질수록 아래와 같은 마음자세가 갖추어져야 깊은 경지에 들어갈 수 있다고 한다.

---

5 (행공 후) 정리운동 도해, 국선도 단전행공(1990, pp.35-41), KBS한국방송사업단.
편저 : 국선도법연구회, 1990. 6. 11. 12판 발행
초판 : 1984년 6월 15일 김호언 편저, 국선도 단전호흡

(1) 대효지심(大孝之心):

나는 자연의 아들(정신적으로)이며, 조상의 아들(육체적으로)로서 나를 현재 있게 해준 이들에게 감사하는 마음을 갖는다. 자기 몸도, 자기 것은 하나도 없다. 모두 다 자연이 준 것이다. 따라서 자연에 순종해야 한다.[6] 자연으로 돌아가는 것은 사욕(私慾)이 아닌 대욕(大慾)이다. 즉 수련자는 대자연의 아들로 자연의 품에 안긴다는 기분으로 수도해야 한다.

[지도요령] 사람은 욕심이 있기 때문에[感情之慾] 지도자가 이 것을 지적하면 그것에 신경쓰게 되므로, 잘못된 것을 지적하지 말고 잘못된 것이 변화되도록 할 것(예를 들면, 윗배에 힘이 들어간다고 지적하는 대신 아래에서 힘이 올라오도록 하라고 지적한다).[7] 수련자 내면에서 스스로 동기를 유발케 하려면 공욕화(公慾化)해야 한다.

(2) 도인도송(道引導頌):

도를 인도하는 소리를 들어야 한다[이를 촉진하기 위해서 실제 행공(行功) 시에 선도주(仙道住; 正覺道源 體智體能 仙道一和 救活蒼生)[8]를 녹음기로 틀어준다]. 산에서 수행 시에는 '자연의 소리'를 들어야 한다. 이런 자연에 순응하는 겸허한 태도를 갖추어야 호흡이 임의로워지

---

6 1983년 청산 강의 : 변고(心身약화 초래)와 방종은 어떤 것이냐?

7 1983년 청산 강의 : 변고(心身약화 초래)와 방종은 어떤 것이냐?

8 선도주는 4글자씩 도합 20글자로 구성되어 있는데, 4글자가 5초간 청산거사의 육성으로 낭송되므로, 5초간 조식호흡을 따라 하기.

고 잘된다. 즉 단전호흡이 저절로 된다. '나라는 존재가 이 세상에서 무엇이냐?'라고 생각하면서 행공할 때 단전호흡의 효과가 잘 나타나게 된다. 모든 것을 여의고 줄이는 것이 좋다(小思 小릉 등).[9]

우리나라에서 전통적으로 전해 내려온, 조상에 고마움을 느끼고 자연에 순응하는 정신자세 및 태도가 중요하다고 여겨진다. 인간은 자연에 순응해야만 되는 존재이고 자연의 순리에 따르지 않을 수 없다는 태도가 (무집착의 태도 조성에도) 중요하다.

(3) '다 그런 거지' 하는 무집착의 태도:

옛날부터 내려오는 이야기가 있는데 깨달음에 들어갈 수 있는 사람이 세 종류가 있다.[10] 첫 번째로는 나이가 어린 사람으로 나이가 어릴 때는 순진무구한 때 묻지 않은 마음 상태이고, 두 번째는 아주 늙었을 때로 이것저것 다 해본 사람이다. 애들도 길러보고 사기도 쳐보고 자식들에게 배반도 당하고…. 그러면 욕망이 많이 줄게 되는 것이다. 사명대사전을 보면 재상의 자리까지 다 지내고 온갖 부귀영화를 누리고는 말년에 모든 것이 부질없음을 알고 머리를 깎고 산에 들어간 선비 몇 사람이 나온다. 마지막 세 번째로는 해보지 않았어도 해봐도 별 것 없다고 마음속으로 넘길 수 있는 사람이다. 이 세 종류의 사람만이 도를 닦아 도통할 수 있다고 한다. 이런

---

9 1982년 여름 법사3기 지원생에 대한 청산거사의 강의에서.

10 1977년도 청산거사의 강의에서.

이야기가 시사하는 점은 그만큼 무집착한다면 정신집중이 잘돼 수련의 효과를 얻기 쉬울 것이라는 것이다.

동양의 비교(秘敎, esoteric) 전통에서 전해 내려오는 "생각하지 마라", (논리적) 사고를 "단순하게 하라"는 등의 일견 엉뚱해보이는 이야기들은 그 의미가 좌반구의 논리적 활동을 극소화하고 우반구의 활동을 극대화함으로써 직관력을 발달시키고자 하는 그런 훈련으로 이해될 수 있다. 이런 무집착적 태도, 즉 "그런 거지" 또는 "그런 거야"의 태도가 집착으로부터의 해방을 통한 개인적 문제 해결 및 비교(秘敎) 수행에 도움이 되는 태도이다.

명상지도의
실제와 윤리

이봉건 (충북대학교 심리학과 명예교수/ clinpsy@chol.com)

1. 명상지도를 위한 조건[11]

(예, 지도자의 자격, 지도자의 태도, 명상지도에 필요한 물리적 환경 및 기타 조건들에 대한 것 등)

1) 명상지도전문가의 역할 및 역량[12]

요약	
1) 심리치료적 자기분석 노력 필요	2) 매일 수행
3) 몸 작업	4) 최소한 석사학위 구비

---

11 본 절의 내용은 명상지도자로서 갖추어야 할 방향성을 기술한 것으로 현재 학회 명상지도전문가 자격요건에 대한 시행 세칙과는 다를 수 있다.

12 이봉건(2015). 명상지도전문가 윤리교육, 명상학회 전환보수교육용 자료집, 2015. 4. 11. (토) & 2015. 10. 24.에서 발췌, 보완한 것임.

(1) 명상지도자의 요건(Becoming an MBSR Teacher)[13]

존 카밧진(Jon Kabat-Zinn)에 의하면, MBSR 지도강사(MBSR teacher, 명상학회의 명상지도전문가 R급에 해당)가 되려면 자신과 타인의 마음에 대한 주의 깊은 탐색 능력 양성이 필수적이다.

가. 자신의 정신적 발전(Personal psychological development):

자신의 성격과 대인관계 패턴에 대해서 가능한 한 많이 탐색하여 깨닫는 데 전념하는 것은 지도전문가가 되는 데 필수적이다. MBSR 지도강사가 되기를 원한다면, 이런 탐색 작업을 통한 깨달음을 얻기 위해 항상 자신의 내면세계를 탐구하고 내면의 심리 작업을 하는 것(ongoing self-inquiry and inner work)이 요구된다.

나. 집중수련을 위시한 명상 수련(Meditation training, including silent retreat attendance):

자기(self)와 실존(reality)의 본성에 대해 신기한 마음자세로 탐색하는 작업이 지도전문가에게는 필수적인 수행활동이기 때문에, 마음챙김 명상을 매일 수행해야 하는 것과 스승의 지도에 따라 묵언 수행의 동안거 또는 하안거(집중수련)에 참여하는 것은 결정적으로 중요하다.

---

13 http://www.umassmed.edu/cfm/oasis/index.aspx?linkidentifier=id&itemid=41256

다. 요가 또는 그 밖의 몸 작업 수련

(Yoga or other bodywork training):

우리의 몸을 마음챙김 수행의 도구로 여기고 활용하는 것도 필수적이다. 마음챙김 하타 요가 또는 다른 유형의 신체 중심의 깨달음 수련법(body-centered awareness practice)을 수행하는 것이 권장된다.

라. 관련 분야에서의 전문적인 교육 훈련 및 대학원 학위

(Professional training and graduate degree in a related field):

MBSR을 지도하려면 MBSR의 과학적, 의학적, 교육적 배경을 제대로 이해하고 소개할 수 있는 것이 필수적이다. 이런 이유 때문에 MBSR과 연계된 분야에서 대학원 학위를 받는 것이 필수적이다. 이런 대표적인 분야는 심리학, 교육학 및 의학이다. 그러나 마음과 몸에 대한 이해를 강조하고 관련 서비스를 제공하는 것을 가르치는 대학원 프로그램이라면 어떤 것이라도 검토하여 수용될 수가 있다. MBSR 지도자가 되기 위해서 꼭 대학원 학위를 취득해야 할 필요는 없지만, 지도자 자격증을 받으려면 대학원 학위를 취득해야만 한다.

① 전문가 및 과학자

한국명상학회에서의 명상지도전문가의 역할은 전문적이고 과학적인 활동을 통해서 명상 분야에 대한 지식을 확장시키고 개인과 사회의 안녕을 위해 자신의 지식과 능력을 발휘하는 것이라고 할 수 있다. 이는 명상지도전문가가 이러한 역할을 수행하는 과정에서 확립

되어야 할 원칙과 기준을 규정해준다. 카밧진 박사도 이와 같은 전문가 및 과학자의 틀을 강조한다. 과학적인 것은 서양에 토대를 둔 것이고 명상은 동양에 뿌리를 두고 있기 때문에, 어떻게 보면 서로 화합되기 힘든 두 가지를 갖출 것이 요구되는 것이 명상지도전문가이다.

전문가에게서 과학적인 활동이 중요한 이유는 일반 시민들은 증거를 중요시하기 때문으로, 증거가 없으면 설득력이 떨어지며 객관성이 부족해질 수 있다. 명상지도전문가라면 자기 역량도 발전시키고 남도 도와줄 수 있는 역량을 주관적으로뿐만 아니라 객관적으로 입증할 수 있도록 노력하는 것이 현대 사회에서 중요하게 요구된다고 여겨진다.

혹자들은 "골치 아프게 논문은 왜 써? 학술활동은 왜 해? 명상만 하면 되었지!"라고 여길 수 있다. 그러나 명상학회에서는 과학적이고 학술적인 것을 기반으로 하며, 여기에 다른 학회와 차별성이 있다. 증거에 기반을 둔 전문 활동을 해야 쓸모가 있고, 인정받을 수 있고, 값어치가 크다고 하겠다. 결국 이 두 가지를 겸비하도록 노력할 수밖에 없다. 명상지도가 어려운 이유는 이 두 가지 힘든 것을 같이 해야 하기 때문이다.

② 윤리의무를 준수하는 전문가

명상지도전문가는 언제나 최대한의 윤리적 책임을 지는 행동을 하도록 노력할 의무가 있다. 명상지도전문가는 전문적이고 과학적인 기초 위에서 활동하기 때문에 자신의 지식과 능력의 범위를 인식할 의무가 있으며, 또 이를 남용하거나 악용하게 하는 개인적, 사회적, 경제적, 정치적 영향으로부터 벗어나도록 노력해야 할 의무가 있다.

윤리규정에 어긋나는 행위를 한 명상지도전문가에 대해서는 윤리규정과 한국명상학회 회칙에서 정한 절차에 따라 전문가 자격 박탈이나 상실, 전문가 자격 정지 등의 징계를 할 수 있다. 또 이 조처를 다른 기관이나 개인에게 알릴 수 있다.

③ 전문성

평가와 심리치료에 종사하는 명상지도전문가는 교육, 훈련, 수련, 지도감독을 받고, 연구 및 전문적 경험을 쌓은 전문적인 영역의 범위 내에서 서비스를 제공하여야 한다. 중요한 것은 전문가로서 자신이 제공할 수 있는 것만 해야 한다는 점이다. 즉 전문가가 서비스를 제공할 만한 역량이 부족한데도 그 서비스를 제공하려고 하면 안 된다. 예를 들면, 미국 심리학자들의 4분의 1 정도가 자신의 전문영역 밖의 활동을 하는 것으로 조사되었다. 이는 미국 임상가들이 자신이 충분히 훈련받고 경험을 쌓은, 즉 전문지식과 실무역량이 갖춰진 영역에서만 활동하지 않음을 알려준다. 이는 비난받을 소지가 된다.

자기가 경험을 쌓은 전문적인 영역의 범위 내에서 서비스를 제공해야 하는데 여의치 않은 상황이 발생할 수도 있다. 이를테면, 갑자기 한 내담자가 왔는데 그에게 필요한 전문 서비스를 제공할 자격을 갖춘 전문가가 없을 수 있다. 이런 경우에는 가용한 전문가가 응급 차원에서 서비스를 제공하고, 더 적합한 다른 전문가에게 의뢰해야 한다. 이처럼 긴급한 개입을 요하는 비상 상황인데 의뢰할 수 있는 명상지도전문가가 없는 경우에는 자격을 갖추지 못한 명상지도전문가가 서비스를 제공할 수 있다. 단, 이 경우에는 자격을 갖춘 명상지도전문가의 서비스가 가능해지는 순간 종료하여야 한다. 자신의 전문영역 밖의 지식과 경험이 요구되는 서비스를 제공하고자 하는 명상지도전문가는 이와 관련된 교육과 수련 및 지도감독을 받은 후에 제공해야 한다.

명상지도전문가는 전문가로서의 자신의 역량을 계속 유지하도록 노력해야 한다. 명상학회의 자격 유지를 위한 활동을 의무화하는 규정도 이를 위한 것이다(연수평점제도). 자격 유지를 위한 노력의 하나로서 임상적 역량을 유지하기 위한 최소한의 노력의 예로서 미국심리학회의 기준을 소개한다. 임상적 기준(clinical standards)[14]의 유지, 즉 임상적 역량을 높이기 위해서는 아래의 노력을 기울여야 한다(Pope, 1991, p. 116).

● 윤리적 법률적 기준보다 더 빠르게 전개되므로(심지어 5년 전의 절차나 규범들조차도 개입과오(malpractice)로 간주될 정도로 빠르게 변화) 변화하는 규범과 절차에 대해 숙지하고 있어야 한다:

학회의 윤리강령 및 규범의 변화에 대해 항상 귀를 기울이고 있

---

14 Kenneth S. Pope (1991). Chapter 7. ETHICAL AND LEGAL ISSUES IN CLINICAL PRACTICE, In Hersen, Michel (Eds.), The Clinical Psychology Handbook, Pergamon Press, pp. 115-127.

어야 한다는 것을 의미한다. 전문가가 되면 이런 외부의 변화에 주의를 기울이는 것에 소홀해지기 쉽다. 이를 경계하라는 뜻이다.

● 학문적, 전문적 잡지(academic and professional journals)를 구독하고 읽는 것, 연수교육(inservice training) 및 평생교육과정(continuing education courses)에 참여하는 것, 과학적 모임(scientific meetings)과 전문학술대회(professional conventions)에 참여하는 것, 개인적으로나 집단적으로 지도감독(supervision)을 받는 것, 미국 전문심리학위원회에서 제공하는 박사 후 연수 과정(American Board of Professional Psychology's Post-Graduate Institute courses) 같은 프로그램을 이용하는 것 같은 노력을 기울일 수 있다:

이런 지속적인 노력을 기울이는 것이 아주 중요하다. 국내 학회지 등 학술자료는 학회에 가입하면 그냥 보내주니 입수하기 쉽다. 외국 데이터베이스(Database)는, 예를 들면 엘제비어(Elsevier)라는 미국의 출판사에서는 명상, 심리학, 대체의학 등의 분야에 관한 논문과 저술을 많이 출간한다. 이 출판사의 홈페이지에 들어가서 'Alert 서비스'를 신청해놓으면 엘제비어에서 출간하는 전문학술지 목록 중에서 자신이 선택한 저널(Journal)의 목차를 자동적으로 전자우편으로 보내준다(클릭하면 논문 전문으로 연결된다). 필자는 이를 많이 이용해서 세계적인 최신 추세를 파악한다. 예를 들면, 임상심리학 같은 경우는 'Clinical Psychology Review' 등을 'Alert 서비스'에 등록해놓는다. 그러면 새로운 저널이 발간되면 전자우편으로 그 목차를 받게 된다. 이렇게 전문적인 정보가 자신에게 빠르게 와 닿을 수 있도록 하는 것이 최신의 세계적인 동향으로부터 멀어지지 않는 방법이고 편리하다. 그렇지 않으면 스스로 수시로 관련 홈페이지에 접속해서 검색해야 하기 때문에 번거롭거나 시기를 놓칠 수 있다. 이렇게 새로운 정보를 주기적으로 자신에게 도달되도록 해야 세계적인 동향을 따라갈 수 있다. 시대에 뒤처지지 않도록 연결 줄을 유지하라는 뜻이다.

● 실력을 인정받는 동료들과 함께 소규모의 동료 - 교육 집단을 형성하는 것(forming a small peer-education group with respected colleagues)은 전문심리학자 자신의 훈련과 전문성(expertise)이 최신의 임상적 지식, 절차 그리고 접근방법에 토대를 두고 있다는 것을 확고하게 해주는 데 도움이 되는 그 밖의 예가 된다:

인근 학회의 전문의 지회에 갔을 때 본 내용인데, 이들 전문의에 대한 학회의 연수평점제도가 활성화되어 있다는 인상을 받았다. 의사 면허는 자격증과 달리 법률적으로 권리와 의무가 명시된 것이기 때문에 연수평점제도가 더 강화되어 있다는 인상을 받았다. 학회나 지회가 활성화되어 있어서 이들은 모임에 오면 무조건 자기 서명부터 한다. 자주 참석하고 서명부터 하는 것이 아주 습관화되어 있는 것을 보았다. 개인적으로는 전문가 자격을 유지하고 학회 입장에서는 시민으로부터 그 자격증이 권위와 신뢰를 얻으려면, 우리 학회에서도 이런 모습이 자주 보여야 된다고 본다. 그래서 학회 모임 또는 동료들과의 소모임에서 집단적으로 피드백을 주고받고 연결을 유지하는 것은 자신의 역량을 후퇴시키지 않고 계속 유지하게 하는 데 큰 도움이 된다.

고인 물은 썩는다. 무엇이든지 안 쓰면 썩기 마련이다. 아무리 자신이 역량이 높다고 하더라도 계속 노력하지 않고 외부의 자극을 주기적으로 주고받기를 하지 않으면 도태되거나 동떨어질 위험성이 있다. 이는 전문가 개인으로나 학회의 대외적 위상 면에서나 바람직하지 않다고 본다.

2) 전문가로서의 역량(COMPETENCE) 증진

카밧진의 지도강사(teacher) 자격 기준

- MBSR 지도자는 공식적 및 비공식적 명상 수행을 매일 수행해야 한다.
- 마음챙김이 실생활의 일부가 되어야 한다.

카밧진[15]은 지도강사(teacher, 명상학회의 명상지도전문가 R급에 해당)의 역량 증진을 위한 교육 훈련에 어려움이 있음을 지적하고 있다. 과학적 방법과 동양 전래의 명상 수행법이라는 서로 다른 접근법을 모두 익히고 통합해야 하기 때문에 어려운 것이다.

---

15 Kabat-Zinn, Training Teachers to Deliver Mindfulness-Based Stress Reduction - Principles and Standards. http://www.umassmed.edu/cfm/training/principles--standards/

(1) 지도강사로서 갖추어야 할 필수적 자질

카밧진은 동양 전통의 명상에 대한 마음자세와 태도를 준수하면서 명상 수행을 오랫동안 갈고닦아야 함을 강조한다. 이런 태도 및 수행은 특정 종교, 이를테면 불교 및 불교신자와는 무관한 것이다. 수행 증진의 차원에서, 또한 자신의 수준을 깊게 하기 위해서 집중수련회에도 참석해야 한다.

카밧진은 MBSR 지도강사가 공식적 및 비공식적 명상 수행을 매일 수행해야 한다는 것을 강조하고 있다. 명상 수련을 하루에 한 시간 정도씩 실천하지 않으면 하루일과를 시작하지 않는다는 마음가짐을 갖고 생활하는 것이 바람직하다. 일주일 내내 해야 한다. 필자의 경험으로 볼 때, 하루라도 수련을 빠뜨리면 명상지도전문가로서의 감각이 떨어지기 쉽기 때문이다. 이렇게 명상을 수행하는 것에 대해 자신의 인생관에서 중요한 가치를 부여해야 명상의 생활화가 가능해질 수 있다. 마음챙김이 실생활의 일부가 되어야 한다. 공식 명상 수행을 일상생활 속에서 습관화하는 한 가지 요령을 예시하면, 오후에 시작하다가 점차 오전 시간으로 옮기고, 몸이 풀리고 명상 수행이 잘되는 정도에 따라서 새벽 시간으로 고정시키도록 노력한다.

이와 같은 매일 수행의 중요성은 명상학회 기초교육 과정에서도 강조된다. 명상학회에서 T급 자격 취득을 위한 기초교육 과정을 이수할 때, 매일 명상일지를 작성해서 제출하도록 되어 있다. 기초교육이 중반부로 들어가면 그간 학습한 공식 명상을 두 가지 이상 매일 40분 이상 수행해서 자기에게 맞는 기법을 찾도록 되어 있다.

명상 수련의 일상화를 위한 권장사항. 매일 40분 이상 공식적 명상을 두 가지 이상 수행하는 것을 원칙으로 한다. 단 밤 늦은 시간의 수행은 삼간다. [함축된 뜻] 아무리 바빠도 하루 40분 이상은 수행한다는 결의가 마음속에 굳게 새겨져 있어야 하며, 부득이하게 단 10분밖에 하지 못했다면 그다음 날에라도 부족한 부분을 채워서 수행을 더 길게 하려는 자세가 생활습관으로 되어 있어야 명상지도전문가로서 자기 자신에게뿐 아니라 외부로부터도 인정받을 수 있을 것이다.

또한 카밧진은 MBSR 지도강사의 최소한의 기준으로서 심신의학(Mind-Body Medicine) 과정을 이수하고, 정좌 명상과 마음챙김 요가를 전문가들로부터 지도받으면서 개인적으로 꾸준히 지속적으로 수행할 것을 제시하고 있다. 여기에서 심신의학 과목은 한국명상학회의 새로운 자격시험제도에서 필수적인 필기시험의 하나이다. 정좌 명상과 몸 작업에 대한 지도를 꾸준히 받고 매일매일 수행하는 것은 남을 지도하는 명상지도전문가로서 필수적인 활동이라고 하겠다.

(2) 지도강사로서 역량의 하나인 집단상담 진행 능력의 증진 필요

카밧진은 집단상담이나 집단심리치료의 원리를 숙지하고 체험할 것을 강조한다. 이는 MBSR 지도강사로서의 집단상담 운영 능력을 키우기 위함이다. 카밧진은 MBSR을 진행할 때 강당에서 자신을 중심으로 참가자 수십 명 내지 수백 명이 드러누워 있는 가운데 시범을 보이면서 집단으로 진행하는 모습을 TV에서 보여주었다. 이는 집단을 끌어나가는 교육기술을 따로 습득해야 할 필요성을 보여준다.

즉 명상지도전문가로서 수행을 많이 했다는 것만으로는 부족하며, 잘 가르칠 수 있는 기술을 갖추는 것 이외에도 대개 집단적으로 지도하는 경우가 많기 때문에 집단 전체에 영향을 주는 집단역동(group dynamics)이라든지 집단구성원들의 심리적인 변화 등을 잘 알아차리고 이를 잘 다룰 줄 알아야 할 것이다. 집단지도 능력 함양은 카밧진의 MBSR 지도강사를 위한 고급 과정에 해당하는 내용이다. 세부적으로 살펴보면 아래와 같다.

가. 집단역동(group dynamics)의 파악 및 안정성의 유지[16] 기술의 습득(R급 자격자 대상의 고급 과정에 상당):

이 능력을 개발하려면 우선 주기적으로 모여서 지지적으로 (supportive) 지도해주는 모임에 참가해서, 불확실하고 일촉즉발의 긴장된 심리적 상황 속에서도 자신의 마음을 안정되게 유지하는 능력을 개발한다. 마음챙김의 관점에서 참가자 - 지도전문가의 관계의 역동을 탐색한다.

나. 모든 참여자를 위한 심층적 청취, 존중, 공감 및 자애의 역량을 키울 것:

카밧진이 강조하는 이 표현은 내담자 중심 요법의 선구자인 칼 로저스(Carl Rogers)가 강조하는 심리상담자의 기본자세와 많이 중복된

---

16 http://www.umassmed.edu/cfm/oasis/index.aspx?linkidentifier=id&itemid=41256

다. 이는 내담자를 향한 마음자세로서 기본적인 요소라고 할 수 있다.

다. 대규모 또는 소규모 집단 대화의 기술, 집단적으로 탐구하고 피드백을 주는 역량을 발전시킬 것:

집단심리치료에서는 집단응집력(참여자 간의 동질감)이 치료효과의 주요 요인 중 하나로 인정되어 있다. 집단을 성공적으로 이끌려면 우선 집단응집력을 높이는 것이 필요하다고 인정되어 있다. 이를 위한 일환으로 필자가 명상치유 집단프로그램을 진행할 때에는, 참여자들에게 자기소개도 하고 기대감도 말하게 할 뿐만 아니라, 프로그램 종료 후에는 소감기록지에 작성한 내용에 대해서 참여자별로 피드백을 제공하고 참여자들 간의 비슷한 점도 언급하고 있다. 이런 절차가 참여자들에게 좋은 인상을 주고 집단 내 동질감을 일으키는 것으로 여겨진다.

라. 참여자가 스트레스, 통증, 질병 그리고 고통을 호소할 때 이를 받아들일 수 있는 정신적으로 큰 그릇(safe container)이 되도록 노력할 것:

사람들의 마음을 다 받아줄 수 있도록 자기 마음의 그릇을 키워야 할 필요가 크다. 이 그릇이라는 표현은 서양에서는 정신분석가들이 많이 사용한다. 정신분석가들은 환자의 마음을 분석할 때, 그 사람들의 무의식적인 갈등이나 환상, 여러 가지 내면의 좌절된 욕망 등을 다 수용하려고 한다. 만약에 (내담자에게) '미친 소리 하네'라는 생각이나 시비판단이 들면 심층적인 치료 자질이 부족한 것으로 간주된다. 이런 모든 것을 다 수용하고 담아줄 수 있는 정신적인 큰 그릇이 되어야 한다. 이를 위해서 동양의 수련 전통에서는 자신의 마음의 그릇을 많이 비워나갈 것을 강조한다[공심(空心)].

마. 집단상담 분위기 속에서 피드백을 잘 주기 위한 준비:

명상지도자는 자신이 매일 40분 이상 수련해야 명상 상태의 감각이 유지되어 집단상담 속에서 참여자의 다양한 질문이나 경험에 대해 도움이 될 만한 피드백을 제공해주기 쉽다. 또한 명상지도 때마다 피드백을 제공하면서 집단을 이끌고나가면 집단운영 감각을 계속 살리고 발전시켜나갈 수 있게 된다. 어떤 종류의 전문가든, 사람을 대상으로 하는 심리적 서비스를 제공하는 전문가라면 매주 최소한의 전문지도 경험을 꾸준히 지속해야 자신의 전문적 역량이 녹슬지 않게 된다. 특히 수련생을 지도하는 위치에 있는(즉 슈퍼비전을 제공하는) 전문가에게는 필수적이다.[17]

R급 자격으로의 승급을 위한 준비 & R급 자격 유지를 위한 노력: 지도 역량(지도 경험, 지도 실적)

승급 준비를 위한 세부 행동요령은 다음과 같다.

---

17 Baird, Brian N. (1996). The Internship, Practicum, and Field Placement Handbook : A Guide for the Helping Professions. Prentice Hall.

① **T급 자격심사 신청 시 제출된 수행일지에 대해 자신이 지도 감독자로서 피드백을 제공한 실적을 10개 이상 쌓아놓는다**(이를테면, 5년간 매년 2개 이상씩). **또한 (개인 및 집단) 지도감독 보고서도 제출할 준비를 해둔다:**

수련생의 수행일지에 대한 피드백을 제공하는 것은 지도를 맡은 R급 이상의 자격자에게 의무사항이다. 그런데 필자가 2006년도부터(현 명상학회의 전신인 명상치유전문가협의회장 시절부터) 최근 2017년도 1월 말까지 자격심사위원장으로서 오랫동안 일한 경험에 의하면, 수련생의 수행일지에 대한 전문가의 피드백 내용이 이론적이고 원론적인 코멘트가 많았다고 본다(예, 마음을 챙겨라 등). 이보다는 수행자 개인에게 맞춘 세부적이고 실제적인 행동요령을 피드백으로 줄 수 있는 역량을 갖추어야 할 것이다(세부요령은 이 절의 후반부 참조).

② **명상지도 시 자신이 진행한 세부절차(protocol)를 제시할 준비를 해두며 동영상도 찍어놓는다.**

<참고 1> R급 자격심사 시 면접심사에서의 그간의 초점[18]
- 수행역량: 매일 40분 이상의 수행 후 그 경험을 수행일지에 적어야 한다.

---

18 필자가 한국명상학회 자격심사위원장으로서 R급 자격심사 시 서류 및 면접 심사 경험을 토대로 작성하여 발표한 자료에서 발췌, 보완한 것임. 출처: 이봉건(2015). (자격심사) 신청기준, 신청서류, 심사절차의 설명 및 QNA. 한국명상학회 전환보수교육자료집. 2015.10.24.(토)

- 지도역량: 동영상 등의 지도 자료를 제시해야 한다. 다른 수련생의 수행일지에 피드백을 준 것도 검토의 대상이다.

<참고 2> R급 자격심사 시 면접심사 소감

- 면접심사를 받은 분들이 조건부로 통과되는 경우가 많았음: 조건은 지도한 자료를 담은 동영상이나 음성녹음 파일을 제출하는 것임.
- 학술경험 사례 보고서를 제출해야 함(학술대회에서 발표 권장).
- 각기 요구받은 자료를 제출하지 않으면 자격증이 수여되지 않음.
- 수행일지의 충실한 작성이 요구됨: 수행일지의 작성이 전반적으로 부실함.
- 2종 이상의 다양한 명상기법을 사용하지 않았음.
- 정신적 및 신체적 반응을 세부적으로 충실하게 작성하여야 함.
- 집에서 매일 거르지 말고 연속해서 수행 후 작성해야 함.

2. 명상지도방법[19]

(예, 실제 명상지도할 때를 가정할 때 명상지도 실제와 같은 명상지도의 절차와 관련된 내용)

1) 수련생들이 명상 중에 힘들어하는 것

필자가 2009년도에 한국명상치유학회 자격심사위원회로 T급

---

[19] 이 절은 최근의 명상학회지에 게재된 논문에 기초함. 이봉건(2017). 몸풀기 조신(調身) 수련과 조식(調息) 수련을 병행한 명상 프로그램이 심신이완과 마음의 안정에 미치는 효과.

자격심사를 위해 제출된 수련일지 29명분에 대한 검토 결과, 수련생들이 잘 되지 않는다고 호소한 것(힘들어하는 것)은 크게 통증, 잡념 및 판단(마음의 방황), 호흡조절의 어려움 등이었다(이봉건, 2010). 이 호소의 각각에 대하여 자세히 살펴보고 지도방안을 고찰한다.

(1) 통증 호소: 어깨의 긴장, 허리의 불편, 등이 굽는 것, 다리의 저림

가. 수련생들이 보고한 통증

(정좌 명상 시) 어깨 위에 무거운 짐이 올려져 있는 것 같았음.

(정좌 명상 1) 가슴과 목 부분이 자꾸 구부러졌으며 알아차리고 자세를 바로 함. 명상이 끝난 후 종아리와 발 감각 없고 저림. 바로 일어서지 못함.

(호흡 명상) 반가부좌 자세였는데 다리가 저렸음(추측으로 20분 정도 지났을 무렵부터). 명상 후에 감각이 없었으며 바로 일어서지 못하였음.

(호흡 명상) 발목과 허벅지, 그리고 팔꿈치가 많이 저려서 무척 참기 힘들었음.

다리가 저리고 아픈 것은 오랫동안 앉아 있어서 당연한 것 같은데, 등 부분에서 찌르는 느낌이 명상을 할 때마다 자주 드는 것은 허리를 펴고 있어서 그런 것인지, 통증이 있어서인지 잘 모르겠음.

등 부분에서 가로 방향으로 길게 통증이 느껴짐.

나. 호소된 통증의 요약

종합하면, 대부분 앉아서 하는 명상을 수행할 때 어깨 부위, 허리 및 다리에 통증을 많이 느끼는 것으로 보이며, 대부분은 고통을 억지로 참고 있는 것으로 보인다. 또한 이런 통증으로 인해 명상에 집중이 되지 않음을 많이 호소하고 있다.

소리 명상을 하면서 귀가 아주 커지는 듯한 느낌을 받았다. 소리에 집중하면서도 신체 고통이 다가올 때 소리에서 주의가 분산되는 것을 느낄 수 있었고, 지속되는 고통 때문에 소리에 집중하지 못하고 마음이 고통을 중심으로 계속해서 떠도는 것을 알았다.

따라서 수련생들은 통증에 대한 효과적인 대처방안을 몹시 궁금해하고 있는 것으로 보이며(예, '요가를 하면 좀 도움이 될까요?', '명상 전에 스트레칭도 필요하다는 생각이 있었음') 지도전문가는 그 요령을 자세히 체득하여 지도할 필요가 커 보인다.

다. 지도방안

우선 수련생들에게 바른 자세를 취하는 요령을 터득하게 할 필요가 있다. 긴장을 풀고 편안하고 이완된 자세를 취할 수 있게 되는 것이 중요하다. 이런 자세를 취할 수 있게 되었다고 하더라도, 명상 수행 시간이 길어지면 통증은 자연스레 찾아오기 마련이다. 이때 통증을 객관적인 마음으로 관찰하고 인정하며 그대로 받아들이면 웬만큼은 해소될 것이다. 정히 불편하면 편안한 마음으로 자신의 몸을 소중하게 다루기 위하여 부드럽게 자세를 바꿀 마음을 갖는 것이 중요하다.

① 정좌 명상 시 바른 자세

정확한 자세를 취하는 것이 왜 중요한가? 가장 좋은 명상 자세는 편안하고 안정되며 일정 기간 유지 가능한 자세로서, 올바른 자세를 취하면 신체적 통증, 주의분산, 졸림 및 마음의 방황 같은 집중하는 데 장애물을 줄여준다. 다리를 교차시켜 앉는 자세와 앉아서 하는 모든 명상 자세에서 가장 중요한 것은 척추를 곧게 세우되 이완하는 것이다(Boccio, 2004/2009). 이를 위한 준비로서 우선 편안한 옷을 입고, 허리를 졸라매지 말아야 한다. 앉을 때는 등이 쭉 펴지게 앉되, 뻣뻣하게 경직되게 하지 말고, 단순히 세우듯이 하라. 줄을 통해서 머리 위를 뚫고 쭉 잡아당긴다고 상상하면 도움이 된다(Bien & Didonna, 2009).

정수리는 마치 하늘에 닿을 듯이 위로 늘린다. 턱은 목 뒤쪽의 긴장을 풀고 목구멍을 열어두기 위해 살짝 안으로 끌어당긴다. 하나의 에너지 선이 회음부로부터 위쪽으로 몸통 중심을 지나 정수리를 통해 밖으로 흘러 나간다고 상상해보라(Boccio, 2004/2009). 앉아 있는 동안에 아픔이 느껴지면, 자세를 바꾸는 것이 좋다. 자기 자신에게 부드럽게 하는 것이 중요하다(Bien & Didonna, 2009).

모든 자세에서 등을 곧게 유지한다는 것에 주목하라. '곧은' 등이라는 것이 실제로는 정상적인 만곡을 이루는 등임을 언급할 필요가 있다. 이 곡선은 허리에서는 안으로 들어가고 등 위쪽에서는 밖으로 나오고 목에서는 다시 안으로 들어간다. 어깨는 완전히 이완되고 견갑골은 등 위쪽에서 편평하게 되어 앞으로 구부러지지 않아야 한다. 이렇게 하면 가슴이 열려서 호흡이 좀 더 가득 흐를 수 있도록 도움을 준다(Boccio, 2004/2009).

수련생의 보고 예시

(정좌 명상) 곧은 허리가 주는 무게감과 나의 중심점: 자세에 유난히 신경을 쓰지는 않았지만, 구부정한 나의 등이 그동안 이렇게 펴져 있는 상태로 편안해본 적이 있었는가 싶을 정도였다. 자세교정기를 입어도 잡히지 않는 나의 등과 허리, 일부러 바로잡아도 불편함에 통증만 느꼈던 나의 등과 허리, 생각으로 바로 세워보지만 어느새 다시 원래 자리로 돌아가버린 굽은 등과 허리는 명상을 통해 점차 바르게 자리 잡아가고 있었다. 그리고 너무 시원하고 편안했다. 이제는 허리를 펴고 근엄한 자세를 취하면 마치 명상으로 집중된 듯 내 마음도 고요하고 경건해진다. 그리고 간혹 자세만으로도 나는 나를 발견한다.

극동지역에서 발달된 선도(仙道) 수련법에서는 신체의 유연성을 기르고 보다 강건하게 하기 위하여, 조신법(調身法) 등의 몸풀기 동작을 취하고 기혈소통을 촉진시키는 굴신(屈伸)호흡법을 사용할 수 있겠다(김성환, 2004; 장현갑, 2006; 청산거사, 1974)(본 책의 국선도에 관한 절을 참조).

　필자의 지도 방식은 상체에 힘을 주지 말고 힘을 밑으로 빼야 경직되지 않고 편안해지는 것을 강조한다. 허리를 꼿꼿이 세우려고 요추에 긴장을 과도하게 주면 허리나 등 부분에 통증을 느낄 수 있다. 상체(어깨와 가슴)의 힘을 빼는 것이 아주 중요하다. 이를 위한 방편으로 상체가 척추 위에 얹혀 있다고 생각하고, 꼬리뼈(미골)를 중심으로 그 위에 척추가 얹혀 있다고 생각하고 앉는다. 자세의 불균형이 있으면 이를 바로잡아야 하며, 이는 몸을 유연하게 풀어주는 조신법(調身法)으로 해소될 수 있다. 엉덩이 부위에만 방석을 깔고 이 부위를 무릎보다 높여서 앉는 것은 기혈소통에 비효율적이라서 바람직하지 않다. 결가부좌로 정좌했을 때 미골과 양 무릎이 위에서 보면 삼각형이 되어 안정되고, 옆에서 보면 모두 같은 수평선상에 있어야 하체에 골고루 힘이 들어가고 기혈소통이 잘된다고 한다. 국선도 방식의 단전호흡 시에는 각종 동작을 취하면서 단전호흡을 한 후(단전행공 후) 이런 자세를 취하고 적적성성[조심(調心); 표면이 잔잔한 호수처럼 마음이 고르게 평온한 상태]의 마음상태로 들어가게 된다.

② 명상 중의 자세 변경

　너무 고통스러우면 자세를 천천히 바꿀 수 있다. 고통스러운데도 억지로 참을 필요는 없다. 내 몸이 소중하다는 마음을 갖고 자신의 몸에 친절하게 천천히 바꾸면 된다. 다음은 보디스캔 시의 지시문의 한 예인데, 이와 같은 몸의 소중함을 간직하면 자세를 바꾸는 데 마음의 저항이 적을 것이다.

> 숨을 들이쉬면서, 내 다리를 알아차린다. 숨을 내쉬면서, 내 다
> 리에 미소를 보낸다. …내 다리가 얼마나 소중한가. 다리에 사
> 랑과 고마움을 전한다(Woods, 2009).

자세를 바꿀 때, 먼저 자세를 바꾸려는 의도가 자기 마음속에 일
어났음을 알아차리고 바꾸려는 자세를 정한 후 가능한 한 천천히 바
꾸는 것이 좋다.

③ 통증을 수용하기

호기심의 자세로 내면의 모든 것(신체, 정서, 인지)을 있는 그대로
수용한다. 이처럼 신체감각을 열린 마음으로 받아들이면 고통과 아픔
(pain and suffering)에 대해 새로운 관계가 형성된다. 현재 일어나고 있
는 것을 바꾸거나 맞서 싸우거나 과거에서 의미를 찾으려 하거나 또
는 미래를 예측하려고 하는(즉 생각하고 비판하려는) 대신에 매 순간 그
자체에서 상호 연결성을 느끼게 되면(매 순간을 있는 그대로 느끼게 되
면), 다른 방식의 관점이 부각된다(Woods, 2009). 통증을 다루기 위해서
는 깨어 있으며, 판단하지 않고, 경험을 주시하는 것과 같이 집중하
는 전략을 사용하는 것이 통증을 느낄 때 다른 것을 생각하려고 애쓰
는 등의 마음을 산란케 하는(주의분산) 전략보다 더 효과적이다(Boccio,
2004/2009). 이것에 대한 예로 보치오는 다음을 소개하고 있다.

등의 통증이 너무 심해 죽을 것 같다고 나에게 말한 한 학생이 있었다. 질문과 깊은 탐색을 통해 우리는 고통스러운 감각이 실제로는 그녀의 오른쪽 허리 아래쪽 8제곱센티미터 정도의 영역에 국한되어 있다는 것을 발견하였다(Boccio, 2004/2009).

일단 고통이나 불쾌감의 존재가 부풀려지지 않고 있는 그대로 확인되면, 통증을 기꺼이 받아들이면서 통증을 관찰하는 것도 좋은 방법이다. 즉 통증을 없애려는 마음이 일어남을 알아차리고 통증 부위를 마음의 눈으로 잘 관찰한다. 그러면 통증이 통상 소멸되는 것을 관찰할 수 있게 된다. 한 가지 요령은 이것이 고통스러운 육체적 감각이든지 혹은 마음작용이든지 불쾌함을 자신의 '우는 아이'처럼 대하는 것이다. 부모로서 우는 아기를 달랜 경험이 있는 사람은 이것이 매우 유용한 비유라는 것을 알 수 있을 것이다. 갓난아기가 울면 아이를 떠나지도 않고 밀쳐놓지도 않으며 바로 아기에게 가서 안아 주는 식으로 달랜다. 통상 다른 방법은 별로 효과적이지 못하다. 이런 면에서 볼 때 우리의 고통을 무시하거나 떨쳐버리려 하는 것이 얼마나 역효과인지 명백해진다(Boccio, 2004/2009). 이런 식으로 고통이나 불편감을 해소한 예는 다음과 같다.

나는 현기증 같은 어지럼증을 느꼈고, 꼬인 매듭은 태양신경총(太陽神經叢)으로 옮겨 갔다. 그 감각은 오한이 나는 두려움과 공황 같은 것이었다. 나는 두려움이 올라오는 것이 얼마나 두려운 것인지를 보고 있었다. 그러나 나는 머물렀고 호흡을 하였다. 두려움을 느끼는 내내 그 모든 것을 포용하였다. 그러고 나서 마침내 폭풍과 같은 불안의 모든 에너지가 다 소멸되는 듯했다(Boccio, 2004/2009).

위와 같이 수용으로 통증을 해소한 수련생의 보고는 다음과 같다.

호흡에 집중하니 배가 부풀었다가 줄어들었다가 하는 것에 따라 배가 옷에 닿는 느낌을 느낄 수 있었고, 명상 도중 느껴지는 어깨, 무릎의 통증에 주의가 흩어졌으나 통증을 느끼는 것을 알아차리고 의식적으로 호흡에 집중하니 나도 모르는 사이에 통증이 없어져 있는 것을 느꼈다.

통증 부위를 편안한 마음의 눈으로 관찰하면 통증이 소멸되는 것이 한의학에서는 정심주(定心住)라고 명명되어 있을 정도로 잘 인정된 현상이다. 비유컨대 '(배 아픈 손자의 배를 쓰다듬어주는) 할머니 손은 약손'이라는 흔한 말처럼, (자신의 고귀한 몸을) 마음의 눈으로 자꾸 쓰다듬다 보면, 통증이 가라앉기 쉽다.

④ 몸 풀기의 중요성
어떤 수련생은 하타 요가 자세를 취하고 멈춘 채 호흡을 하면 좀 더 자세를 유연하게 잘 취할 수 있게 되고 통증도 줄어들게 됨을 보고

하면서, 그 이유를 궁금해하였다.

동작을 천천히 진행하고 자세를 취한 후 멈추니까 그때그때 신체 감각을 잘 느끼게 되었고 그 상태에서 천천히 호흡을 취하니까 훨씬 통증이 줄어드는 것을 알아차리게 됨. 하타 요가 자세를 취하고 멈추면서 호흡을 하면 좀 더 자세를 진행할 수 있게 되고 통증도 줄어들게 되는 이유는 무엇인가요?

이는 조신법(調身法, 몸풀기)의 원리이다. 특정한 굴신 자세를 취하고 호흡의 힘을 가하면 기혈소통이 촉진되어 몸이 좀 더 유연해지는 결과를 가져다준다. 극동지방의 심신수련법(예, 국선도)에서는 몸을 풀고 난 후에 호흡을 고르고(조식법), 마음을 고르는(조심법) 순서가 효과적이라고 한다.

우즈(Woods, 2009)는 MBSR 지도자에게 몸동작(조신법)을 잘 구사하는 것이 필요하다고 권고한다. 신체는 신체적 통증이나 불편감이 있을 때에만 느껴지는 경우가 너무 많다. MBSR(마음챙김에 근거한 스트레스 완화)과 MBCT(마음챙김 기반 인지치료) 프로그램을 가르치기를 원하는 사람들은 요가, 태극권(tai chi) 및 기공(qigong) 같은 마음챙김 몸동작(mindful movement)을 스스로 구비할 필요가 있을 것이다. 몸풀기(조신법, 스트레칭)의 중요성에 대해 한 수련생은 다음과 같이 보고하고 있다.

아침에 일어나면 항상 할 일이 많아 쫓기는 마음에 마음이 불안하고 심장이 두근두근했는데, 요가 동작을 하며 마음이 편해지는 것을 느낄 수 있었다. 아침이라 몸에 크게 힘을 주지 않고, 편안하게 이완될 수 있도록 되도록 힘을 빼고 동작에 임하였다. 몸이 이완이 되니 마음이 같이 이완되는 느낌을 받았다. 심장의 두근거림도 많이 사라졌으며, 정신도 선명해짐을 알 수 있었다. 통증은 없었으나, 아침에 일어나면 불안해서 그런지 심장이 계속 두근두근거렸다. 요가 수행을 하며 몸이 이완되면서 심장의 두근거림도 사라짐을 느낄 수 있었다(이봉건, 2010).

보치오(2004/2009)는 요가 시 자세 훈련이 호흡에 미치는 영향을 알아차리는 요령을 다음과 같이 소개한다.

호흡에 대한 자각을 자세 훈련과 결합할 때 움직임이 호흡에 어떻게 영향을 미치는지 살펴볼 수 있다. 몸을 뻗어 자세를 취할 때 호흡을 참는가? 호흡이 더 깊어지는가? 아니면 더 얕아지는가? 후굴을 할 때 호흡은 점차 느려지거나 빨라지는가? 또한 우리는 호흡이 어떻게 신체를 움직이는지도 알 수 있다. 예를 들어, 전굴에서 멈추고 있을 때 들숨이 어떻게 자세를 약간 들어 올리는지, 그리고 날숨이 어떻게 이완을 주어 더 깊게 그 자세로 들어가게 하는지 알 수 있다. 각 자세에서 시간을 갖고 몸을 훑어가고 어디에 긴장이 있는지, 신체의 어느 부위가 강하며 안정되었는지, 어느 부위가 미약하게 느껴지는지 살펴볼 수 있다.

상기(上氣)되는 문제도 위와 같은 요령으로 해결이 가능하다. 상기 현상을 경험한 수련생의 보고는 다음과 같다.

정좌 명상을 하면서 호흡 및 신체 감각에 집중하면서 온몸에 열이 오르는 것을 느낄 수 있었다. 허리를 중심으로 열 기운이 배 가슴을 지나 얼굴로 올라오는 느낌을 느낄 수 있었고, 그 순간 '뭔가 잘못되었나?'라는 걱정이 내 마음에 지나갔던 것 같다.

조신법(調身法, 몸을 유연하게 하는 법)의 원리

● 삼위일체의 원리: 동작, 호흡, 마음을 집중한다. 삼위일체는 몸, 호흡, 마음이 서로 연결되어 있으므로 이 세 가지를 집중시켜서 그 효과를 극대화할 수 있다는 원리이다. 호흡을 동작에 맞추기가 숙달되면 숨을 머문 채 자세를 취한다. 자세를 취할 때 호흡에 맞춰서 하면 더 효과를 본다. 익숙해지면 들숨을 들이쉬었다가 몸속에 머물게 하는 가운데 자세를 취하고 손끝 발끝으로 힘을 쭉 보낸다고 생각하면서 다시 또 숨을 내쉬면서 거둬들이고, 이런 요령대로 스트레칭을 하면 더 큰 효과를 보게 된다. 또한 신체유연화를 촉진하려면, 숨을 들이쉬고 머문 가운데 손끝 발끝이 S자 모양이 되도록 반대방향으로 꺾는 굴신동작을 취한다. 이런 식으로 하되 내 몸에 맞게 점진

적으로 동작의 수효를 늘려가야 몸이 유연해진다. 자세를 취하고서 편안히 숨을 쉬도록 한다. 내 몸에 맞게끔 무리하지 말고 동작을 취하는 것이 중요하다. 몸이 요구하는 대로 쭉 들이쉬고 내쉬어야 한다.

● 호흡조절 방식에 따른 효과의 차이를 체험하게 한다. 안 되는 자세는 숨을 들이쉰 채 머물게 해서 몸을 푼다[조신법에 조식법(調息法)을 병행 시의 촉진 효과[20]]. 필자가 지도한 수련생들의 주관적 경험담을 들어보면, 흡(吸)한 상태하 굴신(屈伸)동작을 취했을 때 몸이 유연해지고 개운함을 느끼게 된다고 한다. 이는 호흡조절을 병행한 스트레칭을 통한 기운의 유통 강화로 해석된다(이는 국선도 조신법의 원리이기도 하고 비슷한 경험이 보고된다). 우리 대부분은 일상생활 중에서 무거운 것을 들 때, 저절로 숨을 멈추고 들면 잘 들어 올려지는 경험을 한 적이 있을 것이다.[21]

(2) 잡념 호소: 잡념에 빠지거나 휘둘리는 것, 자신의 논리에 빠져드는 것

가. 수련생의 보고 예시

---

20 한국명상치유학회 하계 집중 수련회(2010. 8. 11.~ 8. 14.) 자료집(이봉건)에서 발췌.

21 필자가 지도한 요가 2부 동영상을 내려받기 위한 링크 소개: (파일 설명) 몸을 유연하게 풀어주는 마음챙김 요가 2부(서서 하는 몸풀기)_(캠코더 촬영) 요가 2부, 종합상담부 집단실, 11-04-2(금) 이봉건 지도 (23분). 동영상 링크 위치 : https://youtu.be/gil0WxOzAs8

(정좌 명상 2, 자애 명상, 호흡 명상 시) 못 마친 일이나 해야 할 일이 명상 중에 자주 떠오름.

호흡을 놔둘수록 떠돌아다니는 생각: 얽매이지 않고 억지로 호흡에 집중하려 애쓰지 않고 편안하게 놓아두고 바라보며 다시 마음 챙겨 감각에 초점을 두는 과정이 익숙해지면서, 수많은 생각이 떠돌아다니는 것을 발견하게 되었는데, 호흡을 자연스럽게 할수록 더욱 쉽게 여러 생각(특히 나의 요즘 관심사나 앞으로의 계획, 일과 등)들이 들었다 나가곤 하였다.

(정좌 명상) 나의 급변하는 생각에 대한 알아차림(20회~24회 정도): 한 달간의 명상이 후반부에 이르러, 내가 나의 생각에 대해 '아, 내가 지금 이런 일에 대해 생각하고 있구나'라고 바라보게 되었다. 녹음자료가 들려주던 교수님의 멘트("아, 내가 지금 이런 생각을 하고 있구나 하고 다시 호흡으로 마음챙김하십시오.")가 무엇을 의미하는지 조금은 느낄 수 있었다. 자동조절 상태의 사고가 무엇인지 경험함으로써 얻어진 것은 "내가 자동조절 상태를 벗어난 적이 별로 없었다"는 것이다. 나는 "내가 왜 이런 생각을 하지?"라고 나 스스로에게 말하면서도 '끔찍한 상상'을 막을 길이 없었고, 실패감에 더 이상 방법을 찾지 못하고 포기 상태였고 사실상 희망을 갖지 못했었다.

아래는 잡념에 대하여 관찰하는 방법을 통해서 수련생 스스로 해결한 경험담이다.

그러나 그러한 생각이 떠오르는 도중에 내가 그런 생각(끔찍한 상상)을 하고 있다는 것을 발견하는 순간 불쾌한 상상은 진행을 멈추고 정지해 있었다. 이제는 어떠한 생각이 떠오르는 것에 대해 두려움이 적다. 왜냐하면 그 생각이 드는 순간을 발견하는 재미가 들었기 때문이다. 약간은, 적어도 내가 깨어나고 있다는 희망을 가질 수 있었다.

(호흡)명상 중 잡념이 많이 일어났으며, 이전에 화가 났었던 상황이 계속 생각났다. 생각하지 않으려 했는데, 계속 생각이 나서 애쓰지 않고 그 생각을 알아차리고 바라보았다. 일정 시간이 지난 후 마음이 편안해졌다.

(보디스캔, 호흡 명상) 집중했다가 잠시 다른 생각이 떠올랐다가를 반복했는데, 집중하지 못하고 다른 생각을 하는 것에 대해 '나는 왜 이럴까'란 생각이 들었는데, 다른 생각이 떠오를 수 있다는 것을 인정하는 순간 마음이 편안해졌다.

한 수련생은 정좌 명상 시 변화 과정을 다음과 같이 기술하고 있다.

명상에 대해 평가하던 습관에서 탈피: 한 달간의 수행 과정으로 볼 때 초기 수행은 분석적이고 평가적이었다. 수행 후 곧바로 평가를 하는 과정에서, 이미 나는 수행 과정 중에 명상을 평가하고 있었다. 그러나 지금의 수행은 달랐다. 모든 수행 과정을 거의 마무리할 기간에서야 드디어 전체를 관조해볼 수 있었다. 그리고 매 수행 시점을 평가하지 않았고 들고 나는 숨처럼 명상을 수행하였을 뿐이었다.

나. 지도방안

명상 수행의 중요 장애물인 잡념을 처리하는 요령을 지도하는 것은 중요하다. 수련생으로 하여금 잡념을 알아차리고 객관화해서 관찰함으로써 잡념에 덜 휘둘리게 되는 요령을 체득하게 할 필요가 있다. 잡념이 잘 잡히지 않으면 그 뿌리를 살펴보도록 하고, 그래도 잘 풀리지 않는 뿌리 깊은 잡념은 심리치료 원리(예, 무의식의 의식화)를 적용해서 해결할 수도 있을 것이다.

① 마음챙김의 기본 태도: 친절한 마음으로 수용하기

우즈(Woods, 2009)는 수용을 통해서 어려운 심리상태(분노, 증오, 절망과 무력감)가 있는 그대로 보인다고 강조한다. 즉 불쾌한 순간과의 접촉에 의해 생성된 마음의 비생산적 속성이 증식되는 것을 알아차릴 수 있게 된다. 이것은 쉽지 않고 집중력과 노력이 요구되며, 이 집중력과 노력을 통해서 주의가 현 순간으로부터 멀어진 것을 친절하게 알아차리게 된다. 끈기를 갖고 다정다감하고 열어놓은 마음으로 매 순간마다 현존하는 마음에 다시 들어가려는, 친절하고 부드러운 마음챙김 의도(gentle mindful intentionz)가 요구된다.

이를 위한 마음챙김의 기본 태도에 대해서 우즈(2009)는 다음과 같이 기술한다. 위빠사나(마음챙김 수행법)는 때로는 통찰명상(insight meditation)이라고도 불린다. 이 기법에 대한 서술은 다소 다양하지만, 모든 유형의 위빠사나명상에는 초점의 대상(흔히 호흡)이 있고, 마음이 이 초점에서 벗어나서 방황할 때 이를 알아차리고 수용하는 것을 도 야하는 것이 들어 있다. 집중(concentration)이 도움이 되지만, 이런 유형의 명상에서는 호흡에 완전히 집중하는 것이 꼭 그 목표는 아니다. 더 중요한 것은, 마음이 방황할 때 자책이나 자기비난(self-recrimination)을 하지 않으면서 이런 방황을 친절한 마음으로 알아차린 후 다시 부드럽게 호흡으로 되돌아오는 것이다. 이런 식으로 계속하는 것이 올바른 위빠사나이다. 명상 수행 중에 당신의 마음이 수백 번이나 단 한 번만 방황한다고 해도 이는 중요한 것이 아니다. 방황할 때마다 매번 이를 알아차리고 마음을 되돌리되, 방황하려는 마음의 본질적 속성에 맞서 싸우려 하면 안 된다. 그저 관찰하는 것, 이것이 좋은 수행법이다. 의식의 흐름에 끼어들지 않고 객관적으로 관찰하는 것이 중요하다. 애쓰지 않고 위와 같이 관찰하는 것이 핵심적으로 중요하다. 호기심의 자세로 내면의 모든 것(신체, 정서, 인지)을 있는 그대로 수용하는 마음자세가 중요하다.

② 판단과 생각을 줄이는 요령: 평정심과 적적성성(고요한 마음의 집중상태)에 들어감

수행자가 깊은 고요함으로 집중 상태에 머물러 있을 때 그는 판별하고 비교하는 것을 멈출 것이다(Boccio, 2004/2009). 이는 잡념을 줄이는 데 집중명상(삼매, 사마디)이 유용함을 시사한다. 마음챙김을 하기

전에, 먼저 집중명상을 수행해서 마음을 고요하게 가라앉힌 후 마음챙김 명상을 수행하면 효과적일 수 있다.

자연호흡 시 방황이 시작되었지만, 집중 시 잡념이 감소한 수련생의 보고

(호흡 명상) 억지로 호흡을 강요하던 시기(첫 회에서 약 5회 정도): 호흡 명상을 시작하던 초기에 나는 '왜 잡념이 든다는 거지? 이렇게 호흡에 집중하는데?'라는 생각이 들었다. 좋다는 것이 느껴지면 쉽게 빠져들고 완전히 몰입하는 경향이 있어서인지, 거의 5번의 호흡 명상을 하는 동안, 잡념이 없고 마음에 평안을 얻을 수 있었다. 그것은 호흡을 억지로 조절하고 깊은 호흡을 만들어내려는 데 주의 집중하여 다른 생각을 할 수 없었던 탓이다. 그러나 시간이 지날수록 '자연스러운 호흡'을 하게 되었다. 그것은 점차 경직된 명상의 태도가 누그러져 편안하게 명상 과정을 수행하는 자연스러운 변화였다. 이로 인해 나의 자동조절 상태는 기승을 부리기 시작했다.

(3) 호흡조절의 어려움: 호흡을 억지로 조절하려 함

가. 수련생의 보고 예시

(호흡 명상) 호흡에 지속적으로 주의를 집중하는 것이 상당히 힘들었다. 주변의 시계소리, 사람들의 말소리에 정신이 부산하게 움직이고 주의가 쉽게 분산되었고, 호흡에 집중해야 한다는

조바심, 초조감이 들기도 했던 것 같다. 호흡에 계속해서 집중하는 것이 힘든 일임을 느낄 수 있었다.

위 수련생의 보고 내용을 보면, 호흡을 억지로 조절하려 하거나 호흡조절을 계속 하기가 어려움을 호소하고 있다.

나. 지도방안: 조식법(호흡조절)의 중요성

생각뿐만이 아닌, 자연스럽게 숨을 들이쉬고 내쉬면서 실제로 호흡이 고르게 되는 것을 맛보게 할 필요가 있다. 억지로 호흡을 고르려고 하지 말고, 호흡의 흐름을 느껴보도록 한다. 이를 위해 도움이 될 수 있는 우즈(Woods, 2009)가 소개한 전반적 수행 절차를 소개한다.

① (장소) 조용한 장소를 선택하기

② (마음자세) 정신을 차리고 편안하게 앉기(sit in a way that helps you to be both alert and relaxed)

③ (적응시간) 하던 일에서 명상 상태로 서두르지 않고 옮겨가도록 시간을 허용한다. 잠시 주변환경, 소리, 냄새 등 모든 존재하는 것에 마음을 열어둔다. 주변환경, 신체내부 감각, 안팎을 연결해주는 피부를 느껴본다.

④ (호흡) 마음을 아랫배로 부드럽게 내린다. 몸이 숨을 들이쉬고 내쉬는 것을 알아차리되, 숨이 저절로 들어오고 나가게 하고 어떤 식으로든 억지로 숨을 쉬려고 하지 않는다. 중요 - 이런 호흡 과정이 유

쾌함에 주목하라.

⑤ 단순 관찰 훈련(mere recognition): 마음이 호흡에서 벗어나 방황하는 것을 알아채자마자, 무엇에 대해서 생각하고 있었는지를 잠깐 주목하거나, 단지 자신에게 "생각, 생각"이라고 말하고는 호흡으로 되돌아온다. 기억해야 할 가장 중요한 것은 이런 방황이 완전히 자연스러운 것이므로 받아들일 수 있다는 것이다. 따라서 이것 때문에 자신을 비난하는 일에 들어가지 말라(자기비난 활동에 들어가지 마라). 이런 수행법은 단순 파악(mere recognition, 단순 관찰 훈련)이라고 불리며, 그 핵심은 그저 알아차리고 되돌아오고, 알아차리면 되돌아오되, 내용에 많이 관여하지 않은 채 하는 것이다.

⑥ 이런 과정을 편안한 시간 동안 반복한다. 명상 시간을 점차 늘려가서 최소한 30~40분이 될 때까지 한다. 당신이 아직 할 준비가 되지 않은 것을 시도하려고 하지 않는다. 현재 상태 그대로 수용한다.

⑦ (일상 중 명상 수행) 명상을 마치면, 시간을 두고 빠져나오라. 명료하고 수용적인 알아차림의 마음자세가 일상생활로 퍼지도록 한다.

위와 같은 방식 이외에도 극동지방의 전통적인 심신수련법인 국선도 방식(청산거사, 1974)에 의거하면, 실제의 호흡의 흐름을 느끼면서 호흡이 고르게 되도록 할 수 있다. 호흡이 고르게 되도록 내쉬고 들이쉬는 것을 조식법(調息法, evenness of inhalation and exhalation)이라 말한다(청산거사, 1974; Kim, 2002)(이 책의 국선도 절을 참조). 전통적인 심신수련법에서는 몸을 풀어주는 조신(調身) 수련과 호흡을 고르게 하는 조식(調息) 수련을 수행한다. 경험적으로는 몸풀기 작업을 먼저 한 후 집중식 호흡 수련을 하는 것이 잘 되기 때문이다.

그 밖에도 보치오(Boccio, 2004/2009)가 제시한 수련 시 유념사항은 아래와 같다.

① 수련시간: 저녁에 앉았을 때 얻는 잠재적인 이득은 일의 세계에서 벗어나서 하루에 쌓인 모든 것으로부터 마음의 짐을 내려놓는 것이다. 저녁에 앉는 것은 영혼의 진정한 강장제가 될 수 있다. 하지만 많은 이들은 자리에 앉는 시간을 잠자리에 드는 시간과 너무 가깝게 잡을 경우 깨어 있으려고 애쓴다는 것을 알게 된다. 그러므로 다시 말하지만 스스로 확인하라. 처음에는 하루 중 시간을 다양하게 선택해서 언제가 일관되고 깊이 있고 편안한 수련을 하기에 가장 도움이 되는지 알아보라.

② 수련 횟수: 처음에는 하루에 한 번 명상을 할 필요가 있다. 결국은 당신이 하루에 한 번 이상 수련하고 싶어 하는 욕구가 있음을 발견하게 될 것이다. 다만, 명상을 억지로 하지 않도록 한다는 것을 기억하라. 명상 수련이 유기적으로 성장하고 발달하도록 하라. 수련에 과도하게 구속될 경우 그것이 당신의 시간을 너무 많이 빼앗는다고 느끼기 때문에 수련을 포기하게 되는 위험에 빠지게 된다.

2) 걷기 명상 동작의 지도요령

(1) 수련생의 보고 예시

통증은 없었으나 한 발 들고 있을 때 중심 잡기가 힘들었음. 특히 왼발 들고 오른발에 중심이 있을 때. 지난 밤 약간의 과식으로 인해서인지 위 부분 불편감 있었음. 집중력을 높이기 위해선 명상 전에 신체를 이완하는 스트레칭과 공복의 조건이 필요하겠다는 마음이 생겼음. 통증은 없었으나 한 발 들 때 중심 잡기가 힘들었고 종아리 부분에 긴장이 많이 된다는 것을 느낌. 걷기 명상을 할 때 평소 잘 접혔던 왼쪽 발목이 많이 의식되었다.

(2) 지도방안

걷기 명상(Mindful Walking; Walking Meditation)의 유용성은 다음과 같다. 걷기명상을 공식 명상으로 수행하면 일정한 수행 시간을 정해서(예, 15~20분 또는 그 이상) 아주 느리게 걸으면서 수행할 수 있고, 비공식 명상으로 수행한다면 우리가 어디로 이동할 때 평상시 속도로 걸으면서 우리가 걷고 있는 것을 단순히 알아차리는 방식으로 수행할 수 있다. 이는 일상생활 중에 명상을 통한 자각(알아차림)을 높여준다.

걷기 명상을 제대로 하려면, 올바로 서 있는 자세부터 발전시킨다. 산악자세(mountain posture)로 알려진 직립 자세는, 등을 펴되 굳지 않게 하고, 어깨와 발가락은 이완시키며, 머리는 척추와 쭉 일자가 되게 하고, 다리는 어깨너비로 벌려서(약 15~20㎝) 평행이 되게 한다. 무릎은 부드럽게 하고 약간 굽힌다. 이렇게 하면, 무릎을 약간 굽힐 때보다 안정된 느낌이 들 것이다. 당신을 땅에 연결시키는 중력을 매 순간 알아차려보라(Woods, 2009).

이런 걷기 명상은 우리가 자동적으로 해왔던 것을 알아차릴 수 있도록 도와준다. 처음 걸음마를 배우듯이 걷는 요령이 중요하다. 신체에 대한 알아차림은 마음챙김의 첫 번째 기초이다. 그러므로 당신의 모든 주의를 신체 감각, 특히 발바닥의 감각에 기울여라. 당신의 체중이 발바닥을 통해서 땅으로 전달되는 것을 알아차려보라. 당신의 발과 다리 그리고 신체의 다른 부위를 이용해서 몸의 균형을 유지하고 똑바로 서 있기 위해서 연속해서 미세한 움직임을 만들어내는 것을 모두 알아차릴 수 있게 된다. 통상 우리는 똑바로 서 있을 수 있는 것을 아주 당연시한다. 그러나 면밀하게 주의를 기울여보면, 이렇게 서서 걷는 것을 배우는 데 왜 여러 해가 걸렸는지를 알 수 있게 될 것이다. 시선은 몇 미터 정도 약간 앞의 밑으로 향하게 하라(Woods, 2009).

아이가 처음으로 걸음마를 하듯이 부드럽게 호기심을 갖고 임하면, 매번의 발걸음이 하나의 발견이요, 성취한 것이요, 새로운 경험이다. 이런 감각에 대해서 생각(thinking)하기보다는 이런 감각을 경험(experience)하라. 생각은 판단으로 이끌고, 이는 불안, 지겨움 또는 슬픔 같은 부정적 정서 상태로 이끌 수가 있다. 그 대신에 직접적인 감각 그 자체에 머물러 있도록 한다.

걷기 명상 시 알아차려야 할 중요한 세 순간은 발을 들어 올렸을 때, 발이 공중에 떠서 공기를 가르고 이동할 때, 그리고 발이 다시 땅을 디딜 때이다. 이 세 단계에 주의를 기울이기 위해서 자기 자신에게 "듦(lifting)", "이동함(moving)", 그리고 "둠(placing)"이라는 단어를 읊조리도록 한다(Woods, 2009).

보치오(2004/2009)가 소개한 상좌부 전통의 걷기 명상은 다음과 같다. 걷기 명상에서는 매우 천천히 움직일 것을 장려한다. 한편 이러한 가르침은 호흡의 속도를 조절하며 다리의 움직임을 호흡과 일치하도록 만들 수 있다. 들숨이 일어날 때 먼저 뒤꿈치를 들고, 다음에 발바닥, 그리고 발의 볼 부위를 들어 올린다. 호흡이 지속되면서 발을 앞으로 움직인다. 그리고 나서 날숨이 시작될 때 발을 땅에 놓고 다른 쪽 발도 동일한 방식으로 걸으면서 다음 들숨…. 이렇게 되면 다리의 감각은 사라지고 남는 것은 움직임(의도, 의지(뜻))뿐이 된다.

3) 비공식 명상의 권고

(1) 수련생의 보고 예시

사실, 저도 너무 바쁜 일상을 보낸 후에는 명상 수련을 수행하기 어렵습니다. 그런 생활이 오래도록 지속될 경우에는 명상을 잊고 살기도 합니다. 이러한 일상에 젖어 있는 사람들에게 명상을 어떻게 접근시킬 것인가가 저의 궁금증이고 앞으로의 해결 과제랍니다.

일상 중 명상 수행은 비공식 명상법이라고 불린다. 먹기나 걷기 등이 일상생활 중의 명상으로 적합한 방법이라고 할 수 있다. 명료하고 수용적인 알아차림의 마음자세가 일상생활에 퍼지도록 하는 마음챙김의 기본 태도를 늘 견지하도록 한다(Woods, 2009).

4) 수행 순서 관련

(1) 수련생의 보고 예시

(용서 명상) 처음에 용서할 누구를 떠올려라 할 때 저항이 생겼음. 인간관계에서 문제는 서로의 잘못일 수 있다는 생각이지 내가 누구를 용서하는 상황은 아니지 않으냐라는 생각을 가지고 있음. 후배 두 사람이 떠올랐음.

(자애 명상) 나 스스로에 대한 자비 및 자애는 잘할 수 있었으나 다른 사람을 떠올렸을 때는 그 사람과 관련된 긍정적이거나 부정적인 내 판단이 함께 떠올라 그 사람에게 심도 있는 자애를 하기가 힘들었던 것 같다. 마음을 내려놓고 자애를 바라는 마음을 갖기가 힘든 것 같았다.

호흡에 집중하면서, 어깨나 허리에 불편한 감각이 들어 대상에 몰입하고 집중하는 데 어려움이 많았다. 호흡이나 신체 감각에 주의를 빼앗기자 자애 명상에 제한점이 많음을 느꼈다.

이상의 수련생의 보고를 보면, 아직 해당 명상에 들어갈 준비가 미흡한 것으로 보인다. 또한 자애 명상이나 용서 명상은 자애심이 충분히 키워진 다음에 수행하게 할 필요가 있지 않을까 시사된다.

(2) 지도방안

우즈(2009)는 명상 수행이 편안하게 서서히 나아가는 것을 강조한다. 즉 명상이 잘되면 이런 과정을 편안한 시간 동안 반복한다. 명상 시간을 점차 늘려가서 최소한 30~40분이 될 때까지 한다. 당신이 아직 할 준비가 되지 않은 것을 시도하려고 하지 않는다. 현재 상태 그대로 수용한다(Woods, 2009).

가. 명상기법마다 일정 횟수 이상으로 수행할 것이 요망됨

수련생들의 수련일지를 보면, 한 기법을 꾸준히 하는 모습이 많이 보이지 않았다. 한 방법을 배우면 몇 회 이상 반복 수행해서 자기 것으로 체득하려고 해야 한다. 조금 하다가 다른 명상법으로 넘어가지 않아야 한다.

나. 수행의 순서를 쉬운 것부터 위계적으로 정함

이를테면, 자애 명상은 맨 나중 단계에 수행함이 효과적이라고 여겨진다. 왜냐하면 웬만큼 명상의 기초가 닦이지 않고서는 자애의 마음이 우러나기 힘들다고 보기 때문이다.

자기 내면의 무의식을 관찰하여 뿌리 깊은 적개심을 풀고 마음이 비워지지 않으면, 그 속에서 자애의 마음이 솟아오르기 어려울 것이기 때문이다. 혼자서 알아차려서 해소하기 어려우면, R급 지도감독자로부터 정례회 조별모임에서 도움을 받을 수 있을 것이다. 또는 정례회 모임 시 일정 시간을 집단치료적 분위기 조성에 할애할 수 있을 것으로 본다.

5) 수행일지에 대해 피드백을 주는 요령

(1) 마음

관찰내용과 수련생 자신의 생각을 구분해야 한다.

자기암시와 관찰경험을 혼동하는 것으로 보이는 경우가 적지 않았다.

자신을 지켜보는 요령(관법)의 습득이 미흡해보이는 경우가 적지 않았다.

집중명상 수행을 통해서 (자신을 지켜보는) 관찰력을 더 키울 필요가 커 보인다.

(2) 신체

통증, 골반 뒤틀림, 신체 좌우비대칭, 발저림.

필자의 경험상 제대로 결가부좌를 틀고 정좌 자세를 취하면 2시간 이상 정좌해도 몸에 아무런 이상이 없다. 다리가 잘못되지 않는다.

6) 지도강사의 지도요령

(1) 경험적 관여(경험에 충실한 지도, Experiential Engagement):

명상지도자는 인지적 과정을 통해서 가르치는 것이 아니라 마음챙김의 상태 속에서 가르쳐야 한다(Woods, 2009). 경험적 관여(경험에 충실한 지도, Experiential Engagement)가 지도자로서 필수적으로 요구된다. MBSR 지도자가 지도할 때 수련생에게 전달하는 것의 핵심은 지도하면서 수련생들과 상호작용할 때 마음챙김을 스스로 구현해보이는 것이다(스스로 마음챙김된 상태를 나타내보이는 것).

이를 위해서는 지도자가 스스로 매일 수행하고, 자신의 경험으로 전달해야 한다. 요리책 방식으로 책에 쓰인 대로만 충실하게(원론적으로만 & 판단에 의해서만) 전달해서는 안 된다. 예를 들면 "관찰하라" "알아차리면 된다" "호흡의 닻으로 돌아오라"는 지도 코멘트는 너무 이론적이고 원론적인 피드백으로 여겨진다. 이렇게 하지 않으면 명상지도는 기껏해야 기계적인 교육을 받는 것밖에 되지 않을 것이며, 마음챙김 접근의 진짜 강점은 상실될 것이다.

(2) MBSR에서 가르칠 내용(Elements of teaching in MBSR/MBCT) (Woods, 2009):

우즈(2009)는 MBSR 지도자에게 몸동작(조신법)을 잘 구사하고 지도할 수 있는 것이 필요하다고 권고한다. 신체는 신체적 통증이나 불편감이 있을 때에만 느껴지는 경우가 너무 많다. 일상적인 신체유연화 증진 및 자각 증진 수련을 통해서 몸, 호흡, 마음의 조화를 도모하는 것은 명상지도자로서 필수요건이 아닌가 여겨진다.

MBSR과 MBCT 프로그램 지도자는 인도에서 발달된 요가 등의 마음챙김 몸동작(mindful movement) 이외에도(Woods, 2009) 극동지역에서 발달한 태극권(tai chi)이나 기공(qigong) 같은 운기(運氣) 동작[정신을 집중하여 호흡을 고르고 서서히 동작을 취하면서 기(氣)를 말초 부위에 집중시키는 것, 이를 빠른 동작으로 하는 것이 무예(武藝)임]을 중간 수준 이상으로 능숙하게 되도록 익힐 필요가 있다.

● 실제 명상지도 회기에서 진행방식의 예시[22]

매주 1시간 이론 교육(명상 수행 원리의 설명), 2시간 실습 및 지도/질의응답(총 3시간)

① 프로그램 시작 전에 자신의 심리적 신체적 문제를 측정: MMPI-2 & 문장완성검사(SCT)라는 임상적 심리검사도구를 이용하여 각종 심리적인 증상(신체화, 강박증, 대인민감성, 우울, 불안, 공격성, 공포불안, 편집, 정신증 등)을 측정함. 그밖에도 필요 시 혈압, 당뇨(자가측정) 등을 측정할 수 있음.

---

22 실제 지도요령의 자세한 예시는 이봉건(2017, 명상치유의 원리와 실제, 학예사)의 후반부를 참고 바람.

② 환자용 간편 요가를 실시함. 준비: 간편 복장.

③ 프로그램 종결 시에 심리적 신체적 문제를 다시 측정: 프로그램 전후에 걸친 차이와 효과를 스스로 확인하게 함.

④ 소감기록지 작성 및 명상지도자의 피드백 제공.

● 집단으로 진행한 회기 중에 피드백을 제공하는 예

K-MBSR 집단, 7회 기록, 11. 4. 29.(금) 오전 10~12시 학생상담실
실습내용: 조신법 & 이완반응식 호흡 명상

① 숙제 검토 및 피드백 제공(5분간): 괄호 안은 필자의 피드백

[참가자 H] 나의 내면세계가 이렇게 혼란스러운지 느꼈다. 왜 이렇게 걱정이 많은지 말이다. (그렇게 깨닫게 되었군요.) 걱정이 많은 것을 깨닫게 되었다. 많은 걱정에 대한 생각이 떠오르는 것 같다. 특히 미래에 대한 걱정의 잡념이 떠오른다. (생각이 많구나.)

[참가자 P] 잡념을 알아차리고 재집중하는 시간이 빨라졌다. 호흡을 의식하면서 하려니까 오히려 어려워지는 것 같다. (억지로 숨을 쉬지 말고, 몸이 요구하는 대로 해야 한다.) 호흡 명상 중 졸렸다. (앉아서 했는지?) 졸렸다. (수면 부족인 듯. 그래도 졸리면 수면 부족이고, 수면 부족이면 앉거나 서거나 졸릴 수밖에 없지 않을까.)

[참가자 S] 조금 놀란 일이 있었는데, 이때 불안감을 해소하기

위해 길게 호흡을 하고, 내뱉는 연습을 반복했더니 안정되었다. 심장이 막 두근거렸는데, 점차 두근거림이 감소되었다. 다른 날은 의자에 앉아서 호흡을 했다. 내 호흡이 어떤지를 의식하며 했더니 집중이 잘됐고, '행복하다, 사랑한다'를 반복했다.

3. 명상지도 시 주의사항
(예, 명상지도할 때 특히 조심하고 알아야 할 내용, 또한 강조해야 할 내용)

집단심리치료 서비스를 하는 경우, 명상지도전문가는 치료를 시작할 때 모든 참여자에게 집단참여자로서의 역할과 책임, 그리고 비밀유지의 의무에 대하여 설명한다. 비밀유지는 집단구성원에게 집단 속에서 참여하면서 들은 이야기는 절대 밖에서 누출하면 안 된다는 것을 주지시키고 필요 시 첫 회기에 서약서를 주고 서명을 받기도 한다. 또한 집단 프로그램 중간 중간에 집단 리더가 이를 재언급해서 마음속에 새기도록 한다. 이런 내용은 집단심리치료 교재에 통상 다 소개되어 있다.

MBSR 개발자 카밧진(Kabat-Zinn)(1990)이 강조하는 '명상 수련의 기본태도: 마음챙김의 7가지 태도'에 필자가 부연설명을 덧붙인 것이다. 이는 수련지도 시 참고해야 하는 기본태도로서 명상지도자 및 수련생 모두가 숙지해야 하는 내용이다.

1) 명상 수련의 기본태도: 마음챙김의 7가지 태도
(유념해야 함)

(1) 판단하려 하지 말라(non-judgment)

자신의 내면에서 자동으로 우러나오는 판단을 알아채라. 자신의 경험을 판단하려 하지 말고 물끄러미 관찰하라. 마음속에서 판단하고 따지려는 마음이 끊임없이 흘러나오는 것을 알아채라. 그다음에는 한 발 뒤로 물러서도록 한다. 판단하지 않고 보면, 좋은 것도 나쁜 것도 없다. 그저 있을 뿐이다.

(2) 인내심을 가져라(patience)

조급해하지 말고 꾸준히 하다 보면 정진이 이루어진다. 모든 것에는 그것이 드러나려면 각기 그 시기가 있다. 자신이 마음을 진정시키거나 어떤 생각을 멈추게 할 수 있어야 한다고 기대한 나머지, 조급해질 수 있다. 그러나 다 때가 있는 법이다. 인내심을 갖고 시간이 흘러서 때가 되면, 그 발현을 관찰할 수 있게 된다.

(3) 처음 시작할 때의 마음을 간직하라 - 초발심 견지(beginner's mind)

호기심을 갖고 무엇이 나타나더라도 들여다보라. 가급적 마음을 비우고 관찰하라. 어떤 것이든지 그것을 처음 보는 것처럼 하는 마음으로 보려고 할 때, 현재의 순간에서 풍요로운 경험을 관찰할 수 있을 것이다. 이미 어떤 것에 대해 알고 있다고 생각하면, 새로이 발견할 것이 없게 된다. 처음 보는 심정으로 바라볼 때, 선입견에서 벗어나 또다시 새롭게 보인다.

(4) 믿음을 가져라(trust)

자신을 믿어라. 자신의 내면의 성장을 위해서는, 자신의 느낌과 직관에 귀를 기울이는 것이 남의 말보다 낫다. 명상이 제대로 잘 되지 않는 것 같은 느낌이 들면, 자신의 느낌에 주의를 기울이고 살펴보라. 자신의 직관과 자신의 지혜를 신뢰하라.

(5) 지나치게 애쓰지 말라(non-striving)

너무 애를 쓰면 되지 않는다. 내버려두면 얻는다. 애를 써서 무언가를 하려고 하는 것이 아니라, 그저 가만히 물끄러미 바라보는 것이다. 어떤 목표를 향해서 애쓰는 마음을 저절로 지나가게 내버려두는 것이 그 목표를 얻게 해준다.

(6) 수용하라(acceptance)

있는 그대로 받아들이려고 노력하라. 있는 그대로 관찰하라. 그것이 싫어하는 것이더라도 그렇게 생긴 것이라면 그 상태 그대로 바라보라. 수용을 통해서 자신의 조절 능력을 벗어나는 것을 변화시키려고 애쓰는 것을 그만두게 될 것이며, 부정(denial)하는 데서 오는 부담으로부터 자유로워질 것이다.

집착하지 말라. 무집착. 우리의 경험은 항상 변화하는 것임을 인식하고 받아들인다. 우리의 경험 중 일부만 받아들이고 나머지는 버리는 것은 고통의 근본 원인이다.

사례: 마음 내려놓기(욕망의 포기)를 통한 복통의 해소

복통의 양상이 배 속이 거북하고 체한 것 같으며, 명치 부위가 꽉 막힌 듯하고 아프며, 속이 울렁거리고 토할 것 같은 증상을 호소하였다. 이에 대해 물어 보니 신경을 과도하게 써서 소화가 잘 안 된 것 같으며, 생각이 꼬리에 꼬리를 물고 있는 것 같다고 하였다. 이에 대하여 "마음을 가라앉혀보라. 무엇인지 몰라도 내려놓거나 포기하면 될 수 있을지 모른다"라고 지도하여 복통이 진정된 사례가 있다. 물은 내버려두어야 저절로 가라앉는다.

4. 명상지도자의 윤리

명상지도전문가가 된다는 것은 단순한 전문기술을 갖춘 사람이 된다는 것을 넘어서 자신과 다른 존재의 고통과 괴로움을 전문적 기술과 함께 연민과 열정을 가지고 대하는 사람이 된다는 것이다. 이런 전문가의 자질은 짧은 기간에 쉽게 이루어지는 것이 아니라 꾸준한 노력과 수련으로 이루어진다. 지속적인 수련과 학습, 또 자신이 속한 조직에 대한 헌신을 통해 자신과 다른 존재의 삶을 더 풍요롭고 의미있게 향상시킬 수 있는 능력과 자질을 갖출 수 있는 것이다.

특히 다른 존재의 삶에 대한 개입은 여러 가지 윤리적 문제를 발생시킬 가능성이 있기에, 명상지도자의 윤리를 익히고 실천하는 것은 매우 중요한 일이다. 그래서 의사나 간호사, 교사, 상담가 등 전문적인 지식과 기술을 통해 다른 사람들에게 영향을 미치는 전문가집단은 윤리규정을 두어 오남용과 착취의 가능성을 줄이려 한다. 우리 명상학회도 윤리규정을 두고 있는데, 이를 중심으로 명상지도자의 윤리 문제를 살펴본다.

윤리규정의 서문은 명상전문가에게 항상 최대한의 윤리적 책임을 지는 행동을 하도록 노력할 의무가 있음을 밝히고 있다. 또한 명상전문가는 전문성과 과학적 기초 위에서 활동해야 하며, 자신의 지식과 능력의 범위를 인식할 의무가 있으며, 또 이를 남용하거나 악용하게 하는 개인적 사회적 경제적 정치적 영향으로부터 벗어나도록 노력해야 할 의무가 있다고 규정하고 있다.

그 외에 명상전문가는 자신의 능력과 전문성 향상을 위한 노력과 과학적 지식의 습득 및 정확한 전달을 하여야 한다는 기본적인 책무 외에도 성실한 후학 양성 노력과 함께 참여자의 인격과 인권, 안전과 복지를 보장하는 조치를 취하도록 정하고 있다. 구체적으로 흔히 문제가 되는 윤리적 측면은 다음과 같다.

1) 착취관계

명상전문가가 지도감독이나 평가, 기타 권위를 행하는 대상을 물질적으로나 신체적으로 착취해서는 안 된다. 여기에는 내담자나 참여자, 학생, 지도감독을 받는 수련생, 연구 참여자와 피고용인 등이 모두 포함된다.

2) 다중관계

다중관계란 지도전문가의 전문적 조력을 받는 관계이면서 동시에 또 다른 관계를 갖는 것을 말한다. 예를 들어, 명상지도자와 참여자 또는 명상지도자와 수련생의 관계이면서 동시에 사적으로 친밀한 관계나 금전적 관계, 고용관계, 참여자나 수련생의 가까운 친지나 보호자와 사적인 친밀관계를 갖는 것 등의 복합적이면서 착취나 형평성에 취약한 관계를 말한다.

3) 성적 괴롭힘

명상지도전문가의 역할과 활동을 하는 과정에서 성적 유혹, 신체적 접촉, 성적인 의미가 있는 언어적 비언어적 행위 등을 통해 약자 관계에 있는 수련생이나 내담자, 참여자를 성적으로 괴롭혀서는 안 된다.

4) 비밀유지

명상전문가는 연구, 교육, 평가 및 치료 과정에서 알게 된 비밀

정보를 보호하여야 할 일차적 의무가 있다. 이 비밀보호의 의무는 고백한 사람 자신이나 법적인 대리인의 동의가 없는 한 가족과 동료에 대해서도 지켜져야 한다. 법률에 의한 경우 당사자의 동의 없이도 비밀을 노출할 수 있지만, 이 경우에도 개인정보는 최소한으로 노출해야 한다.

지도자의 윤리 문제의 또 다른 측면은 연구 장면에 관한 것이다. 최근 인간을 대상으로 하는 임상연구의 윤리 문제에 대한 관심이 높아지면서 연구윤리심의(IRB)의 중요성이 커지고 있다. 외국은 물론이고 국내의 학술지들도 점차 연구윤리심의를 통과하지 않은 연구 성과의 출판을 제한하는 방향으로 변하고 있다. 연구윤리심의는 주로 연구대상인 참여자 또는 피험자의 인권과 안녕에 피해를 주어서는 안된다는 커다란 전제에서 이루어진다.

그 외에 연구 장면의 윤리로서 연구 성과 발표와 관련한 표절 문제가 있다. 다른 사람의 아이디어와 통계자료, 사진자료 등을 출처를 밝히지 않고 연구 성과물에 표기하는 것은 모두 표절의 가능성이 있다. 또한 표절이라는 윤리적 문제 외에 저작권이 있는 그림이나 사진자료 등은 저작권 위반이라는 법적인 문제와도 관련이 있다.

6-1장

김경우(2007). 한국형 마음챙김에 기반한 스트레스 감소 프로그램 단축형(6주)이 대학생의 스트레스 반응성과 삶의 질에 미치는 영향. 영남대학교 석사학위 청구논문.

배재홍, 장현갑(2006). 한국형 마음챙김 명상에 기반한 스트레스 감소 프로그램이 대학생의 정서반응에 미치는 영향. 한국 심리학회지: 건강. 11, 673-688.

이봉건(2008). 한국형 마음챙김 명상(K-MBSR)이 대학생의 우울증상, 마음챙김 수준 및 몰입 수준에 미치는 효과. 한국 심리학회지: 임상, 27, 333-345.

이원종, 전진수, 김영성, 김완석(2012). 한국형 마음챙김 기반 스트레스 감소 프로그램(K-MBSR)이 암환자의 혈압, 심리적 증상 및 삶의 질에 미치는 효과. 스트레스연구, 20(1), 1-19.

장현갑, 김정모, 배재홍(2007). 한국형 마음챙김 명상에 기반한 스트레스 감소 프로그램의 개발과 SCL-R-90으로 본 효과성 검증. 한국 심리학회지: 건강, 12, 833-850.

정애자(2015). 마음챙김에 기반한 스트레스 감소 프로그램 매뉴얼. 전북대학교 출판문화원.

6-2장

고익진(1987). 한국의 불교사상. 광륵사

고익진(1989). 한국고대불교 사상사. 동국대학교 출판부.

성승연, 박성현(2011). 간화선 집중수행 체험의 질적 분석. 한국 심리학회지: 상담 및 심리치료. 2011. 23(2). 323-357.

정성본(1999). 선의 역사와 사상. 불교시대사.

김호언 편저(1984). (한국고유의 전통수련 국선도) 단전호흡. KBS한국방송사업단.(초보자용 읽을거리)

김기영(1994). 심신수련법으로서의 국선도와 그 기본원리. 충북대학교 사회과학연구소 발표자료집.

김성환(2004). (덕당) 국선도 단전호흡법: 조신법편. 서울: 덕당.

이봉건(2010). T급 전문가 자격심사용 수련일지의 분석 및 수련지도를 위한 제언. 한국명상치유학회지, 1(1), 133-148.

이봉건(2017). 몸풀기 조신(調身) 수련과 조식(調息) 수련을 병행한 명상 프로그램이 심신이완과 마음의 안정에 미치는 효과. 한국명상학회지, 7(1), 87-102.

청산거사(1974). 국선도(國仙道)법. 서울: 종로출판사.

Kim, Hyunmoon(김현문)(2002). The Tao of Life: An Investigation of Sundo Taoism'S Personal Growth Model As A Process of Spiritual Development. Unpublished Docteral

Dissertation. Saybrook Graduate School and Research Center. San Francisco, California, U.S.A.

<참고>　국선도 홈페이지: 국선도연맹 www.ksd21.com (이사장 임경택 법사)

　　　　광화문 수련원 http://www.ksundo.com/ (임경택 법사 지도)

　　　　http://www.kouksundo.com/ (국선도연맹)

6-3장

김성환(2004). **(덕당) 국선도 단전호흡법: 조신법편**. 서울: 덕당.

이봉건(2010). T급 전문가 자격심사용 수련일지의 분석 및 수련지도를 위한 제언. 한국명상치유학회지, 1(1), 133-148.

이봉건(2017). 몸풀기 조신(調身) 수련과 조식(調息) 수련을 병행한 명상 프로그램이 심신이완과 마음의 안정에 미치는 효과. **한국명상학회지**, 7(1), 87-102.

장현갑(2006). **K-MBSR 실습교재 (강사용)**. 미출판 매뉴얼.

청산거사(1974). **국선도법(國仙道法)**. 서울: 종로출판사.

Bien, Thomas & Didonna, Fabrizio (2009). Appendix A: Mindfulness Practice. In Fabrizio Didonna (Ed.), *Clinical Handbook of Mindfulness* (pp.477-488), Springer.

Boccio, Frank Jude (2004). *Mindfulness Yoga: the awakened union of breath, body and mind.* Wisdom Publications. [조옥경, 김채희 공역, **(마음챙김을 위한) 요가**, 서울: 학지사, 2009.]

Kim, Hyunmoon(김현문) (2002). *The Tao of Life: An Investigation of Sundo Taoism'S Personal Growth Model As A Process of Spiritual Development.* Unpublished Docteral Dissertation. Saybrook Graduate School and Research Center. San Francisco, California, U.S.A.

Woods, Susan Lesley (2009). Training Professionals in Mindfulness: The Heart of Teaching. In Fabrizio Didonna (Ed.), *Clinical Handbook of Mindfulness* (pp.463-475), Springer.

저자 소개

김권수 (휴먼경영전략연구소 대표교수/ kskim@gnu.ac.kr)

경상국립대학교 경영학(인사조직) 박사 수료.
휴먼경영전략연구소 대표교수 및 경상국립대학교 강사로 재직 중이다. 주요 저서로 『누리고 음미하는 삶에 대하여』『빅브레인(Big Brain)』『내 삶의 주인으로 산다는 것』 등이 있다.

김완석 (아주대학교 명예교수, 심리학과/ wsgim@ajou.ac.kr)

고려대학교 대학원 심리학 박사.
아주대학교 명예교수(심리학과)이다. 주요 저서로 『마인드 다이어트: 명상기반의 자기조절』『과학명상』『마음을 여는 명상: 사무량심(역)』 등이 있다.

김종우 (경희대학교 한의과대학 교수/ aromaqi@naver.com)

경희대학교 한의학 박사, 한방신경정신과 전문의.
강동경희대병원 한방신경정신과 교수로 재직 중이다. 주요 저서로 『기와 함께하는 15분 명상』『한의학 상담』『화병 100문 100답』『마흔 넘어 걷기여행』 등이 있다.

김지연 (영남대학교 심리학과 강사/ jiykim330@gmail.com)

영남대학교 심리학 박사.
Mindfulness家 대표 및 영남대 심리학과 강사로 재직 중이다. 주요 저서로 『현대인의 생활심리학(공역)』『마음챙김과 자아탄력성 간의 관계에서 긍정적 정서의 매개효과 검증』 등이 있다.

박도현 (와이 트라우마 연구소 소장/ passamind@naver.com)

아주대학교 심리학 박사.
와이 트라우마 연구소 소장으로 재직 중이다. 주요 저서 및 출판 논문으로 『자기자비명상과 타인자비명상 프로그램의 효과 비교』『수치심이 자비명상에 대한 저항감에 미치는 영향』 등이 있다.

박성현 (서울불교대학원대학교 상담심리학과 부교수/ qchoi@hanmail.net)

가톨릭대학교 심리학 박사.
서울불교대학원대학교 상담심리학과 부교수로 재직하고 있으며 주요 저서 및 출판 논문으로 『마음챙김과 자비(공역)』 『자비중심치료가이드북(공역)』 등이 있다.

박지영 ((주)마인드풀 대표/ aham8@nate.com)

서울불교대학원대학교 심신통합치유학 박사.
(주)마인드풀 대표 및 심신치유 & 특수교육해인원 원장이며 서울불교대학원대학교 겸임교수로 재직 중이다. 주요 저서 및 출판 논문으로 『한국의 명상을 말한다(공저)』가 있다.

심교린 (MCL심리연구소 소장/ shimkl@naver.com)

아주대학교 심리학 박사.
MCL심리연구소 소장 및 평택대학교 겸임교수로 재직 중이다. 주요 저서로 『음악치료진단평가(공역)』 『한국의 명상을 말한다(공저)』 등이 있다.

윤병수 (마인드플러스 스트레스대처연구소 소장/ heusim@naver.com)

부산대학교 문학 박사.
마인드플러스 스트레스대처연구소 소장으로 재직 중이다. 주요 저서 및 출판 논문으로 『생리심리학(공역)』 『한국의 명상을 말한다(공저)』 등이 있다.

이봉건 (충북대학교 심리학과 명예교수/ clinpsy@chol.com)

서울대학교 심리학 박사(임상심리전공).
충북대학교 심리학과 명예교수이자 경인심리건강센터장(신중동)으로 재직 중이다. 주요 출판으로 『의식심리학(역)』 『Meyer의 사례로 보는 이상심리학』 『Goodwin & Guze의 이상 행동의 이해와 분류』 『Davison & Neale의 이상심리학』 등이 있다.

이성준 (삼성영덕연수원 명상 강사/ leeevice@hanmail.net)

아주대학교 심리학 박사.
아주대학교 사회과학연구소에 재직해 있으며 삼성영덕연수원 명상 강사로 활동 중이다. 주요 저서로 『커리어 개발과 상담(공역)』 『한국의 명상을 말한다(공저)』 등이 있다.

정선용 (강동경희대학교 한방병원 한방신경정신과 과장/ lovepwr@khu.ac.kr)

경희대학교 한의학 박사.
강동경희대학교 한방병원 한방신경정신과 과장으로 재직 중이다. 주요 저서 및 출판 논문으로 『화병한의표준임상진료지침』 『한국의 명상을 말한다(공저)』 등이 있다.

정애자 (전북대학교 의과대학 명예교수/ jungaeja@jbnu.ac.kr)

고려대학교 문학 박사(임상심리학).
전북대학교 의과대학 명예교수이다. 주요 저서로 『MBSR 마음챙김에 기반한 스트레스 감소 프로그램 메뉴얼』이 있다.

조옥경 (서울불교대학원대학교 교수/ mshanti@daum.net)

고려대학교 심리학 박사.
서울불교대학원대학교에 재직 중이다. 주요 저서 및 출판 논문으로 『요가심신테라피(공저)』 『한국의 명상을 말한다(공저)』 등이 있다.

최윤정 (강원대학교 교육학과 부교수/ cyjmom@kangwon.ac.kr)

서울대학교 교육학과 박사(교육상담 전공).
강원대학교 교육학과 부교수로 재직 중이다. 주요 출판으로 『학교상담과 생활지도』 『성인학습 및 상담론』 『진로상담과 연구를 위한 척도 핸드북』 『미래사회와 진로교육과 상담』 『생활지도학 개론』 등이 있다.

명상과학 입문

초판 1쇄 발행 2021년 12월 18일

지은이   김권수 김완석 김종우 김지연 박도현 박성현 박지영 심교린
         윤병수 이봉건 이성준 정선용 정애자 조옥경 최윤정

펴낸이   오세룡
편집   박성화 손미숙 전태영
기획   최은영 곽은영 김희재 진달래
디자인   고혜정 김효선
일러스트   문소진
홍보·마케팅 이주하

펴낸 곳   담앤북스
         서울특별시 종로구 새문안로3길 23, 경희궁의 아침 4단지 805호
         대표전화 02) 765-1251 전송 02) 764-1251
         전자우편 damnbooks@hanmail.net
         출판등록 제300-2011-115호

ISBN   979-11-6201-343-4 (03180)

정가 17,000원